VANESSA DEL RAE *Sex Deluxe*

VANESSA DEL RAE

# Sex Deluxe

## SINNLICH ÄLTER WERDEN

Mit Fotos von Carolin Saage

LÜBBE HARDCOVER

# INHALT

# LEBENSLUST UND WOHLGEFÜHL

# GEMEINSAM GEHT ES BESSER

# LIEBESLEBEN

# GUTER SEX IST KEIN MYSTERIUM

# *Einleitung

# EIN NEUER ANFANG

Zwei endlose Minuten stand ich vor dem Briefkasten, den Umschlag, der mein Leben von Grund auf ändern sollte, in der Hand. Ich hatte ihn wieder und wieder gewogen, die Adresse und die aufgeklebten Marken kontrolliert, obwohl ich wusste, dass alles korrekt war. Sobald ich den Brief eingeworfen hatte, würde es kein Zurück mehr geben.

Es nieselte leicht, die Wintersonne, die immer wieder durch die rasch dahinziehenden Wolken brach, warf lange Schatten. Es war nahe null Grad. Neben mir standen Leute, fröstelnd und mit hochgezogenen Schultern, und warteten auf den Bus. Keiner ahnte, dass mein Leben heute neu beginnen würde.

Ich holte Atem und gab mir einen Ruck. Wenn nicht jetzt, wann dann? Ich war schon über vierzig, und problemlos hätte alles so weitergehen können wie bisher. Nach einer Ausbildung zur Krankenschwester hatte ich viele Jahre in Krankenhäusern und in der Pflege gearbeitet, zuletzt als Leiterin eines großen Seniorenheims in Berlin. Ich bekam ein gutes Gehalt und fuhr einen Dienstwagen. Mit meinem Freund teilte ich mir eine schöne große Altbauwohnung. Wenn ich mich beschwert hätte – keiner hätte es verstanden.

Doch ich wusste: Das konnte nicht alles gewesen sein. Ich war weder ausgefüllt noch glücklich. Irgendetwas jenseits des Horizonts wartete auf mich. Etwas, wovon ich keine Ahnung hatte. Wenn ich es erfahren wollte, musste ich mein bisheriges Leben komplett hinter mir lassen und der vagen Verheißung folgen – auch wenn ich vielleicht scheiterte.

Letztlich kam der Anstoß von außen: Die Beziehung zu meinem Freund zerbrach von einem Tag auf den anderen, als ich erfuhr, dass meine beste Freundin von ihm schwanger war. Es war ein Vertrauensbruch, der mich völlig aus der Bahn warf. Ich sah mich sofort nach einer eigenen Bleibe um und fand durch einen geradezu unglaublichen Zufall eine wunderhübsche Wohnung im Berliner Bezirk Schöneberg, die mit dem gut erhaltenen Stuck und Parkett, dem kleinen, nach Westen ausgerichteten Balkon sowie den deckenhohen musealen Kachelöfen wie für mich gemacht schien. Binnen weniger Tage zog ich ein.

Allein.

Dies war der erste Schritt.

Auch in meinem Job war nicht alles eitel Sonnenschein: Ich hatte das Gefühl, dass sich mehr Routine eingeschlichen hatte, als mir guttat. Ich war mehr mit Verwalten und Organisieren beschäftigt, mit dem Aufstellen von Dienstplänen etwa, als dass ich direkten Kontakt zu Menschen hatte.

Dabei hatte ich meinen Beruf doch genau aus diesem Grund ergriffen: Ich arbeite gern mit Menschen. Ich bin neugierig auf sie und höre ihnen gerne zu, wenn sie etwas zu sagen haben. Aus dieser Offenheit entsteht nicht selten rasch ein Vertrauensverhältnis, das sich als ausgesprochen fruchtbar und beglückend erweist.

Mir wurde plötzlich klar: Wenn ich meinem Leben eine völlig neue Wendung geben wollte, dann war *jetzt* der richtige Zeitpunkt, auch wenn es schwerfiel. Es fordert immer Überwindung, ein wohliges, warmes Nest zu verlassen. Meine Ersparnisse waren bescheiden, und die Zukunft war, milde ausgedrückt, ungewiss.

Aber das abrupte Ende meiner Beziehung hatte mir geholfen, auch eine berufliche Entscheidung zu treffen. Ich war froh darüber. Alles war besser, als mein Leben so weiterzuführen wie bisher in den vergangenen zwanzig, fünfundzwanzig Jahren. Es war, das sah ich nun ganz klar, so fremdbestimmt und frei von Überraschungen, ohne unvermutete Weggabelungen und bar jeder Herausforderung. Als hätte ich nicht wirklich Einfluss darauf, was mit mir passierte. Als würde mein Leben von einem unsichtbaren Autopiloten gesteuert. Genau diesen Zustand wollte ich ändern.

Es war Zeit, einen Schnitt zu machen.

Mit einer entschlossenen Bewegung warf ich den Umschlag ein und hörte, wie er auf dem unsichtbaren Haufen anderer Briefe im Inneren des gelben Kastens landete. Nun war es geschehen. Dort drin lag meine Kündigung als Heimleiterin.

Sofort fühlte ich mich wie befreit, ich spürte eine Energie wie seit Monaten nicht. Ich ging den ganzen Weg nach Hause zu Fuß, trotz des nasskalten Wetters. Manchmal tänzelte ich und machte sogar einen kleinen Luftsprung. Ich hätte die Welt umarmen können.

Das Leben war schön.

»Du musst etwas mit Sex machen, Vanessa«, hatte mir ein Coach gesagt, den ich einige Monate zuvor um Rat gefragt hatte. Erst hatte ich gestutzt, aber als ich es mir genauer überlegte, stellte ich fest: Er hatte recht. Denn wenn ich ehrlich war, dann interessierte mich genau das am meisten: Sex! Was wahrscheinlich auch damit zu tun hatte, dass ich in jungen Jahren in dieser Hinsicht eher zurückhaltend gewesen war. Ich hatte den Sex erst spät entdeckt, doch dann war meine Neugier kaum zu stillen gewesen. Dies hat sich seitdem nicht geändert.

Ich nahm an einigen Seminaren zum Thema teil, doch erst, als ich meinen späteren Ausbilder bei einem Workshop kennenlernte, wusste ich, dass ich angekommen war. Ich begann eine mehrjährige Coachingausbildung in Florida, Berlin sowie auf Ibiza, die mich sehr forderte, doch mir zugleich eine völlig neue Art eröffnete, mit Menschen umzugehen. Es geht bei dieser Qualifizierung nicht um bloße Wissensvermittlung, sondern auch um die Entwicklung der eigenen Persönlichkeit. Nur wer mit sich selbst im Reinen ist, so der Gedanke dahinter, ist auch in der Lage, anderen zu helfen. Am Ende durfte ich mich »Coach für Kommunikation und Sexualität« nennen und gründete meine Berliner »Sensuality School«.

Nun ist es ja nicht gerade normal, dass man sich im fünften Lebensjahrzehnt – und darin befindet man sich mit Anfang vierzig – komplett neu orientiert. Aber, und darauf will ich hinaus: Es ist möglich. Zu spät ist es im Grunde nie. Es gibt Menschen, die noch mit Anfang siebzig ein Studium beginnen und es auch abschließen. Es ist nur eine Frage des Willens und der Energie, die aufzubringen man bereit ist.

Die grauen Strähnen, die ich so an mir mag und die inzwischen so etwas wie mein Markenzeichen geworden sind, hatte ich jedoch schon längst, als mein neues Leben begann.

## DIE ERSTEN GRAUEN HAARE

Mein erstes graues Haar entdeckte ich mit sechsundzwanzig. Richtig Gedanken machte ich mir aber erst, als daraus, vier Jahre später, deutlich sichtbare Strähnen geworden waren, was mir schwer zu schaffen machte. Ich dachte, ich sei alt und das Leben sei vorbei. Aus den trüben Gedanken entwickelte sich eine tiefe Niedergeschlagenheit, die mich völlig aus der Bahn warf. Mehrere Monate lang konnte ich nicht arbeiten, ich war krankgeschrieben. Wenn ich nicht meine Familie und gute Freunde gehabt hätte, die mich stützten – ich weiß nicht, wie die Sache ausgegangen wäre.

Verzweifelt begann ich, meine Haare zu färben. Stunde um Stunde stand ich vor Spiegel und Waschbecken und probierte die verschiedensten Tönungen aus. Aubergine stand mir gut, doch leider nahmen die grauen Haare die Farbe nicht richtig an, sie wurden lila. Aus dem Rot, das ich als Nächstes probierte, wurde Knallorange. Das gefiel mir auch nicht. Also ließ ich das Färben und arrangierte mich notgedrungen mit Grau. Meiner natürlichen Haarfarbe, einem satten, tiefen Dunkelbraun, trauerte ich noch lange nach.

Es war, im direkten Wortsinn, das Grauen.

Doch schon nach kurzer Zeit geschah etwas Seltsames: Obwohl meine Haarfarbe und mein Alter überhaupt nicht zusammenpassten – oder vielleicht gerade deshalb –, reagierten Freunde ebenso wie Fremde ausgesprochen positiv auf meine grauen Strähnen. In einem Supermarkt ließ mich eine Frau, die wunderschöne lange, blonde Haare hatte, nicht aus den Augen. Sie fixierte mich geradezu, wann immer wir uns in einem der Gänge begegneten. An der Kasse trafen wir uns wieder. Ich bemerkte, wie sie sich ein Herz fasste.

»Haben Sie die grauen Strähnen beim Friseur machen lassen?«, fragte sie mich, während ich gerade eine Packung Milch, Äpfel und einen Salatkopf aufs Kassenband legte. »Das sieht fantastisch aus!«

Ich war sprachlos und stellte verwundert fest, dass ich nur mit Mühe meine Tränen unterdrücken konnte. Sie fand meine grauen Strähnen schön!

Dies war der Moment, in dem ich meine grauen Haare lieben lernte. Ich konnte ohnehin nichts gegen sie tun, aber von nun an akzeptierte ich sie. Und fühlte mich großartig.

Ich erzähle das, weil für viele Frauen (und Männer!) die ersten grauen Haare ein sicheres Zeichen dafür sind, dass nun das Alter unaufhaltsam naht. Es ist ein Schock, weil es die Perspektive grundlegend verändert. Eben stand die Welt noch offen, die Zukunft war scheinbar unbegrenzt, nun rückt erstmals das Ende ins Blickfeld.

Die ersten grauen Haare sind aber auch ein Zeichen dafür, dass man wirklich erwachsen geworden ist. Zumindest mir ging das so. Nicht sofort, doch spätestens mit Anfang vierzig, als meine Haarpracht in allen Grautönen schillerte. Rück- und Ausblick sind in diesem Alter gleichermaßen möglich, es ist die Mitte des Lebens. Man ist nicht mehr jung und noch nicht alt. Dies ist, alles in allem, eine ziemlich gute Position. Man steht auf dem Gipfel.

Dass es von nun an bergab geht, ist eine Meinung, die ich ganz und gar nicht teile. Weil ich es ganz anders *empfinde*. Heute bin ich Anfang fünfzig. Immerhin sind rund fünfundzwanzig Jahre vergangen, seit ich im Spiegel mein erstes graues Haar entdeckte. Ich weiß also, wie es weitergeht. Die Erfahrungen, die ich gemacht habe, sind das genaue

Gegenteil der landläufigen Meinung: Mit zunehmendem Alter wird das Leben weder besser noch schlechter, sondern anders. Man muss nur lernen, damit umzugehen, und das Beste daraus machen. Ich habe erkannt: Der Vorteil, den der Zuwachs an Reife und Erfahrung bietet, wiegt das grenzenlose Ungestüm, die Energie und den ungebrochenen Optimismus, die der Jugend eigen sind, bei Weitem auf.

Nein, ich will hier keineswegs der vielzitierten Abgeklärtheit des Alters das Wort reden, dafür ist immer noch Zeit (in zwanzig, dreißig Jahren vielleicht). Ich plädiere nur dafür, die ersten Anzeichen des Alters als etwas Positives zu deuten, als Zeichen für einen Aufbruch in unbekannte Welten, die das Leben spannend machen, die voll schöner Überraschungen und sinnlicher Genüsse sind – und auf die man sich nur einzulassen braucht.

## DIE »JUNGEN ALTEN«

Auch für das Alter gilt: Sex gehört zum Leben unbedingt dazu. Dass diese Auffassung immer mehr gesellschaftlich akzeptiert wird, ist die Folge einer weitgehend unbemerkten, schleichenden Veränderung, die in der zweiten Hälfte des zwanzigsten Jahrhunderts vor allem in den westlichen Ländern stattfand: dem Aufkommen der »jungen Alten«. Gemeint ist damit, dass sich die Altersgrenzen und damit das gefühlte Alter drastisch verschoben haben. Die Menschen sehen nicht nur länger jung aus, sie sind auch im Kopf jünger als vor einigen Jahrzehnten noch. Zehn Jahre im Durchschnitt, das haben Umfragen ergeben, fühlen sich Menschen jenseits der Fünfzig jünger, als es ihrem numerischen Alter entspricht.

Als ich ein Kind war, galten Menschen über sechzig als Greise – und genauso sind mir meine Großeltern und ihre Altersgenossen in Erinnerung. Sie wirkten knorrig und verschrumpelt, mit unzähligen Falten im

Gesicht und schwieligen Händen, die von einem langen Arbeitsleben als Handwerker oder Bauern erzählten. Schaue ich mir Fotos von damals an, wird zwar klar, dass hier die Erinnerung und die Perspektive eines Kindes einiges verschoben haben, doch es ist unbestreitbar, dass heutige ältere Menschen wesentlich fitter, jünger und weniger vom Leben gezeichnet sind, als es die Menschen vor einigen Jahrzehnten noch waren.

Die Gründe dafür sind vielfältig. Dazu gehören eine lange Friedenszeit, bessere Bildung, Hygiene und Ernährung, eine gesundheitsbewusstere Lebensweise mit weniger Zigaretten, weniger Alkohol und mehr Sport, ein höherer Lebensstandard, optimierte Gesundheitsvorsorge sowie enorme Fortschritte in der medizinischen Behandlung. Erst die Bündelung all dieser Faktoren über etliche Jahrzehnte hinweg hatte tatsächlich jene unübersehbare, geballte Wirkung, die sich inzwischen in jeder europäischen Fußgängerzone und in jedem Einkaufszentrum feststellen lässt: Die Alten sind jung geworden.

Am Äußeren oder an den Konsumgewohnheiten kann man das Alter eines Menschen heute kaum noch erkennen, die Grenzen zwischen den Altersgruppen sind fließend geworden. Nicht jeder, der alt aussieht, ist es auch, und manch einer, der jung und dynamisch wirkt, ist in Wahrheit bereits Rentner. Generell orientieren sich ältere Menschen immer mehr an kulturellen Standards, die eigentlich für Jüngere gelten. Auf der Tanzfläche des Clubs etwa, wo ich mich alle vierzehn Tage austobe, tummeln sich auch Siebzigjährige mit erstaunlicher Vitalität. Die »Würde des Alters«, eine Art umgekehrter Welpenschutz, ist im Grunde eine überholte Kategorie. Auch die Alten fordern sie kaum noch für sich ein.

Im Gegenteil: Die gesellschaftlichen Zuweisungen, die früher mit dem Alter verbunden waren, werden zu Recht immer weniger von jenen akzeptiert, die es unmittelbar betrifft. Die Alten entwickeln zunehmend ein Selbstbewusstsein, das es als massenhaftes Phänomen in dieser Form früher nicht gegeben hat. Immer mehr Menschen laufen erst im Rentenalter, wenn sie frei von beruflichen Verpflichtungen sind, zur Hochform auf und entwickeln ganz erstaunliche Aktivitäten.

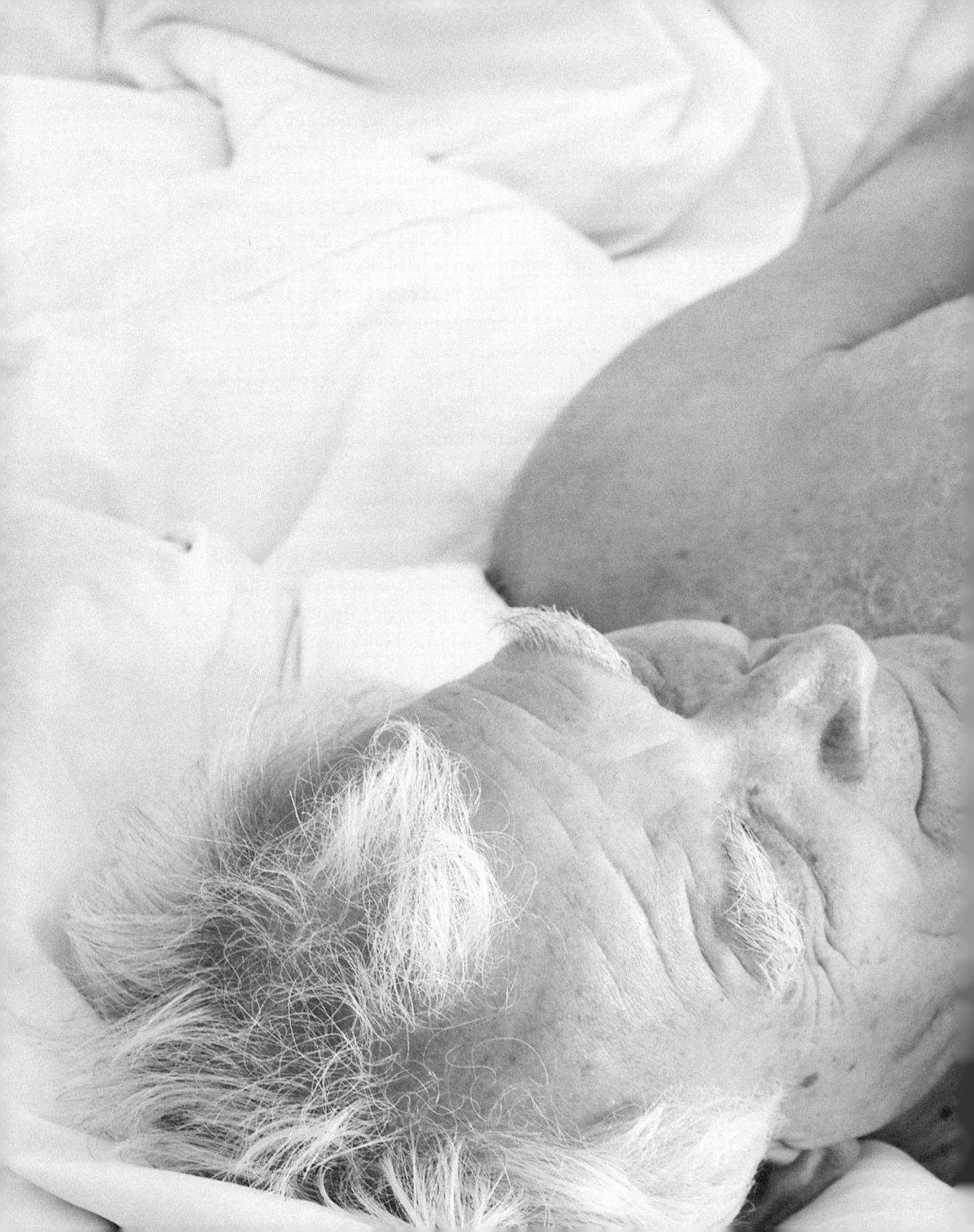

Meine Mutter zum Beispiel fing an zu malen, als meine Schwester und ich aus dem Haus waren. Da war sie Mitte fünfzig. Es war eine alte Liebe von ihr, die sie nie hatte ausleben können. Heute veranstaltet sie regelmäßig Ausstellungen und findet für ihre Werke sogar Käufer. Das Malen verschafft ihr eine tiefe Befriedigung, sie fühlt sich anerkannt. Zeitgleich begann sie sich mit Computern zu beschäftigen, es war absolutes Neuland für sie. Zum fünfundsiebzigsten Geburtstag erfüllten wir ihr einen Herzenswunsch und schenkten ihr einen Tablet-Computer, den sie inzwischen ständig benutzt. Sie kommt gut damit zurecht. Ich finde das keineswegs selbstverständlich, für viele alte Menschen ist der Umgang mit Computern bekanntlich ein Buch mit sieben Siegeln.

Auch mein Vater fand, nachdem er in Rente gegangen war, eine neue Aufgabe: Er richtete sich eine professionelle Werkstatt ein und entwickelte sich zum Erstaunen aller zu einem höchst geschickten Schreiner. Er tischlerte Betten, Bänke und Regale, Treppen und ganze Einbauküchen und versorgte jahrelang Freunde, Bekannte und die Familie mit Möbeln aller Art. Darin fand er Erfüllung. Keiner hatte je damit gerechnet, schließlich hatte er jahrzehntelang in einem ganz anderen Beruf, als Agraringenieur und Landwirt, gearbeitet.

So wie meinen Eltern geht es vielen Menschen. Die Zahl der »jungen Alten«, die im Alter etwas Neues beginnen, steigt rasch. Es ist ein nicht zu unterschätzendes emanzipatorisches Potenzial, das sich hier Bahn bricht.

Dieses neue Selbstverständnis älterer Menschen hat Auswirkungen auch auf die Art, wie wir unser Alter verbringen werden. Alte Menschen bleiben länger fit, körperlich wie geistig, sie werden länger arbeiten und neue Formen des Zusammenlebens entwickeln. Diese gesellschaftliche Transformation ist längst in vollem Gang. Sie eröffnet Chancen.

Die traditionelle Großfamilie, in der alte Menschen früher ihren festen Platz hatten, gibt es dagegen kaum noch. Alleinstehende Alte, aber auch Paare gründen Wohngemeinschaften und sind im Internet aktiv, was ihre mit den Jahren unweigerlich zunehmende Immobilität zumindest teilweise ausgleicht. Moralvorstellungen wandeln sich. Auch die Sexualität besitzt einen anderen, höheren Stellenwert als früher – was ich persönlich unbedingt begrüße.

Nördlich von Berlin zum Beispiel haben mehrere Paare jenseits der siebzig eine Tantra-Wohngemeinschaft gegründet, in der sie eine freigeistige polyamore Lebensweise pflegen. Dabei ist es möglich und erwünscht, eine Liebesbeziehung mit mehreren Menschen gleichzeitig zu haben, emotional und sexuell. Die Berliner Paare gehen damit nicht hausieren, reden aber ohne Scheu und in aller Offenheit darüber, auch mit Fremden. Sie würden ihre kleine Gemeinschaft gerne vergrößern. Früher wäre so etwas undenkbar gewesen.

Was Politiker, Wissenschaftler und Medien als demografische Katastrophe ansehen, weil die Gesellschaft als Ganzes immer älter wird, besitzt damit auch viele positive Aspekte. Das Alter könnte man schließlich nicht nur als Verlust, sondern – mehr noch – als Gewinn betrachten. Als Gewinn an Erfahrung zum Beispiel, von der die Gesellschaft profitiert, als aktiven und produktiven Lebensabschnitt, den man frei gestalten und genießen kann.

Dafür gibt es ganz konkrete Initiativen. In der Schweiz etwa wurde 2006 eine gemeinnützige Stiftung gegründet, die das Ziel hat, die angesammelte, im Grunde unbezahlbare Erfahrung Älterer an die nachfolgende Generation weiterzugeben und den Älteren selbst einen neuen Lebensinhalt zu vermitteln (*powerAge.ch*). Erklärtes Ziel ist es, die Stärken, das Wissen und die Vorteile, über die ältere Menschen verfügen, in den Fokus zu rücken und für die Gesellschaft nutzbar zu machen. In Deutschland wiederum können Interessierte über *rentarentner.de* Kontakt aufnehmen mit Menschen über fünfzig, die sich in Rente oder Vorruhestand befinden, jedoch weiterhin nebenbei arbeiten wollen und über diese Plattform ihre fachspezifische und teils hoch qualifizierte Arbeitskraft anbieten. Über die Stiftung *Senior Experten Service* (*ses-bonn.de*) schließlich stellen Ruheständler aus über fünfzig Branchen ihr Wissen weltweit und ebenfalls ehrenamtlich anderen zur Verfügung.

Laut Erhebungen offizieller Stellen – der Bundesagentur für Arbeit, der Deutschen Rentenversicherung sowie des Statistischen Bundesamts – stehen zwischen 800.000 und einer Million Menschen im Alter von über fünfundsechzig Jahren noch aktiv im Berufsleben.

Für fast alle Menschen bedeutet die Entdeckung, dass sie alt werden, eine Umstellung, die nicht leicht zu bewältigen ist. Spätestens Ende vierzig geht es los. An unzähligen Kleinigkeiten spüren Männer wie Frauen unmittelbar, dass sie in eine neue Lebensphase eintreten. Die ersten grauen Haare sind da noch das geringste Problem.

Körperlich passieren einschneidende Veränderungen. Bei Frauen sind es die Wechseljahre (Klimakterium), die eine deutliche Zäsur im Leben bilden. Frauen können keine Kinder mehr bekommen – ein grundlegender Unterschied zu Männern, die auch im hohen Alter noch Nachkommen zeugen können. Für viele Frauen fällt der Beginn der Wechseljahre mit der Erkenntnis zusammen: »Jetzt bin ich alt, die Blüte meiner Jahre ist vorbei.« Sie empfinden sich als weniger begehrenswert, während älteren Männern oft ein »interessantes Aussehen« zugeschrieben wird.

Doch auch der Mann hat's nicht leicht: Was er durchmacht, heißt Klimakterium virile und bedeutet nichts anderes, als dass auch er in eine Art von Wechseljahren kommt. Am Anfang – das kann schon Mitte vierzig der Fall sein, bei manchen Männern auch erst Ende fünfzig – sind die Veränderungen fast unmerklich: Auch die Libido des Mannes geht zurück, er braucht mehr Zeit und stärkere Reize, um überhaupt erregt zu werden. Die Erektionsfähigkeit nimmt ab, die Orgasmen werden weniger intensiv, die Versagensängste größer. Hinzu kommen all jene organischen Beeinträchtigungen, die das Alter früher oder später mit sich bringt, von Bluthochdruck über Arthrose und Diabetes mellitus bis hin zur Vergrößerung der Prostata. Die Aufzählung ließe sich problemlos fortsetzen.

Im Arbeitsleben erhöht sich für Frauen wie für Männer in diesen Jahren der Druck durch die junge Konkurrenz, fast gehört man schon zum alten Eisen. Zwei Möglichkeiten gibt es, damit umzugehen: Entweder man freut sich auf die Rente oder gibt noch einmal richtig Gas.

Auch der Alltag ändert sich. Meist sind die Kinder aus dem Haus, viele Paare haben auf einmal mehr Zeit und sind nun auf sich selbst zurückgeworfen. Sie sind gezwungen, ihr Verhältnis neu zu definieren – was durchaus auch einen neuen Anfang bedeuten kann.

## SEX IM ALTER – SCHICKT SICH DAS?

$\mathcal{S}$exualität wird, zumindest in der öffentlichen Wahrnehmung, vorwiegend mit Jugendlichkeit verbunden. Allenfalls den sogenannten »besten Jahren«, die mit Ende sechzig spätestens zu Ende gehen, wird im öffentlichen Diskurs noch eine erotische Anmutung zugestanden. Die Runzeln und Falten, Speckröllchen und weißen Haare des Alters kommen schlichtweg nicht vor, wenn über Sex geredet, und schon gar nicht, wenn er in den Medien gezeigt wird.

Mit einer Ausnahme: Wenn ein älterer Herr sich mit einer wesentlich jüngeren, attraktiven Frau zusammentut, oder vielmehr: sich mit ihr schmückt, weckt das meist Bewunderung, bei anderen Männern vorzugsweise. Es suggeriert ungebrochene Potenz, auch wenn in Wahrheit oft Geld die entscheidende Rolle spielt. Der umgekehrten Variante, bei der eine ältere Frau mit einem deutlich jüngeren Mann liiert ist, haftet hingegen fast immer etwas Peinliches und Kurioses an. Das gesellschaftliche Umfeld eines solchen Paares nimmt diese Verbindung meist nicht ernst, belächelt sie vielleicht als skurrile Verirrung.

Dabei ist Sexualität auch im fortgeschrittenen Alter – in welcher Konstellation auch immer – etwas ausgesprochen Positives. Was an physischer Vitalität und Potenz verloren geht, können Ältere durch Erfahrung, gesteigertes Einfühlungsvermögen und Raffinesse nicht selten mehr als wettmachen. Ältere Männer sind meist die besseren Liebhaber, und ältere Frauen sind nicht weniger leidenschaftlich als junge. Generationen junger Männer haben, das war nicht nur im europäischen Kulturkreis lange eine feste, unausgesprochene Tradition, ihre sexuelle Initiation meist durch ältere Frauen erfahren, was ihrem späteren Liebesleben gewiss zuträglich war.

Das Bedürfnis nach Liebe, Sex und Zärtlichkeit hört ganz sicher niemals auf und macht auch vor dem Alter nicht Halt. Viele Menschen erleben Sexualität im Alter gar als ihren »dritten Frühling«. Dass sie dies nur selten offen eingestehen, liegt an den negativen Vorstellungen, die man seit Jahrtausenden mit dieser, der letzten Lebensphase verbindet. Es ist eine unselige Tradition: Alte Menschen gelten als unleidlich, engstirnig, weitschweifig und langsam im Denken, als unattraktiv und – dies ganz besonders – als asexuell. Insgesamt hat das Alter keinen guten Ruf. Über zweieinhalbtausend Jahre abendländischer Kunstgeschichte haben ein wahres Panoptikum an hässlichen, gramgebeugten und griesgrämigen alten Menschen hervorgebracht.

Gegen diese Zumutung haben sich die Alten, und zwar zu Recht, schon immer gewehrt. In seinem Buch *Cato major de senectute*, einer der ganz großen philosophischen Reflexionen über das Alter, hält der römische Staatsmann und Philosoph Cicero ein leidenschaftliches Plädoyer für die Würde des Alters und legt dar, dass der Mensch erst in seinen späten Jahren Vollkommenheit und höchste Weisheit erreicht. Seine Schrift ist voll tiefer Einsichten und heute so gültig wie damals. Allerdings spricht Cicero von »Vollkommenheit« und »Weisheit« eher in einem vergeistigten Sinn, Sexualität blendet er weitgehend aus. Er ist froh, dass er, als alter Mann von gerade einmal sechzig Jahren, diesen unkontrollierbaren Begierden nicht mehr ausgeliefert ist und hält sie gar für hinderlich, wenn es darum geht, die höheren Weihen des Menschseins zu erlangen. Als Coach für Sexualität habe ich dazu, wie Sie sich denken können, allerdings eine ganz andere Meinung.

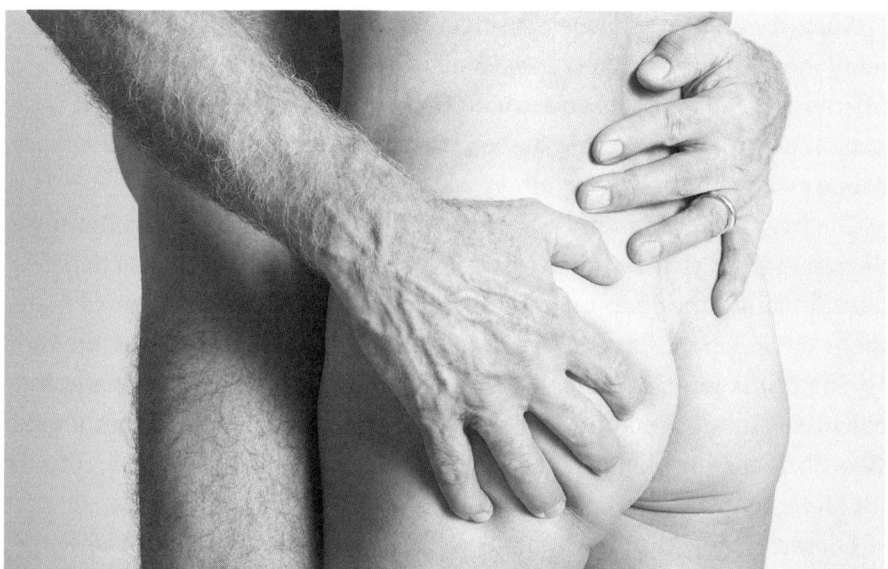

Immer mehr ältere Menschen entdecken, dass es durchaus ein erfülltes sexuelles Erleben auch jenseits der Wechseljahre geben kann, ja, dass dies doch eigentlich der Normalfall ist – oder sein sollte. In meinen Seminaren und Workshops treffe ich häufig auf Frauen, die deutlich über sechzig sind und noch nie einen Orgasmus erlebt haben, nun aber ganz genau wissen wollen, was es damit auf sich hat.

Und es dann auch ausprobieren.

Die öffentliche Enttabuisierung der Sexualität – die, nebenbei bemerkt, nicht nur positive Aspekte besitzt, denn das Bewahren von Scham ist schließlich etwas zutiefst Menschliches – hat sicherlich das Ihre dazu beigetragen, dass das Sexualleben der Generation, die heute zwischen fünfzig und achtzig und älter ist, nach und nach zum Thema wurde.

Dies gilt auch für mich. Gerade weil ich im Begriff bin, in absehbarer Zeit selbst ein Teil dieser Generation zu werden, und weil die meisten meiner Klientinnen und Klienten in diesem Alter sind, beschäftigt mich die Problematik stark. Daraus sind dieses Buch und der Film *Silber sinnlich sexy* entstanden.

Auch die Tatsache, dass die allgemeine Moral sich in den vergangenen Jahrzehnten gelockert hat, spielt eine Rolle dabei, dass inzwischen offener über das Thema »Sexualität im Alter« gesprochen wird. Die Maßstäbe und die Grenzen dessen, was öffentlich gezeigt werden kann, haben sich gründlich verschoben.

Die in früheren Zeiten doch recht starre Fixierung auf Ehe oder feste Beziehung hat sich seit den 1970er Jahren in der gesellschaftlichen Diskussion langsam, doch unaufhaltsam aufgeweicht. Seitdem ist es nicht mehr einzusehen, dass Älteren vorenthalten bleiben soll, was Jüngere als ihr selbstverständliches Recht reklamieren: befristete sexuelle Verhältnisse einzugehen und Sex zu haben ganz nach persönlichem Gusto. Was übrigens für Menschen jeder sexuellen Orientierung gilt, nicht nur für Heteros.

Dieser Entwicklung förderlich war es auch, dass dort, wo bisher der Wunsch der Vater des Gedankens war, mit der Entwicklung von Viagra, Cialis und Levitra (so heißen die drei wichtigsten einschlägigen Medikamente) ab dem Jahr 1998 zum Wollen auch das Können kam. Nach der Antibabypille, die 1961 eingeführt wurde, waren Viagra & Co. die wohl bedeutsamste pharmazeutische Erfindung der Moderne, was die Sexualität betrifft. Erektile Dysfunktion, also Erektionsstörung, war damit für die meisten Männer, die sich diese teuren Tabletten leisten konnten, von heute auf morgen kein Thema mehr. Das Alter selbst ist ja keine Krankheit, sondern geht vielmehr einher mit Krankheiten – für welche die erektile Dysfunktion allerdings meist nur ein Symptom ist.

Weder Männer noch Frauen verlieren im Alter prinzipiell die Fähigkeit zum Geschlechtsverkehr, wohl aber manchmal die Lust daran. Häufig fehlt auch die Gelegenheit. Oder es mangelt an Mut, Grenzen zu überschreiten, Blockaden zu überwinden und sich zu seinen oft verschütteten innersten Wünschen und Gefühlen zu bekennen. Genau hier setzt dieses Buch an. Ich möchte Ihnen Mut zu machen, sich auf Ihren »dritten Frühling« einzulassen, denn:

- Die zweite Lebenshälfte ist ein großer Gewinn, wenn man sie nur produktiv gestaltet;
- Sie können sich sinnlich und sexy fühlen, obwohl oder gerade weil Sie zur *Silver Generation*, zur *Generation 50+* gehören;
- auch in nicht mehr jugendlichem Alter können Sie eine erfüllte, befriedigende Sexualität genießen.

Dahin zu kommen, kann man lernen. Es gibt kein Allheilmittel, aber erprobte Strategien dafür. Mit Glück oder Zufall hat das nichts oder nur sehr wenig zu tun. Man kann zum Beispiel trainieren, guten Sex zu haben und einen Orgasmus zu bekommen, genauso wie man lernen kann, einen neuen Partner zu gewinnen, eine eingerostete Beziehung zu beleben oder seinen Körper neu zu spüren. Dies funktioniert in aller Regel sehr gut, wenn man es nur richtig anstellt.

*Sex Deluxe* möchte Ihnen zeigen, wie es geht.

*Alt sein ist
ein alter Hut

# SIE SELBST BESTIMMEN,
# WIE ALT SIE SIND

*F*ünfunddreißig Jahre war Karin\* – eine Klientin, die zu einer guten Freundin wurde – verheiratet, dann machte sie einen radikalen Schnitt. Es ging einfach nicht mehr, sie war todunglücklich. Ein schönes Haus, ein erwachsener Sohn, ein erfüllender Beruf, auch Geld: Alles war da. Doch letztlich war ihr Leben nur ein schöner Schein. Eine Hülle ohne Inhalt.

Auch der Sex mit ihrem Mann machte keinen Spaß mehr, er lief immer gleich ab, seit vielen Jahrzehnten schon, wenn auch immer seltener, bis er zum Schluss fast ganz versiegte. Karin wollte mehr, sie hatte Wünsche und Sehnsüchte, doch sie wusste nicht, welche. Dann begann ihr Mann, dem es letztlich genauso ging wie ihr, fremdzugehen. Irgendwann ließen sie sich scheiden, in gegenseitigem Einvernehmen, wie es so schön heißt.

Karin fiel in ein tiefes Loch. Sie fand sich alt, hässlich und verbraucht. Welcher Mann sollte sie noch ansehen? Sie war immerhin schon siebenundsechzig. Karin wurde klar: Sie musste sich komplett neu erfinden, wenn sie wieder ein glückliches Leben führen wollte.

Das war nicht einfach. Sie nahm eine Coachingstunde bei mir, und ich gab ihr einige Tipps. Mit eiserner Disziplin nahm sie zwölf Kilo ab, und sie ging zu einem richtig guten Friseur, der ihr einen tollen Schnitt verpasste. Ihre fast weißen Haare, die sie viel älter machten, als sie war, färbte er blond. In einem Kosmetikstudio ließ sie sich ein professionelles Make-up auflegen, worauf sie sich im Spiegel kaum wiedererkannte.

\*  Alle Namen in diesem Buch wurden geändert und die persönlichen Umstände verfremdet, um die Privatsphäre der tatsächlichen Personen zu schützen.

Und sie leistete sich ein komplett neues Outfit, in Modegeschäften, in die sie früher keinen Fuß gesetzt hätte. Sie hatte die große Auswahl in Berlin und viel Zeit. Auch Schuhe, erkannte sie, sind ungemein wichtig für ein stimmiges, attraktives Erscheinungsbild. In einem meiner Workshops lernte sie, auf High Heels zu gehen, was ihr gleich eine ganz andere Ausstrahlung verlieh. Sie merkte, wie sich ihre Wirkung auf andere veränderte – zum Besseren, Positiveren hin. Karin begann, sich wieder selbst zu lieben, ihre neu gewonnene Attraktivität auch anzunehmen. Dies war der entscheidende mentale Schritt, der ihr gelang. Solange er nicht vollzogen wird, passiert gar nichts.

Karin ging öfter in Cafés, nach einiger Zeit traute sie sich auch in Bars. Sie bemerkte, dass durchaus attraktive Männer, die fast ihre Söhne hätten sein können, ihr interessierte Blicke zuwarfen. Sie hielten sie zweifellos für jünger, als sie war, und Karin fasste das als Kompliment auf. Sie lernte, zurückzulächeln und zu flirten – etwas, das sie völlig vergessen hatte. Aber es funktionierte.

Dann lernte sie Robert kennen, einen gut aussehenden, aber überaus schüchternen und sehr einsamen IT-Fachmann von Mitte vierzig, der seine Tage und Nächte in der Gesellschaft von Monitoren, Festplatten und Chips verbrachte. Ab und zu ging er spätabends in eine Bar nicht weit von seiner Wohnung, um sich ein oder zwei Cocktails zu gönnen, damit er besser schlafen konnte.

Dort trafen sich seine und Karins Blicke. Er begehrte sie, wollte mit ihr ins Bett. Vielleicht hatte er auch schon einen Mai Tai zu viel getrunken, aber spielt das eine Rolle? Er war über zwanzig Jahre jünger als Karin, und sie machte sich Sorgen, dass ihr Körper nicht das halten würde, was ihr Aussehen versprach. Mit fast siebzig ist die Haut eben nicht mehr straff, man besitzt Falten, Runzeln, Flecken und Speckpolster, die man nicht verbergen kann. Zumindest nicht im Bett.

Doch das störte ihre neue Bekanntschaft überhaupt nicht. Karin war, zum ersten Mal seit vielen Jahren, hemmungslos und leidenschaftlich beim Sex. Sie genoss zutiefst, was sie so viele Jahre lang vermisst hatte, sie war so frei wie nie in ihrem Leben. Sie probierte – auf Initiative ihres Liebhabers, für den eine Frau wie Karin ebenfalls eine neue Erfahrung war – Sachen aus, von denen sie früher noch nicht einmal geträumt hatte. Was hatte sie zu verlieren? Über eine ungewollte Schwangerschaft musste sie sich ohnehin keine Gedanken machen, dieser Zug war längst abgefahren.

Karins erster Liebhaber war nur eine Affäre. Nach vier, fünf Nächten fand Karin es langweilig, sich bei der »Zigarette danach« Geschichten darüber anzuhören, wie man die Leistung von Computern fachgerecht zu steigern imstande ist. Es war nicht ihre Welt. Aber Robert hatte sie auf den Geschmack gebracht. Seitdem sucht sie gezielt nach Männern, mit denen sie sich vorstellen kann, Sex zu haben. Das klappt ganz gut. Es ist wohl ihre Ausstrahlung, die die Männer anzieht. Das Alter spielt dann eigentlich keine Rolle mehr, keine entscheidende jedenfalls. Zur Zeit fühlt sie sich, so sagte sie mir kürzlich bei einer Tasse Kaffee, ganz wohl in ihrer Ungebundenheit, mit ihren wechselnden Beziehungen. Doch wenn eines Tages der Richtige käme, fügte sie hinzu, würde sie bestimmt nicht Nein sagen.

Karin ist inzwischen siebzig. Ist sie deswegen alt?

Ich finde, sie ist jünger als so manche Dreißigjährige, weswegen man diese Frage eigentlich gar nicht beantworten kann. Die beste, allerdings auch unverbindlichste Antwort wäre noch der Gemeinplatz: »Man ist so alt, wie man sich fühlt.« Doch weiter bringt uns das zunächst nicht. Denn es gibt mindestens drei verschiedene Kriterien, nach denen sich das Alter bemisst: das soziale, das biologische und das gefühlte Alter. Und keines von ihnen hat etwas mit dem anderen zu tun.

Das soziale Alter lässt sich am besten am Eintritt ins Rentenalter festmachen. Früher war es ein unumstößliches Gesetz, dass man mit fünfundsechzig Jahren in die dritte, die letzte Lebensphase eintrat, indem man in Rente ging. Inzwischen sind wir bei der Rente mit siebenundsechzig, und die Rente ab siebzig wird auch schon diskutiert. Für einen begrenzten Personenkreis hingegen, für langjährig Beschäftigte, wurde ab Sommer 2014 die Rente mit dreiundsechzig eingeführt. Das soziale Alter wird also durch gesellschaftliche Übereinkunft festgelegt und ist durchaus variabel.

*TIPP: Lassen Sie sich von niemandem einreden, Sie seien alt, bloß weil Sie über fünfzig, sechzig oder siebzig sind. Viele Jüngere sind von ihrer Mentalität her wesentlich älter, auch wenn sie nicht so aussehen. Alter ist keine Frage des Aussehens, sondern der Einstellung.

Nun vollzieht sich bei uns in Mitteleuropa aber gerade ein tiefgreifender demografischer Wandel, mit dem eine Veränderung des durchschnittlichen biologischen Alters einhergeht: Die allgemeine Lebenserwartung ist seit 1840 um mehr als vierzig Jahre gestiegen, das heißt, sie hat sich ungefähr verdoppelt. Heute beträgt die Lebenserwartung in Deutschland für männliche Neugeborene achtundsiebzig Jahre, für weibliche mehr als dreiundachtzig. Und dieser Trend setzt sich fort. Das Max-Planck-Institut für demografische Forschung in Rostock hat errechnet, dass sich die durchschnittliche Lebenserwartung in Deutschland jedes Jahr um etwa drei Monate verlängert. Das heißt, dass heutzutage jedes zweite Neugeborene ein Lebensalter von hundert Jahren oder mehr erreichen wird.

Die Frage ist: Gibt es eine Grenze nach oben?

Ja, die scheint es zu geben. Sie ist, das vermuten Wissenschaftler, genetisch bedingt und liegt bei etwa hundertzwanzig Jahren. Viel älter kann ein Mensch kaum werden – zurzeit jedenfalls nicht. Alle gegenteiligen Behauptungen sind Science-Fiction.

Die längste jemals hieb- und stichfest dokumentierte Lebensdauer erreichte bis jetzt die Französin Jeanne Calment, die 1997 im Alter von hundertzweiundzwanzig Jahren in Arles starb. Als Kind hatte sie noch Vincent van Gogh kennengelernt. Die jeweils ältesten Menschen der Welt (die ja, das liegt in der Natur der Sache, ständig wechseln) sind immer um die hundertsechzehn oder hundertsiebzehn Jahre alt, egal, woher sie stammen. Regionale Präferenzen für ein hohes Alter gibt es nicht, probate Rezepte dafür, es tatsächlich zu erreichen, genauso wenig.

Doch die über Hundertjährigen, früher noch bestaunte Exoten, werden immer zahlreicher. Weil der Tod sich immer weiter hinausschiebt, nimmt die Zahl der alten Menschen zu, mit der Folge, dass die Bevölkerung in einem vorher nie gekannten Ausmaß altert. Da zugleich immer weniger Kinder geboren werden, verringert sich – auf lange Sicht – die Bevölkerung drastisch.

Im Jahr 2050 werden voraussichtlich nur noch siebenundsechzig Millionen Menschen in Deutschland leben. Die Zahl der Jugendlichen wird sich fast halbieren, die der Achtzigjährigen hingegen verdreifachen. Die klassische Alterspyramide wandelt sich zur sogenannten »Urnenform«, was ein wenig makaber klingt, aber den Kern der Sache ziemlich genau trifft.

*TIPP: Denken Sie nicht ans Ende, sondern leben Sie im Jetzt. Dass Sie nicht mehr endlos viel Zeit haben, wissen Sie. Handeln Sie danach!

Ich stöbere oft in Buchhandlungen, gern auch antiquarisch. Dabei fiel mir vor einiger Zeit ein Bildband mit Porträts des berühmten Fotografen August Sander in die Hände, die er vor rund hundert Jahren aufgenommen hat. Ich war fasziniert. Es war unübersehbar, dass auf diesen Fotos auch biologisch junge Menschen, also Zwanzig-, Dreißigjährige, nach unseren heutigen Maßstäben unglaublich alt aussehen. Sie machen den Eindruck, als hätten sie schon in jungen Jahren alles gesehen, alles erlebt. Das hat nicht unbedingt etwas damit zu tun, dass sie schwere körperliche Arbeiten verrichteten. Auch sozial höhergestellte Menschen sehen bei August Sander seltsam wissend und über die Maßen alt aus, so, als hätten sie ihr ganzes Leben bereits hinter sich. Ihren Gesichtszügen sind Erfahrungen eingeschrieben, die sie eigentlich noch gar nicht gemacht haben können.

Übertroffen werden diese Fotos für mich aber noch von der Zeich-

nung, die Albrecht Dürer vor fünfhundert Jahren von seiner damals dreiundsechzig Jahre alten Mutter Barbara angefertigt hat. Nach heutigen
Maßstäben sieht sie aus wie eine Neunzigjährige. Überhaupt wirken die
typischen Darstellungen alter Menschen, die sich durch zweieinhalbtausend Jahre abendländischer Kunstgeschichte ziehen, zum größten
Teil geradezu erschreckend. In ihre Gesichter sind tiefe Furchen einge-
graben, sie gehen gebeugt und am Stock, die Last eines langen Lebens
drückt sie nieder. Mitunter sehen sie aus wie lebende Tote. Und dabei
sind sie größtenteils kaum älter als Menschen, die man heute als »im
besten Alter« stehend bezeichnen würde.

Auch das biologische Alter ist also variabel. Heute mag einer achtzig
sein, und er geht für sechzig durch, während umgekehrt ein Mittfünf-
ziger, der sein Leben lang körperlich hart gearbeitet hat, aussieht wie ein
Mann von über siebzig. Wie jemand wirkt und sich fühlt, hängt stark
von den Lebensumständen, der Ernährung, der medizinischen Versorgung, der körperlichen Fitness sowie der psychischen Befindlichkeit ab.
Man sieht es – und das ist der entscheidende Unterschied zu früheren
Zeiten – den Menschen schlichtweg nicht mehr an, wie alt sie wirklich
sind. Gehen sie überdies einer erfüllenden Tätigkeit nach, kann dies den
Alterungsprozess durchaus verlangsamen, und sie wirken deutlich jünger als Gleichaltrige.

Dirigenten, um ein Extrembeispiel zu benutzen, werden, so heißt es,
erst mit siebzig Jahren richtig gut. Aus eigener Anschauung würde ich
sagen: Ja, da ist was dran.

Ich gehe oft und gerne ins Konzert, denn ich liebe klassische Musik.
In der Berliner Philharmonie nehme ich vorzugsweise einen Podiums-
platz. Diese Karten sind deutlich billiger als die in den anderen Blöcken,
weil die Bänke vergleichsweise unbequem sind und keine Rückenlehne
haben. Vor allem aber – und das ist für mich das Entscheidende – sitzt
man auf der Bühne dicht hinter dem Orchester, ist also in der Mitte des
Geschehens. Man kann dem Dirigenten direkt ins Gesicht sehen und
seinen Handbewegungen folgen.

Immer wieder fasziniert bin ich etwa von Daniel Barenboim. Der Pianist und Dirigent ist ungemein vital und befindet sich mit über siebzig auf der Höhe seiner Schaffenskraft. Fast alle Konzerte dirigiert er auswendig. Es ist ein Erlebnis, ihm bei der Arbeit zuzusehen, zu beobachten, wie die Partitur quasi vor seinem geistigen Auge vorbeizieht.

Aber Barenboim ist bei Weitem nicht der Einzige, der im Alter seine Hochform bewahrt. Mehrmals gehört habe ich auch den großartigen Pianisten Maurizio Pollini. Mit über siebzig spielt auch er fast alle Stücke (und es sind mit die schwierigsten des Repertoires!) auswendig. Herbert von Karajan dirigierte am Ende seines Lebens, körperlich schon stark geschwächt, mit sparsamen Handbewegungen und an eine Stütze gelehnt die Berliner Philharmoniker, ohne deshalb das Mindeste von seiner Autorität und Gestaltungskraft einzubüßen. Ich schätze mich glücklich, ihn noch erlebt zu haben. Und die Rolling Stones, sämtlich um die siebzig, liefern noch heute regelmäßig eine grandiose, körperlich ungemein anstrengende Bühnenshow ab.

Wer sein Gehirn fordert und trainiert, kann auch mit hundert noch topfit sein. Der Literat und Philosoph Ernst Jünger beispielsweise schrieb bis kurz vor seinem Tod, der ihn erst im Alter von hundertzwei Jahren ereilte, an seinem Tagebuch *Siebzig verweht*, dem Hauptwerk seiner letzten Lebensjahrzehnte. Körperlich und geistig war er topfit. 1986, mit über neunzig Jahren, reiste er nach Kuala Lumpur, um zum zweiten Mal in seinem Leben den Halley'schen Kometen zu sehen. Die Regisseurin Leni Riefenstahl lernte Tauchen, als sie bereits Anfang siebzig war. Noch mit vierundneunzig Jahren fotografierte sie unter Wasser Haie vor Cocos Island in Costa Rica.

Die Schriftsteller Hans Magnus Enzensberger und Alexander Kluge sowie der Philosoph Jürgen Habermas bestimmen mit weit über achtzig Jahren noch maßgeblich die intellektuellen Debatten der Republik. Luchino Visconti führte Regie, als er schon im Rollstuhl saß (*Die Unschuld*, 1976), und John Huston musste, als er mit einundachtzig seinen letzten Film drehte, gar mit Sauerstoff beatmet werden (*Die Toten*, 1987).

Legendär ist Pablo Picassos Schaffenskraft und Kreativität bis ins allerhöchste Alter. Er starb mit einundneunzig.

Doch dies, es sei zugestanden, sind Ausnahmen, und kein Zufall ist es, dass es sich bei den genannten Beispielen ausnahmslos um äußerst kreative Menschen handelt. Dennoch zeigen sie, dass Menschen unabhängig von ihrem biologischen oder sozialen Alter produktiv sein und ihr Leben in vollen Zügen genießen können.

Auch Sie können das!

**✱TIPP:** Auch wenn Sie kein Künstler oder Wissenschaftler sind[*] – halten Sie sich geistig fit! Lesen Sie, spielen Sie Schach, tauschen Sie sich intellektuell mit anderen aus. Spielen Sie von mir aus *Wer wird Millionär?* im Internet. Lösen Sie Kreuzworträtsel. Besuchen Sie Vorträge, belegen Sie ein Seminar an einer Volkshochschule oder Uni, stöbern Sie in einer Buchhandlung. Nicht nur einmal, sondern regelmäßig. Wie Sie das machen, ist nicht so wichtig. Hauptsache, Sie machen es.

Die Zeiten haben sich geändert, fünfundsechzig ist längst »kein Alter« mehr – im Gegensatz zu früher. Als die Beatles 1967 ihr epochales Album *Sgt. Pepper's Lonely Hearts Club Band* veröffentlichten, erschienen ihnen vierundsechzig Jahre noch als unheimlich alt, das Alter selbst als ein trauriger und nicht erstrebenswerter Lebensabschnitt: *When I'm sixty-four* sangen sie in ihrem berühmten Lied. Und der Philosoph Immanuel Kant wurde als Fünfzigjähriger (!) mit »Ehrwürdiger Greis« angesprochen. Heute muss man dafür neunzig sein.

Dass die Menschen länger jung und aktiv bleiben, hat Folgen. Wie immer geht es um Geld. Längst bildet die Generation 50+ eine umworbene Zielgruppe. Der Grund ist unschwer zu erkennen: Ältere Menschen – jedenfalls solche, die früher noch als alt gegolten hätten – verfügen oft über

---

[*] Der Einfachheit und leichten Lesbarkeit halber benutze ich hier und im Folgenden nur die männliche Form.

ein Budget, das sie attraktiv macht für die Angebote der Konsumgesellschaft. Eine riesige Industrie produziert mittlerweile exakt auf die – tatsächlichen oder suggerierten – Bedürfnisse der Alten hin. Dies beginnt bei speziell konzipierten »Seniorenreisen« und Büchern, die in größeren Buchstaben gedruckt werden, und hört bei »Anti-Aging«-Kosmetika, Handys mit extragroßen Tasten sowie dem berüchtigten »Seniorenteller« in Restaurants noch lange nicht auf.

In den USA gilt oft schon als Senior, wer gerade einmal die fünfundfünfzig erreicht hat, was ihn dazu berechtigt, teilweise erhebliche Vergünstigungen in Anspruch zu nehmen. Bei uns liegt diese Schwelle deutlich höher, bei fünfundsechzig in der Regel. Genieren Sie sich nicht, diese Vergünstigungen in Anspruch zu nehmen, die Ihnen allein aufgrund Ihres Alters zustehen. Finden Sie heraus, welche Vorteile dies sind. Es sind mehr, als Sie vielleicht denken.

## DIE BEST AGER KOMMEN

Kürzlich begleitete ich eine Freundin mit ihrer kleinen Tochter auf den Kinderspielplatz. Als wir dort auf der Bank saßen und den Kindern beim Spielen und Toben zuschauten, kamen wir mit einer anderen Mutter ins Gespräch, die neben uns Platz genommen hatte. Es ging um nichts Besonderes, Mütter-Talk eben (auch wenn ich hier nicht wirklich kompetent bin, denn ich habe keine Kinder). Unsere Überraschung war groß, als der vielleicht fünfjährige Sohn unserer neuen Bekannten Sarah angelaufen kam, weil er Hunger hatte. Er redete seine Mutter mit »Oma« an!

Und tatsächlich: Sie war seine Großmutter, wie sie uns lächelnd bestätigte. Wir wären nie von selbst darauf gekommen, denn Sarah sah in jeder Beziehung jugendlich aus. Glatte Haut, strahlende Augen, schlanke Figur. Unsere Verblüffung steigerte sich noch, als sie uns ihr Alter verriet: Sie war zweiundsechzig!

Frauen wie Sarah trifft man immer häufiger. Sie passen in keine Schublade. Versucht man, ihr Alter zu schätzen, vertut man sich garantiert, denn sie wirken immer jünger, als sie laut Geburtsurkunde sind. Viel jünger. Ihr wahres Alter interessiert sie herzlich wenig. Das Leben genießen sie meist in vollen Zügen, genau wie die Männer, mit denen sie zusammen sind. Sieht man solche Paare, könnte man fast neidisch werden. Die traditionelle Generationenfolge scheint außer Kraft gesetzt. Wüsste man es nicht besser, könnte man meinen, der Prozess des Alterns sei gestoppt.

Solche Menschen zwischen fünfzig und achtzig nennt man »Best Ager«. Ein Ausdruck aus der Werbung, gewiss, und man kann ihn auch als unangebrachten Euphemismus abtun. Doch es ist eine Tatsache, dass sich – fragt man nur ein wenig herum – fast alle Menschen im fortgeschrittenen Alter für zehn Jahre jünger halten, als sie tatsächlich sind. Dies ist eine Konstante, auf die man immer wieder trifft. Die *Generali Altersstudie 2013*, die ein umfassendes statistisches Bild der mehr als fünfzehn Millionen Fünfundsechzig- bis Fünfundachtzigjährigen in Deutschland zeichnet, untermauert diese subjektive Einschätzung empirisch.

Womit wir beim gefühlten Alter wären, der dritten Komponente, mit der wir dem Alter, das sich scheinbar so schleichend aus unserer Gesellschaft verabschiedet, vielleicht doch noch auf die Spur kommen.

Neu ist, dass die Rollen, welche die Gesellschaft früher den verschiedenen Generationen zuwies, nicht unbedingt mehr akzeptiert werden. Die Grenzen zwischen Jung und Alt verwischen sich. Früher gab es zum Beispiel die »komische Alte«, ein klassisches Rollenfach in der Komödie. Sie trat schrill auf, trug Kleidung, die eigentlich für Jüngere gedacht und gemacht war, und hielt sich so gar nicht an das Muster, das auf alte Menschen zugeschnitten war. Und Bertolt Brecht schrieb *Die unwürdige Greisin*, eine kleine erbauliche Geschichte über eine alte Frau, die auf alle Konventionen pfeift – worüber sich heute niemand mehr aufregen würde. Die Exzentrik ist längst gesellschaftsfähig geworden.

Denn heute trifft man solche Frauen – und auch Männer! – überall, was beweist, dass sich im Grunde jeder zu jeder Zeit seines Lebens neu erfinden kann. Eine Demografie-Studie der Europäischen Kommission fand heraus, dass in der Altersgruppe der Fünfzig- bis Siebzigjährigen neunzig Prozent der befragten Frauen und Männer meinen, das Alter beträfe nur die anderen, nicht sie selbst. Sie sehen sich als in vollem Saft stehend, die magische Zahl sechzig ist für sie demnach nicht Wende-, sondern Höhepunkt ihres Lebens.

Aus subjektiver Warte ist eine solche Ansicht durchaus nachvollziehbar. Das »richtige« Alter mit all seinen Konsequenzen verschieben die »Best Ager« sowie die Gesellschaft als Ganzes jedoch lediglich auf die ferne Zeit jenseits der achtzig. Ironisch könnte man sagen: Das Alter wird »outgesourced«. Schon Anfang der 1980er Jahre prophezeite die amerikanische Soziologin Bernice Neugarten eine *Age-irrelevant Society*, also eine Gesellschaft, in der das Alter keine Rolle mehr spielt. Wir sind auf dem besten Weg dahin.

Man könnte fragen: Ist das nicht etwas Positives? Ich bin mir nicht sicher. Denn die Jungen irritiert diese Entwicklung. Wenn Alte sich in Kleidung, Sprache und alltäglichen Gebräuchen zwanghaft den Lebensgewohnheiten der Jungen angleichen, dann finden junge Menschen das schon allein deshalb peinlich, weil sie es als Einbruch in ihre Identität, als Übergriff empfinden. Jede Generation besitzt ihr spezielles Selbstverständnis, ihren eigenen Code, in dem sie sich auf vielerlei Weise ausdrückt. Er bestimmt, was angemessen oder unangemessen ist, was sich nicht schickt und was sich ziemt, was *in* ist und was nicht.

Doch dieser Code verliert zunehmend an Bedeutung.

Jeder gibt sich inzwischen so, wie er kann und wie ihm gerade danach ist. Marathon mit siebzig? Nur eine Frage des Trainingspensums. Als Frau mit über fünfzig noch ein Kind? Der medizinische Fortschritt macht es möglich. Mit fünfundsiebzig einen neuen Studiengang beginnen? Warum nicht, man kann schließlich auch im hohen Alter mit Rollator ein Uni-Seminar besuchen, das selbstverständlich in einem barrierefreien Raum abgehalten wird. Kommunikation via Facebook? Machen wir doch gern!

Die Differenz zwischen den Jungen und den Alten geht also zusehends verloren, eine neue Gleichförmigkeit macht sich breit. Auch wenn eine schräge Alte im Minirock und mit pink gefärbten Haaren oder ein Alter in lederner Rockerkluft vielleicht lächerlich wirken – wen interessiert's? In den USA, den Vorreitern aller Moden, dreht sich nach solchen Gestalten keiner um. Sie sind, im Lande des *Pursuit of Happiness* – dem in der Unabhängigkeitserklärung verbrieften »Streben nach Glück« –, gesellschaftlich akzeptiert. Ob es auch bei uns so weit kommen wird, ist allerdings fraglich. Hier unterscheiden sich die Mentalitäten wohl doch in signifikanter Weise. Gesellschaftliche Normen und Konventionen greifen bei uns viel stärker, der Individualismus auch in seinen verrücktesten, schrillsten Formen ist jenseits des großen Teichs viel ausgeprägter.

Doch die Medaille hat zwei Seiten. Was verloren geht, wenn die Beliebigkeit überhandnimmt, ist der Respekt. Wenn sich Alte einem zweifelhaften Jugendkult anbiedern, begeben sie sich letztlich ihrer Souveränität.

Alte wurden jahrtausendelang geachtet wegen ihrer Lebenserfahrung, ihrer Weisheit, ihres Urteilsvermögens. Im alten Griechenland beispielsweise, in Sparta, mussten die Mitglieder der *Gerusia* (des Ältestenrats), mindestens sechzig Jahre alt sein. Diese *Geronten* (d. h. die »Alten«) mussten ein untadeliges Leben geführt haben, sie wurden auf Lebenszeit gewählt und waren niemandem Rechenschaft schuldig. Sie hatten die unumschränkte Gewalt im Staate inne. Das Amt eines Geronten war das Höchste, was ein Mann erreichen konnte. Es war entsprechend begehrt und besaß eine unvergleichliche Reputation.

Das Alter, heißt es, soll man ehren, der Philosoph Platon hält in seinem Werk *Gesetze* ein starkes Plädoyer dafür. Da ist was dran, auch heute noch. Alter hat immer auch etwas mit Würde und mit natürlicher Autorität zu tun, die wiederum ein integraler Bestandteil der Generationenidentität ist. Wenn diese natürliche Autorität verloren geht, wenn Vater oder Großvater zum Kumpel werden – wogegen sollten Junge dann noch rebellieren? Genau dies war ja ein Problem der Achtundsechziger, als sie selber Eltern wurden. Denn zweifellos ist Rebellion ein Merkmal *jeder* jungen Generation, sie ist es seit jeher gewesen. Und das ist gut so.

Generell bin ich dafür, dass jeder Mensch so lebt, wie er es für richtig hält. Ältere sollten so aktiv, so erfindungsreich, so hedonistisch und freigeistig sein wie nur irgend möglich. Doch eines sollten sie bei alledem bewahren: ihre Würde.

＊**TIPP**: Genießen Sie Ihr Leben, wie Sie es für richtig halten – unabhängig von Ihrem Alter. Ignorieren Sie Konventionen, wenn Sie nicht wirklich hinter ihnen stehen, und verwirklichen Sie sich selbst (auch wenn es platt klingt, ist es deswegen nicht weniger zutreffend).

Oder anders ausgedrückt: Machen Sie Ihr eigenes Ding! Ist es nicht häufig so, dass man sich gerade an jene Vorfahren, die ihren eigenen Kopf hatten und sich nicht einengen ließen, besonders gern erinnert? Dass man noch Generationen später über sie spricht?

Fast jeder kennt einen schrägen Onkel oder eine entfernte Verwandte, die aus der Reihe tanzten und die irgendetwas Besonderes zustande brachten – eben *weil* sie unkonventionell waren. Lebenskünstler rufen oft Bewunderung bei jenen hervor, die nicht dazu geboren sind. Aber es schadet nicht, wenn man sich eine Scheibe von ihnen abschneidet und gelegentlich selbst von den Normen abweicht.

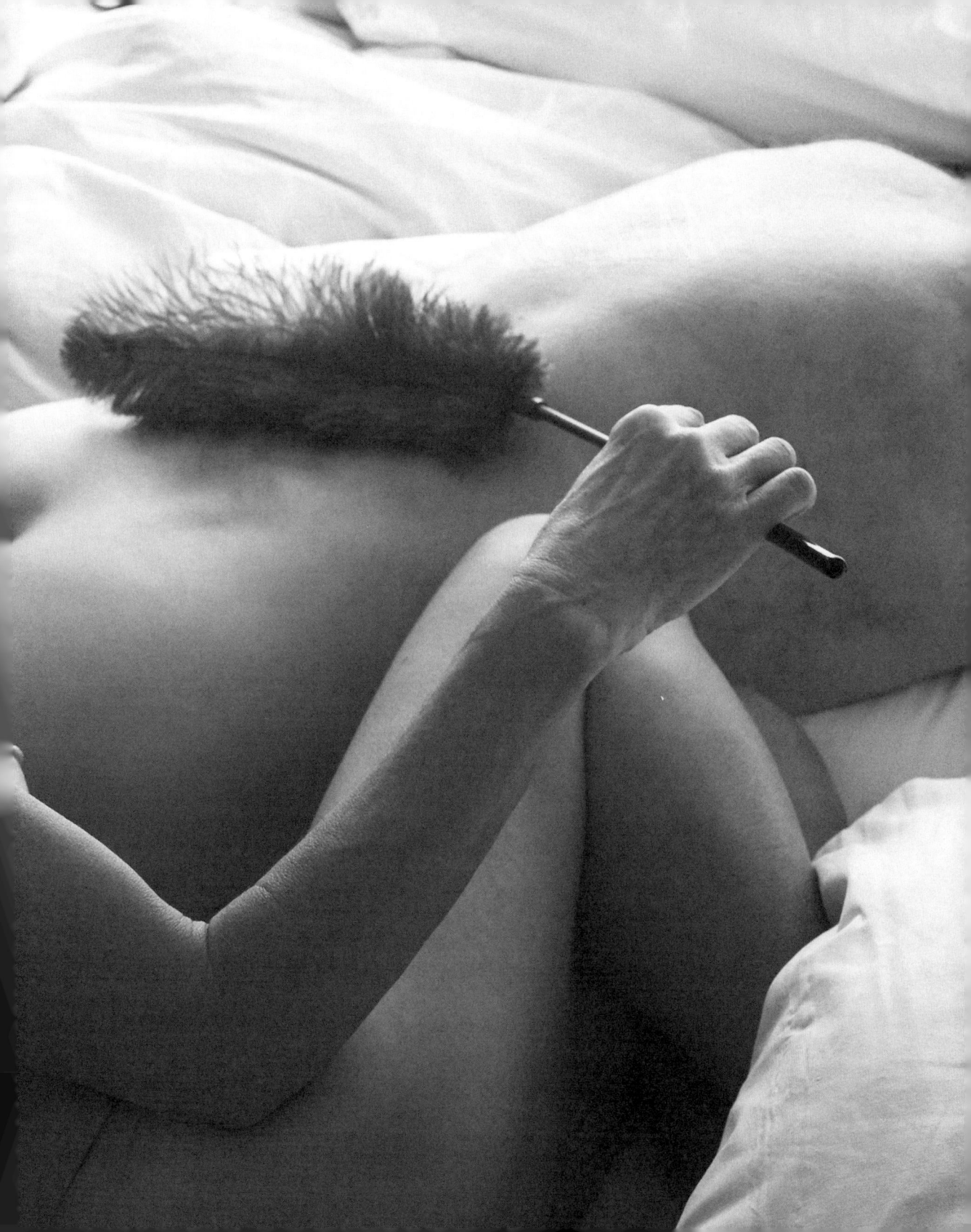

# *Mitten im Leben

# ICH WILL'S NOCH EINMAL WISSEN!

*S*usanne kannte ich aus dem Gründerinnen-Netzwerk, dem ich selbst angehöre und von dem ich während meines eigenen beruflichen Neuanfangs wertvollen Rat und tatkräftige Unterstützung erhielt. Sie war mithin eine Art Kollegin, die nach und nach zu einer Vertrauten wurde. Ihre Geschichte, die sie mir in mehreren Schüben bei ungezählten Tassen Tee erzählte, fand ich ungemein ermutigend.

Susanne war einundfünfzig, als ihr endgültig klar wurde, dass es so nicht weitergehen konnte. Ihre Ehe war so gut wie gescheitert, ihr Sohn hatte in einer anderen Stadt zu studieren begonnen und war praktisch aus dem Haus. Ihre Arbeit als Sekretärin in einer großen Rechtsanwaltskanzlei langweilte sie zu Tode. Sie hatte seinerzeit ihr Jurastudium abgebrochen, woran sie jeden Tag schmerzlich erinnert wurde, wenn sie die Anweisungen ihrer Vorgesetzten entgegennahm. Ursprünglich hatte sie ja selbst Anwältin werden wollen. Ihr Freundeskreis war überschaubar, ihre Hobbys beschränkten sich darauf, dass sie zweimal in der Woche schwimmen ging und gern Fantasyromane las. Sie war selbstkritisch genug, zu erkennen, dass sie intellektuell in keiner Weise aus der großen Masse herausragte, was sie jedoch nicht sonderlich betrübte. Es war absehbar, dass in ihrem Leben nichts mehr groß passieren würde.

Bis sie auf einer Vernissage, zu der ihre beiden Chefs sie mitnahmen, Camilla traf. Sie war das, was man einen Paradiesvogel nennt. Schräg und doch geschmackvoll angezogen, frisch geschieden, voller Lebenshunger. Tanzen war Camillas große Leidenschaft, sie war fit in allen Standardtänzen, von Wiener Walzer bis hin zu Rumba, Tango und Foxtrott. Sie war im gleichen Alter wie Susanne und wirkte doch viel jünger. Ihre Freunde wechselten, von festen Bindungen hatte sie die Nase voll. Ihr gut verdienender Exmann zahlte ihr Unterhalt, von einer früheren Erbschaft hatte sie etwas Geld übrig behalten. Jetzt suchte sie nach einer sinnvollen Betätigung für die nächsten Jahrzehnte, denn ewig, das war ihr klar, würde das Geld nicht reichen.

Im Gegensatz zu Susanne besaß Camilla eine kreative, abenteuerliche Ader, war aber keine Geschäftsfrau. Mit Geld konnte sie überhaupt nicht umgehen, sie gab es mit vollen Händen aus. Trotz oder gerade wegen ihrer gegensätzlichen Charaktere fühlten sich die beiden Frauen sofort zueinander hingezogen und begannen, Pläne zu schmieden. Camillas Enthusiasmus wirkte ungemein ansteckend und befreiend auf Susanne, sie fühlte plötzlich wieder Leben in sich. Fast zwangsläufig lief das Projekt, das die beiden in endlosen Diskussionen entwickelten, auf eine Tanzschule hinaus. Camillas Barschaft und ein staatlicher Gründungszuschuss sorgten für die finanzielle Basis.

Als Susanne bei der Anwaltskanzlei kündigte, um sich ganz dem Tanzschulprojekt widmen zu können, fühlte sie eine tiefe Befriedigung wie seit Jahren nicht mehr. Die Scheidung von ihrem Mann folgte wenig später. Der Rest der Geschichte ist schnell erzählt: Susanne verstand genug von Zahlen, um das junge Unternehmen erfolgreich zu managen, Camilla entpuppte sich als perfekte Tanzlehrerin. Als die erste Anmeldung kam (der noch viele weitere folgen sollten), stießen sie mit Champagner an.

Susanne und Camilla haben einen Neuanfang im fortgeschrittenen Alter geschafft. Doch das ist keineswegs die Regel. Der Normalfall ist ein ganz anderer, wie das Beispiel von Bruno zeigt. Über drei Ecken ist er mit mir verwandt, ich traf ihn bei einer jener Familienfeiern, die bei uns recht selten stattfinden – aber wenn, dann richtig. Bruno hatte schon zwei Gläser Wein getrunken, das löste ihm die Zunge. Er war froh, dass er sich einmal aussprechen konnte.

Er arbeitete bei einem traditionsreichen mittelständischen Familienunternehmen nahe Stuttgart, das Autoteile herstellte. Bruno hatte dort seine Lehre als Mechaniker absolviert und war danach in der Firma geblieben, genauso, wie sein Vater es seinerzeit gehalten hatte. Stufe für Stufe war er die Karriereleiter hinaufgeklettert. Jetzt, mit sechsundfünfzig, hatte er eine ganze Abteilung unter sich mit Leuten, die gute Arbeit leisteten. Er war zufrieden – bis der »neue Besen« kam. So nannten die Mitarbeiter die junge alerte Unternehmensberaterin, auf deren Rat hin die besorgten Besitzer die ganze Firma umkrempelten. Die Margen waren im Lauf der Jahre immer geringer geworden, da der Autohersteller, von dem das Unternehmen fast vollständig abhing, immer brutaler an der Preisschraube drehte.

Die Besitzer führten neue Strukturen und Abläufe in der Firma ein und entließen Leute. Bruno durfte froh sein, dass er seinen Job behielt. Um sich unentbehrlich zu machen, strengte er sich doppelt an, machte Überstunden, ohne sie aufzuschreiben, und arbeitete sich in neue Computerprogramme ein – was ihm alles andere als leichtfiel. Doch er wusste, dass er sich den veränderten Zeiten anpassen musste. Ihm blieb keine Wahl.

Nach einiger Zeit wurde ihm ein Teil seiner Zuständigkeit entzogen, und er bekam einen neuen Chef vor die Nase gesetzt – einen Jungspund mit Hochschulabschluss in BWL, den Bruno zunächst nicht ernst nahm. Bis er merkte, dass der Neue ihn nach und nach aufs Abstellgleis schob, ohne dass er etwas dagegen tun konnte. Es war eine andere Generation, die nun das Heft in der Hand hielt. Als Bruno zwei Jahre darauf ein Abfindungsangebot bekam, war er fast froh darüber und nahm es an. Anschließend widmete er sich mit Hingabe seinem Hobby, der Taubenzucht. Bei einem Landeswettbewerb gewann eine seiner Brieftauben eine Silbermedaille. Von diesem Erfolg erzählte er noch Jahre später.

Brunos Schicksal ist durchaus typisch für seine Generation. Mit fünfzig Jahren etwa biegt man langsam in die Zielgerade der beruflichen Karriere ein. Dies bedeutet nicht, dass es leichter wird, im Gegenteil. Im Nacken ist der heiße Atem der nachwachsenden jungen Konkurrenz zu spüren, womöglich ist sie auch schon längst auf der Überholspur vorbeigezogen. Wenn der neue Chef plötzlich fünfzehn oder zwanzig Jahre jünger ist, dann gibt das schon zu denken.

Manche Dinge wie Konzentration und Ausdauer fallen, schon rein körperlich, in diesem Alter nicht mehr ganz so leicht wie früher. Man merkt deutlich, dass man zwar noch lange nicht zum alten Eisen gehört, aber dass einem doch der Wind ins Gesicht bläst. Neuerungen halten Einzug in den Arbeitsalltag, die man sich nicht mehr unbedingt zu eigen machen will. Immerhin: Defizite in der »Performance«, wie die Arbeitsleistung so schön auf neudeutsch heißt, können Ältere mit ihrer Erfahrung ausgleichen. Sie ist ein bedeutendes Pfund, mit dem sie wuchern können.

Dennoch muss man sich irgendwann entscheiden: Lasse ich alles langsam ausklingen und freue mich auf die Rente, oder starte ich noch einmal durch? Die Entscheidung muss nicht sofort fallen, man sollte sie aber auch nicht mehr allzu lange hinauszögern. Fünfzehn Jahre ungefähr bleiben bei einem »normalen« Angestelltenverhältnis mit einem »normalen« Rentenanspruch noch, das ist nicht wenig Zeit. Bei Selbstständigen verhält sich die Sache wieder anders, da man den Zeitpunkt, zu dem man aufhört zu arbeiten, weitgehend selbst bestimmen kann – in Abhängigkeit von den persönlichen finanziellen Verhältnissen, versteht sich.

Wie man die Zeit zwischen fünfzig und dem Eintritt ins Rentnerdasein verbringt, hat Auswirkungen auf die weitere Lebensplanung. Entscheidet man sich für die erste, die »sanfte« Variante, kommt sogar eine Frührente in Betracht: Manchen Menschen kann es gar nicht schnell genug gehen, aus dem Berufsleben auszusteigen, was ich durchaus verstehen kann. Wer hat schon das Glück, seinen Traumberuf ausüben zu dürfen? Die allermeisten von uns waren doch schon frühzeitig gezwungen, Kompromisse zu schließen.

Auch ich habe, bevor ich den Stecker zog und etwas völlig Neues begann, dreißig Jahre lang als Krankenschwester, Leiterin eines Pflegedienstes und Heimleiterin gearbeitet, und zwar sehr gerne. Das ist immerhin fast ein halbes Menschenleben. Umso wichtiger ist es, sich in der Lebensmitte darüber klar zu werden: Wie will ich den Rest meines Berufslebens verbringen? Was empfinde ich bei dem Gedanken daran?

Wichtig ist, sich jetzt ganz ehrlich zu fragen: Bin ich froh, wenn ich alles hinter mir habe, je eher desto besser? Oder habe ich den Ehrgeiz, noch einmal etwas Großes auf die Beine zu stellen, neue Herausforderungen anzunehmen und mich mit der jungen Konkurrenz zu messen? Besitze ich überhaupt noch die Energie dafür? Und wenn ja: Will ich das wirklich?

Fast immer ist es so, dass solche scheinbar rein beruflichen Entscheidungen auch starken Einfluss auf die Sexualität besitzen. Wer im Büro über lange Jahre Langeweile und Enttäuschung in sich hineinfrisst, wird sich wohl kaum eines rundum befriedigenden Sexuallebens erfreuen. Frust färbt ab. Umgekehrt vermögen beruflicher Erfolg und Dynamik auch sexuell wahre Flügel zu verleihen. Geht es mir beruflich gut, habe ich meist auch Spaß im Bett. Auf diese Aussagen treffe ich in meinen Seminaren immer wieder.

Was lernen wir daraus? Ein Universalrezept gibt es nicht. Wer beruflich todunglücklich ist, und die Rente ist bereits in Sichtweite, der sollte die Reißleine ziehen. Dann klappt es mit ziemlicher Sicherheit auch besser mit dem Sex.

✳TIPP: Überlegen Sie, was Sie beruflich noch erreichen wollen im Leben. Haben Sie ein Ziel, für das es sich zu kämpfen lohnt, dann arbeiten Sie mit aller Kraft darauf hin. Wenn Sie kein solches Ziel haben: Suchen Sie sich eines! Nicht *irgend*eines, sondern eines, das Sie wirklich wollen und das realistisch ist. Klappt auch das nicht, dann erweitern Sie Ihren Horizont. Blicken Sie über den Tellerrand hinaus. Fragen Sie sich: Was ist Ihnen außerhalb Ihres Berufs wichtig? Finden Sie es heraus, und setzen Sie sich in diesem Bereich ein Ziel.

# UND PLÖTZLICH SIND WIR RENTNER

*A*ls ich vor zehn Jahren nach Berlin kam und mich offiziell anmeldete, lernte ich Elfriede kennen. Sie arbeitete auf dem Bürgeramt, und obwohl der Anmeldevorgang nur wenige Minuten dauerte, waren wir uns sofort sympathisch. Ich gab ihr meine Telefonnummer, und tatsächlich rief sie mich einige Tage später an. Mein Beruf hatte sie neugierig gemacht, sie spielte mit dem Gedanken, sich coachen zu lassen. Wir trafen uns zum Kaffeetrinken, und der Kontakt brach, so lose er war, seitdem nicht mehr ab. Zu einem Coachingtermin kam es nie, doch ich war nicht böse drum.

Elfriede besaß einen abgründigen, tiefschwarzen Humor, der so gar nicht zu ihrer äußeren, relativ biederen Erscheinung einer Frau von knapp über sechzig passte. Ihre Stimme war tief und prägnant, ihr Gesicht vergaß man nicht so leicht, und ihr Lächeln besaß etwas ungemein Gewinnendes. Sie war zwar seit mehr als drei Jahrzehnten als Sachbearbeiterin tätig, hatte im Beruf aber nie ihre Erfüllung gefunden. Ihr Lieblings-Fernsehprogramm war übrigens Wrestling, auch als Catchen bekannt. Fast jeden Abend zog sie sich amerikanische Wrestling-Kämpfe auf einem obskuren Pay-TV-Sender rein. Diese Vorliebe passte so gar nicht zu ihr, deshalb redete sie auch kaum darüber. Im Grunde steckte viel mehr in ihr, als es schien, denn wenn sie sich zurechtmachte, war sie eine durchaus attraktive, auffallende Erscheinung, die man gar nicht mit dem Bürgeramt in Verbindung gebracht hätte. Aber sie wusste nicht, warum sie diesen Aufwand treiben sollte.

Dann kam der Tag, an dem sich ihr Leben grundlegend änderte. Sie ging in Rente, in Frührente, um genau zu sein. Ein befreundeter Amtsarzt war gnädig gewesen und hatte ihren vorzeitigen Abschied befürwortet. Die Kolleginnen und Kollegen auf ihrer Dienststelle waren wirklich nett. Sie bereiteten eine kleine Feier mit Kaffee und Kuchen vor, mit der sie Elfriede verabschiedeten. Außerdem hatten sie für ein Geschenk gesammelt, eine mit Strass besetzte Armbanduhr, die sich Elfriede nie im Leben selbst gekauft hätte. Sie wäre ihr zu teuer gewesen.

Für Luxus hatte Elfriede noch nie einen Sinn gehabt, sie war eher auf der praktischen Seite des Lebens zu Hause. Nur gelegentlich, in sehr stillen Momenten, träumte sie davon, dass es vielleicht doch eine andere Form des Daseins geben könne, voller Aufregung, Fantasie und Abenteuer – auch für sie. Diese Gedanken hatte sie jedoch stets rasch wieder beiseitegeschoben.

Noch Tage nach der Abschiedsfeier war Elfriede zutiefst verwirrt. Irgendwie wollte es nicht in ihren Kopf, dass sie nun Rentnerin war. Jeden Morgen stand sie auf wie immer und machte sich fertig, bis ihr einfiel, dass sie von nun an nicht mehr zur Arbeit gehen musste.

Nie mehr.

Elfriede fiel in ein tiefes Loch. Sie wusste nicht, was sie mit ihrer vielen Zeit anstellen sollte. Seit ihr Mann vor sechs Jahren bei einem Autounfall ums Leben gekommen war, lebte sie allein. Einkäufe und Wohnungsputz waren schnell erledigt, darin besaß sie jahrzehntelange Routine. Was sie darüber hinaus machen sollte, wusste sie nicht.

Das heißt, Elfriede hatte ein Problem.

Bei Werner hingegen war alles ganz anders. Ich traf ihn – ungelogen! – eines Nachts, als bei einem Zimmerbrand in einem Nachbarhaus die Feuerwehr anrückte. Natürlich war ich neugierig und schaute mir das Spektakel an. Werner war einer der Feuerwehrmänner, hatte aber bei dem Einsatz nicht allzu viel zu tun. Es waren andere, jüngere Kollegen, die mit ihren Atemschutzgeräten über die Drehleiter in die verrauchte Wohnung stiegen und am Ende eine verängstigte Katze retteten. So kamen wir ins Gespräch. Ungewöhnliche Berufe und Menschen interessieren mich immer sehr. Und da wir in jener Nacht nicht viel Zeit zum Reden hatten, verabredeten wir uns auf ein Bier am nächsten Abend.

Anders als Elfriede war Werner fast exakt fünfundsechzig, stand also kurz vor dem Ende seines Berufslebens. Er sehnte den Tag seiner Verabschiedung mit Ungeduld herbei, denn die Arbeit als Feuerwehrmann bedeutete ihm nichts. Das endlose Warten auf einen Alarm, der nur selten kam, langweilte ihn, über die Kollegen ärgerte er sich nur. Er war ein Außenseiter, Streit war an der Tagesordnung. Er wünschte sich deshalb nichts dringender, als endlich frei zu sein. Und anders als Elfriede wusste er ganz genau, was er nach seinem letzten Arbeitstag anstellen würde. Werner hatte einen Plan für die Zeit danach.

Genau darum geht es: Überlegen Sie sich vorher, was Sie nach Ihrer »Verrentung« – ein schreckliches Wort übrigens! – anstellen wollen. Reisen? Lesen? Sport? Fotografieren? Ein Hobby, das Sie lange vernachlässigt haben? Eine ehrenamtliche Tätigkeit vielleicht? Wenn Sie Verantwortung tragen, wird das Ihr Selbstwertgefühl gewaltig steigern. Es ist völlig egal, was Sie tun – nur: Tun Sie etwas! Etwas, das Ihnen Spaß macht.

Lassen Sie sich von Ihrem sozialen Alter (dieses bezeichnet lediglich das Datum, zu dem Sie in Rente gehen!) nicht ins Bockshorn jagen. Fühlen Sie sich, wie die Mehrzahl Ihrer Altersgenossen, nicht wesentlich jünger, als Sie es Ihrem Geburtsdatum nach sind? Es kommt nicht darauf an, was in Ihrem Pass steht, sondern darauf, wie Sie ihr Alter selbst wahrnehmen. Wie es um Ihre Gesundheit steht. Wie aktiv Sie sind.

Geben Sie jetzt, da Sie nicht mehr arbeiten, einer eventuellen Niedergeschlagenheit keinen Raum. Schauen Sie nicht zurück, sondern nach vorn! Begreifen Sie die neue Freiheit (und Freizeit!) als Chance, sich endlich jenen faszinierenden Dingen zu widmen, die Sie bislang hintenanstellen mussten. Der Renteneintritt bedeutet in Ihrer Biografie einen Umbruch, aber dieser Umbruch birgt große Chancen. Er kann den Beginn eines neuen, großartigen Lebensabschnitts bezeichnen.

Natürlich kann man sich nicht wirklich auf diesen Umbruch und das plötzliche Gefühl, »alt« zu sein, vorbereiten. Dass man als Rentner alt sei, ist jedoch nichts weiter als eine numerische Übereinkunft, die zum Funktionieren der Gesellschaft notwendig ist. Schauen Sie sich um! Auf der Straße können Sie niemandem mehr ansehen, wie alt er oder sie wirklich ist. Die offensichtlichen Merkmale, die das Alter früher besaß, haben sich verflüchtigt. Wer am Stock geht, ist vielleicht nur Rekonvaleszent. Auch Runzeln, Krähenfüße und Tränensäcke kann man leicht verschwinden lassen – alles nur eine Frage des Geldes.

Man mag das gut finden oder nicht. Ich zum Beispiel finde, man soll zu seinem Alter stehen, und lehne Schönheitsoperationen ab. Tatsache ist jedoch, dass wir uns auf dem Weg in eine alterslose Gesellschaft befinden – zumindest, was das Äußere betrifft.

Die gute Nachricht, die ich an dieser Stelle noch einmal betonen möchte, ist: Auch die Lebenserwartung hat sich signifikant erhöht, und sie steigt weiter. Sie haben also viel mehr Zeit als frühere Generationen, das zu tun, was Sie sich vorgenommen haben.

*Haben* Sie sich für Ihre späteren Jahre etwas vorgenommen? Falls nicht, sollten Sie das schleunigst tun. Je aktiver Sie sind, desto jünger bleibt auch Ihr Geist. Wer sich gehen lässt, verfällt. Es ist wie mit dem Sex: Auch hier sollten Sie in Übung bleiben. Falls der Sex bei Ihnen eingeschlafen sein sollte: Jetzt haben Sie Zeit, sich wieder damit zu beschäftigen. Sie wissen doch: Die Lust vergeht nie, auch in hohem Alter nicht.

Aber ein bisschen Stimulation braucht sie denn doch, die Lust. Doch davon später mehr.

**✳TIPP:** Machen Sie vor Ihrem letzten Arbeitstag einen Plan, was Sie nach dem magischen Datum des Renteneintritts alles anstellen werden. Diesen Plan können Sie jederzeit ändern, vielleicht haben Sie ja plötzlich Lust auf etwas ganz anderes. Aber es ist wichtig, dass Sie nicht einfach alles auf sich zukommen lassen. Improvisieren können Sie dann immer noch. Sie werden sehen: Es macht Spaß, spontan zu sein.

Werner, der Feuerwehrmann, hatte sich gut vorbereitet. Es dauerte keine zwei Wochen, da begann er mit großem Enthusiasmus und für ein symbolisches Gehalt von einem Euro die B-Jugend des örtlichen

Fußballvereins zu trainieren. Dank der guten Altersversorgung, die er bezog, war er finanziell unabhängig. Außerdem besuchte er gemeinsam mit seiner Frau einen Volkshochschulkurs »Französisch für Anfänger«, zu dem er sich bereits vor Monaten angemeldet hatte. Noch einmal eine Fremdsprache zu lernen war schon immer sein Traum gewesen, und er wollte sich selbst beweisen, dass er es durchziehen konnte. Nur folgerichtig war, dass er und seine Frau die Urlaube der nächsten Jahre in Frankreich verbringen würden, jedes Jahr in einer anderen Region. Auch dies plante Werner sorgfältig, er war und blieb ein gründlicher Mensch.

Da seine Eltern beide ziemlich alt geworden waren und ihn keine Krankheiten plagten, hatte er gute Gründe zu der Annahme, dass er ebenfalls ein hohes Alter erreichen würde, wenn er keinen Raubbau an seiner Gesundheit betrieb. Die Statistik gibt ihm recht: Wenn Sie die sechzig bereits überschritten haben und Glück und gute Gene besitzen, werden Sie gemäß den Sterbetafeln der Versicherer mit hoher Wahrscheinlichkeit ein Alter von Mitte, Ende achtzig erreichen, die Frauen etwas mehr, die Männer etwas weniger.

Wenn Sie in einem körperlich anstrengenden Beruf tätig sind (der berühmte Dachdecker mit den notorischen Rückenschmerzen ist hier das Paradebeispiel), werden Sie möglicherweise bereits mit Ende fünfzig, Anfang sechzig in Frührente gehen. Vielleicht gehören Sie auch zu jener Personengruppe, die bereits mit dreiundsechzig Anspruch auf die Rente hat. Ansonsten werden Sie arbeiten, bis Sie siebenundsechzig, vielleicht auch bis Sie siebzig sind.

Sollten Sie jedoch zum Beispiel Künstler sein, werden Sie wahrscheinlich arbeiten, bis Sie tot umfallen. Künstler sind so, ihr Beruf ist ihre Berufung. Allerdings, das sollte man hinzufügen, haben sie als Freischaffende nur in den seltensten Fällen Anspruch auf eine ausreichende gesetzliche Rente, sodass sie gezwungen sind, auch in hohem Alter noch zu arbeiten, wenn sie ihren Lebensstandard halten wollen. Denn finanziell vorgesorgt, auch das ist leider wahr, haben nur die wenigsten.

Irgendwann, wenn Sie um die siebzig sind – wahrscheinlich aber schon früher –, werden Sie feststellen, dass Ihnen vieles körperlich nicht mehr so leicht fällt wie ehedem. Das Alter fordert seinen Tribut, die Zipperlein kommen. Aber Sie werden auch feststellen: Irgendwie geht es noch, diese kleinen Beeinträchtigungen stecken Sie locker weg. Sie können Ihre physische Konstitution verbessern, indem Sie Sport treiben. Joggen Sie, gehen Sie ins Fitnessstudio. Sie werden sich wundern, welche positiven Auswirkungen das hat.

✳ **TIPP: Wenn Sie es sich finanziell erlauben können: Gönnen Sie sich endlich das, was Sie sich schon immer gewünscht haben. Sie leben nur ein Mal. Reisen Sie dorthin, wo Sie schon immer mal hinwollten. Erfüllen Sie sich einen Traum. Besser noch: viele Träume!**

Inzwischen sind Sie Mitte siebzig und fühlen sich wahrscheinlich noch ganz wohl. Sie genießen das Leben und freuen sich, dass Sie frei sind von beruflichen Verpflichtungen, dass Sie endlich ganz Sie selbst sein können. Daran, dass Ihr Leben überwiegend nur noch aus Freizeit besteht, haben Sie sich inzwischen gewöhnt, und Sie genießen es. Sie machen das, was Sie mögen – nichts anderes.

Blicken Sie aber auch nach vorn. In zehn Jahren etwa, dies ist durchaus realistisch, wird sich auch diese Phase Ihres Lebens ihrem Ende zuneigen, Sie werden ernsthaft Hilfe in Anspruch nehmen müssen, um Ihren Alltag zu bewältigen. Das mag rein körperliche Gründe haben, vielleicht aber auch mentale. Geschätzte 1,3 Millionen Demenzkranke gibt es zurzeit in Deutschland, und ihre Zahl steigt rasant. Laut einer Modellrechnung des Statistischen Bundesamts werden es im Jahr 2030 schon zwei Millionen sein.

Ich sage jetzt nicht, dass Sie zwangsläufig dement werden, dieses Schicksal droht nur einer Minderheit. Aber eine gewisse Pflege werden Sie wahrscheinlich dennoch brauchen. Überlegen Sie daher schon jetzt, wie diese Hilfe aussehen soll und kann. Wollen Sie zu Hause gepflegt

werden oder im Heim? Oder ziehen Sie eine Alten-WG vor? Die Einliegerwohnung im Haus Ihrer Kinder vielleicht?

All dies sind ganz unterschiedliche Wohn- und Betreuungskonzepte, die endgültige Entscheidung will gründlich bedacht sein. Denn ein weiteres Mal werden Sie nicht umziehen wollen. Rein organisatorisch betrachtet, gibt es viele Möglichkeiten, seine letzten Jahre zu verbringen. Allein zu wohnen ist nicht unbedingt optimal, die Einsamkeit kann drückend sein. Wichtig ist zudem, dass Ihre Unterkunft barrierefrei ist, auch wenn Ihnen das jetzt noch nicht sonderlich dringend erscheinen mag. Der fünfte Stock ohne Aufzug scheidet daher von vornherein aus.

Spätestens, wenn Sie auf die achtzig zugehen, sollten Sie sich auch überlegen, welche Enden Ihres Lebens noch lose sind. Sprich: Was ist noch unvollendet? Was unversöhnt? Gibt es jemanden, mit dem Sie seit langer Zeit im Streit liegen? Es ist Zeit, reinen Tisch zu machen.

Schieben Sie nichts auf. Worauf warten Sie?

**\*TIPP:** Dieser Tipp ist ganz einfach, aber nicht leicht umzusetzen. Versuchen Sie es trotzdem: Leben Sie jeden Tag so intensiv, als wäre es Ihr letzter. Egal, wie alt Sie sind.

## FRÜHLING IM HERBST DES LEBENS

Aber zurück zu Elfriede, der pensionierten Sachbearbeiterin aus dem Bürgeramt. Die Zeiten des Nichtstuns und das Gefühl, aus ihrem gewohnten Lebenszusammenhang gerissen zu sein, waren für sie glücklicherweise bald vorbei. Eine Freundin hatte sie zu einem nachmittäglichen »Kaffeekränzchen mit Schwoof« mitgenommen, bei dem sie von einem graumelierten, schlanken Herrn ihres Alters formvollendet zum Tanz aufgefordert wurde. Seinem Äußeren nach hätte Friedrich ein ehemaliger Offizier sein können, so korrekt und zackig gab er sich. Er war ein richtiger Gentleman und machte Elfriede alsbald den Hof. Es dauerte nicht lange, und sie waren ein Paar. Wichtiger indes war, dass er ihr eine völlig neue Perspektive eröffnete und eine Leidenschaft in ihr weckte, von der sie nicht gewusst hatte, dass sie überhaupt in ihr schlummerte: die Schauspielerei.

Friedrich war Mitglied einer kleinen, engagierten Amateurtheatertruppe, die in unregelmäßigen Abständen populäre Klassiker in geraffter Form aufführte, vom *Zerbrochenen Krug* bis zu *Romeo und Julia*, mitunter auch modernere Stücke. Zunächst probierte Elfriede zaghaft aus, wie es sich anfühlte, auf der Bühne zu agieren und auswendig Texte zu sprechen. Doch schnell fand sie Geschmack daran. Dass sie ein gutes Gedächtnis besaß, erleichterte die Sache. Friedrich ermunterte sie, und schon nach wenigen Monaten spielte sie ihre erste »richtige« Rolle. Sie war die Martha Brewster in *Arsen und Spitzenhäubchen*, einer pechschwarzen, ziemlich lustigen Komödie über zwei liebenswerte alte Damen, die einsame Mitmenschen in bester Absicht reihenweise mit Gift umbringen und von ihrem geisteskranken Neffen im Keller bestatten lassen. Das Stück war vor über sechzig Jahren zunächst am Broadway, dann als Film erfolgreich. Cary Grant spielte eine seiner Glanzrollen darin.

Allein Elfriede war der Grund, dass ich mir die Vorstellung ansah. Ich muss sagen, dass ich einigermaßen verblüfft darüber war, wie gut sie ihre Sache machte. Inzwischen ist sie ein festes Mitglied des Ensembles, und mit Friedrich ist sie immer noch zusammen. Sie wollen gemeinsam alt werden, sagen sie. Von Heirat ist noch nicht die Rede, doch ich bin mir ziemlich sicher, dass dies eines Tages zum Thema werden wird.

Elfriedes Geschichte ist geradezu exemplarisch. Viele Menschen fühlen sich erst im Alter richtig unbeschwert. Wenn die Last des Berufs von ihnen abgefallen ist, die Kinder aus dem Haus und sie vielleicht geschieden sind, dann erst haben sie den Kopf frei, um sich über ihre Zukunft Gedanken zu machen. Vielleicht ist diese Situation nicht die Regel: Viele sehen gar nicht ein, warum sie etwas ändern sollten. Sie fühlen sich ganz wohl in ihrer Haut, was auch absolut in Ordnung ist. Doch für andere beginnt mit dem »Ruhestand« (so hieß diese Lebensphase früher) eine Zeit der Bilanz, des Ausblicks – aber auch neuer Aktivität.

Worauf ich hinauswill: Es ist nie zu spät. Elfriede ist das beste Beispiel dafür. Nicht umsonst nennt man das Alter den »dritten Frühling«, auch wenn es – objektiv gesehen – eher der Herbst des Lebens ist. Viele finden erst im Alter das, wonach sie im Trott, der Hektik und dem Stress jahrzehntelangen Alltags zwar eine Sehnsucht verspürten, doch ernsthaft nie gesucht haben: eine wirklich befriedigende Aufgabe (die auch ehrenamtlich sein kann), ein neues, hochgestecktes Ziel, eine neue Liebe gar.

Eines sollten Sie allerdings immer bedenken: Jammern und Bedauern, dass man dies alles nicht schon viel früher in Angriff genommen habe, weil dann das eigene Leben doch bestimmt anders verlaufen wäre, führt Sie in die Sackgasse. Gewiss hätten Sie alles anders machen können – aber Sie *haben* es nicht gemacht. Und allein das zählt. Lassen Sie die Vergangenheit ruhen, konzentrieren Sie sich lieber auf das, was Sie in Zukunft tun werden. Denn Sie *werden* etwas tun, das steht außer Frage. Eines ist allerdings sicher: Den größten Teil Ihres Lebens haben Sie hinter sich. Es sei denn, Sie sind gerade fünfzig geworden und wollen es Ernst Jünger oder Leni Riefenstahl gleichtun, die beide über hundert geworden sind.

Gleichwohl: Sie haben noch jede Menge Zeit, etwas aus den Jahrzehnten zu machen, die Ihnen im Idealfall bleiben. Sie müssen es nur wollen. Es gibt unzählige Beispiele von Menschen, die erst im Alter zu wirklich großer Form aufgelaufen sind. Neben Elfriede finden sich allein in meinem Bekanntenkreis einige davon.

Eine über siebzigjährige Dame zum Beispiel beschloss auf ihre alten Tage, Schriftstellerin zu werden. Sie schrieb einen Gedichtband, veröffentlichte ihn im Selbstverlag und verkaufte tatsächlich mehrere hundert Stück davon. In Buchhandlungen hielt sie Lesungen. Ihr Publikum applaudierte, sie war glücklich. Ob das Buch nun literarisch wertvoll ist oder nicht – was spielt das für eine Rolle? Im Jahr darauf erschien ihr nächstes Werk, ein Kriminalroman, und der kann sich, wie mir kompetente Krimi-Vielleser bestätigten, durchaus mit manchem messen, was renommierte Verlage veröffentlichen.

Eine andere Bekannte, sie ist ebenfalls um die siebzig und lebt in New York, erfand sich sogar komplett neu: Sie veränderte ihr Äußeres mit Hilfe eines Schönheitschirurgen und ging wieder auf die »Piste«. Als sie mir Fotos schickte, erkannte ich sie fast nicht wieder. Nach einigen Monaten, in denen sie all das nachholte, was sie in einunddreißig Jahren, sieben Monaten und achtundzwanzig Tagen frustrierender Ehe vermisst hatte (ja, sie hatte tatsächlich akribisch mitgezählt!), verliebte sie sich in einen jüngeren Mann – und er sich in sie. Auch wenn die Beziehung nicht lange dauerte, so war sie doch glücklich, diese Erfahrung gemacht zu haben, wie sie mir über Skype erzählte. Inzwischen weiß sie, dass sie bei jüngeren Männern gut ankommt, und hat schon die ersten zarten Bande zu einem neuen potenziellen Lebenspartner geknüpft. Was daraus werden wird? Sie sieht das ganz entspannt: vielleicht nichts, vielleicht auch alles.

Ein Klient, ein ehemaliger Rechtsanwalt und Notar, drehte, nachdem er mit neunundsechzig Jahren seine Kanzlei verkauft hatte, noch einmal richtig auf. Nun leistete er sich plötzlich all das, was bisher an ihm vorbeigegangen war: Er fuhr regelmäßig aus der bayerischen Provinz nach Berlin, wo er in der Suite eines Luxushotels logierte. Geld spielte keine Rolle, es gab niemandem in seinem Leben, dem er etwas hinterlassen wollte. Jeden Abend bestellte er sich Champagner und Prostituierte aufs Zimmer, und zwar meist zwei auf einmal. Im Schnellgang entwickelte er sich zum Weinkenner und Gourmet, entdeckte seine späte Liebe zu den Opern Richard Wagners und probierte die verschiedensten sexuellen Spielarten aus. Was ihn auszeichnet, seinem staubtrockenen ehemaligen Beruf zum Trotz, ist seine unbändige Lebensfreude, die unmittelbar auf seine Umgebung abfärbt.

Glauben Sie mir: Auch Sie sind in der Lage, Ihrem Leben einen neuen Schwung, eine neue Richtung zu geben.

**✳TIPP:** Vielleicht hilft es, wenn Sie einfach mal in Klausur gehen: kein Telefon, kein Fernsehen, keine Ablenkung. Am besten mieten Sie sich für ein Wochenende irgendwo ein, in angenehmer Umgebung, an der See oder in den Bergen, wo auch immer. Gehen Sie spazieren. Nehmen Sie ruhig einen guten Freund oder eine gute Freundin mit. Und ziehen Sie schonungslos Bilanz.

Überlegen Sie: Was wollen Sie noch erreichen in Ihrem Leben? Was muss passieren, damit Sie, wenn es wirklich zu Ende geht, nicht jenen Satz aussprechen müssen, den ich als Krankenschwester an so vielen Sterbebetten gehört habe: »Hätte ich doch nur …!«
Und wenn Sie es herausgefunden haben – dann machen Sie es!

Womit wir bei meinem eigentlichen Thema wären: Dieses Durchstarten gilt nämlich auch für die Sexualität. An meinen Seminaren nehmen häufig Frauen teil, die, bildlich gesprochen, erst mit sechzig ihren Freischwimmer in Sachen Sex machten und endlich erkannten, welch eine weite, faszinierende Welt die Sexualität doch ist. Und sie begaben sich auf Erkundungsreise. Keine von ihnen, das weiß ich, hat es bereut.

Vielen Männern geht es genauso. Ist der äußere Druck, den Beruf und Karriere mit sich bringen, erst einmal von ihnen genommen, agieren sie oft wesentlich freier und entspannter. Mit fünfzig oder sechzig Jahren oder auch noch später müssen sie nicht mehr der Erwartungshaltung genügen, es ständig »bringen« zu müssen wie ein junger Gott. Jede Frau wird verstehen, dass sich hormonell auch bei ihrem Partner einiges verändert hat. Und wenn es gar nicht mehr geht, gibt es die »kleinen Helferlein« namens Viagra & Co., die einiges möglich machen, was die Natur inzwischen verwehrt.

Es gibt also keinen Grund, Frühlingsgefühle sexueller Art im Alter abzuwehren, im Gegenteil: Gerade weil die verbleibende Zeit überschaubar und begrenzt ist, sollte man nichts mehr auslassen. Trauen Sie sich, machen Sie sich so frei von Konventionen, wie Sie nur können. Und leben Sie!

# WAS JETZT IM LEBEN WICHTIG IST

Wenn Sie im Alter noch auf Konventionen Rücksicht nehmen, tun Sie sich keinen Gefallen. Denn es liegt in der Natur der Sache, dass es irgendwann zu spät ist für gute Vorsätze. Dann kommt das große Bedauern. Die Geschichte von Horst ist dafür ein gutes Beispiel.

Ich lernte ihn kennen, weil eine Freundin ein halbwegs brauchbares, aber möglichst billiges Fahrrad suchte. Sie bezog Arbeitslosengeld II und war daher berechtigt, sich in einer Werkstatt umzusehen, in der alte Fahrräder aufgearbeitet und für geringe Beträge verkauft wurden. Die Werkstatt war eine vom Jobcenter geförderte »Maßnahme«, und Horst, ein ausgebildeter Sozialarbeiter, leitete sie. Da ich einiges von Fahrrädern verstehe, begleitete ich meine Freundin, um sie bei der Auswahl zu beraten. Dabei kam ich mit Horst ins Gespräch.

Als junger Mann hatte er große Ambitionen gehabt. Er sah sich bereits als hochrangiges Mitglied einer internationalen Organisation wie der UNO, der UNESCO oder dem Roten Kreuz. Politisch stand er links, er war davon überzeugt, dass der Wandel des Bewusstseins die Voraussetzung für eine nachhaltige Verbesserung der gesellschaftlichen Verhältnisse sei. Dazu wollte er beitragen.

Sein äußerst mittelmäßiges Abitur verhinderte jedoch, dass er in absehbarer Zeit einen Jura-Studienplatz bekam sowie den Zugang zu den wirklich guten Unis. Er hatte von Oxford, Berkeley und der Sorbonne geträumt, am Ende landete er in Wuppertal, wo er sein Studium der Geografie und Sozialpädagogik mit Ach und Krach zu Ende brachte. Vierzehn Semester brauchte er. Nachdem er auf seine Bewerbungen hin eine Reihe von Absagen kassiert hatte, wurde er Sozialarbeiter, was ihm eine halbwegs auskömmliche Existenz sicherte. Seine Ehe mit einer Kommilitonin aus seinem Fachbereich, die er bereits mit Anfang zwanzig eingegangen war, scheiterte kläglich und blieb kinderlos. Nun, mit siebenundfünfzig, stand er vor den Trümmern seiner Träume. Nicht nur, dass er sich selbst als gescheitert ansah – auch die gesellschaftliche Entwicklung hatte ihn überholt.

Er bereute vieles. Gern hätte er noch einmal von vorn angefangen, doch er wusste, dass dies illusorisch war. Gelegentlich stellte er sich in den Nächten, in denen er keinen Schlaf fand, vor, dass er alles hinwarf und in der Dritten Welt ein neues Leben begann. Doch er traute sich nicht, diese Gedanken in die Tat umzusetzen. Er war schließlich keine zwanzig mehr, und Wagemut war ihm im Grunde seines Herzens fremd. Das Einzige, was aus seinen heroischen Zeiten überdauert hatte, war der Pferdeschwanz, zu dem er sein mittlerweile schütteres, graues Haar im Nacken zusammenband.

Menschen wie Horst trifft man häufig. Es stimmt mich jedes Mal traurig, wenn ich sehe, wie sich ihre Ideale und Träume über die Jahre und Jahrzehnte hinweg in Luft auflösen, ohne dass sie etwas dagegen tun. Sie nehmen als gottgegebene Niederlage hin, was doch vor allem auf ihre Passivität, mitunter auch Bequemlichkeit zurückzuführen ist. Oder darauf, dass ihre Ziele schlicht zu hochgesteckt waren – was die Betroffenen aber erst mit der Zeit erkennen, wenn überhaupt.

Mit fünfzig sieht man die Welt mit anderen Augen als mit Anfang zwanzig, man hat nun mehr Bedenken und ist weniger ungestüm. Entscheidungen wollen wohlbedacht sein, manchen wird die Zögerlichkeit zur zweiten Natur. Die Prägung eines halben Lebens mit all seinen kleinen Siegen, Kompromissen und Niederlagen lässt sich nicht so einfach abschütteln. Jugend lässt sich nicht konservieren, vom Äußeren her nicht und auch nicht mental. Dies zu erkennen ist ein oft schmerzlicher Prozess, den jeder Mensch durchleben muss. Auch ich habe so manches tiefe Tal durchschritten und durchlitten.

Aber ist das so schlimm? Leben wir doch mit unseren Erfahrungen, Narben und Errungenschaften, die uns erst zu interessanten, attraktiven Persönlichkeiten machen!

Der Jugend steht die Welt noch offen. Die Hoffnungen und Pläne sind ebenso ambitioniert wie unbegrenzt, man hat scheinbar unendlich viel Zeit, sie umzusetzen. Hinzu kommt das Bewusstsein, dass man noch etliche Jahrzehnte zu leben haben wird. Es ist ein beglückendes, ja berauschendes Gefühl.

Mit der Zeit schnurren diese Pläne zusammen. Man erkennt, was machbar ist, und das ist eben nicht alles. Genau genommen ist es sogar ziemlich wenig. Als Einzelner kann man im großen Maßstab kaum etwas bewirken. Nur wenigen, herausragenden Persönlichkeiten ist dies gegeben – Gandhi, Mandela, Lincoln etwa, um drei epochale Beispiele zu nennen. Die Welt ist nicht leicht aus den Angeln zu heben und nur in unendlich vielen, winzigen Schritten zu verändern.

Diese Erkenntnis ist bitter. Sie bedeutet den Verlust der Illusionen. Für Männer fällt sie meist zusammen mit der Midlife-Crisis. Aber nicht immer ist diese Lebensphase eine Krise, meist handelt es sich eher um eine Art Bilanzierung. Sie befällt außerdem nicht jeden Mann und hat nur wenig mit hormonellen Veränderungen zu tun (im Gegensatz zu den Wechseljahren der Frau), ist aber dennoch ein häufig festzustellendes Phänomen. Gewöhnlich tritt die Midlife-Crisis zwischen Ende dreißig und Anfang fünfzig auf und geht mit einer tief greifenden psychischen Verunsicherung einher. Das bisher Erreichte – beruflich, partnerschaftlich, familiär – wird einer gründlichen Revision unterzogen und in Frage gestellt. Man unterliegt starken Stimmungsschwankungen, beginnt zu grübeln, will im Grunde noch einmal ganz vorn beginnen.

Manche betroffenen Männer tun dies auch. Sie lassen sich scheiden, orientieren sich beruflich neu, nehmen sich eine wesentlich jüngere Partnerin, wollen mit Gewalt endlich den großen Durchbruch schaffen. Natürlich klappt das nur selten. Keiner kann aus seiner Haut. Aber ein Gutes hat die Midlife-Crisis doch: Man gewinnt Klarheit darüber, was wirklich wichtig ist im Leben, gerade jetzt, wo das Ende ins Blickfeld gerückt ist. Unendlich viel Zeit ist nicht mehr, die rechnerische Mitte des Lebens ist schon überschritten. Und das Kostbarste, was ein Mensch besitzt und anderen zu geben hat, ist Lebenszeit. Die wird nun immer knapper.

Fragen Sie sich: Was will ich wirklich noch erreichen in der mir verbleibenden Zeit? Was ist mir so wichtig, dass ich alles andere dafür aufgeben würde? Es ist die Stunde der Wahrheit, die nun gekommen ist. Der Mensch befindet sich an einem Wendepunkt. An der Schwelle zum Alter, um genau zu sein.

Doch diese Erkenntnis, so bitter sie ist, eröffnet zugleich auch Chancen. Schauen Sie in den Spiegel und geben Sie sich eine ehrliche Antwort auf folgende Fragen: Möchte ich noch einmal alle Anstrengungen unternehmen, meine Ehe, meine Beziehung zu retten? Ist es das wert? Oder ist es besser, einen Schlussstrich zu ziehen und neu anzufangen? Und wenn ja: Bringe ich die Energie dafür auf?

Gleiches gilt für den Beruf: War die Entscheidung, gerade diese Karriere zu machen, wirklich richtig? Möchte ich diesen Beruf bis zur Rente ausüben? Bei dieser Firma bleiben? Was erwarte ich noch vom Leben? Und: Habe ich vielleicht noch ganz andere Neigungen und Interessen (auch sexueller Natur!), die ich bisher nicht zugelassen habe? Welchen Teil meiner Persönlichkeit habe ich bisher unterdrückt und möchte ihn nun – bald, wenn möglich! – herauslassen?

Solche Fragen zu stellen ist bereits der erste Schritt zur Lösung. Man muss nicht unbedingt eine komplette Kehrtwende machen. Sich selbst zu befragen heißt ja keineswegs, dass alles falsch war, was man bisher im Leben gemacht hat. Aber es ist eine Prüfung, eine Vergewisserung seiner selbst. Danach kann man mit neuer Energie darangehen, so weiterzumachen wie bisher – oder einen Neuanfang wagen.

*TIPP: Bringen Sie den Mut auf, sich den existenziellen Fragen Ihres Lebens zu stellen und sie zu beantworten. Seien Sie ehrlich zu sich selbst. Keiner hört Ihnen zu, keiner richtet Sie.
Wenn Sie nicht allein damit zurechtkommen, nehmen Sie professio-

nelle Hilfe in Anspruch. Coaches und Psychotherapeuten sind geschult in diesen Dingen, Psychoanalytiker ebenso, wenn auch eine jahrelange Psychoanalyse gewiss nicht jedermanns Sache ist. Machen Sie sich kundig, was das Richtige für Sie ist, es gibt viele Möglichkeiten. Hier kommt es wirklich auf den Einzelfall an.

Horst hatte Glück. Er schaffte es zwar weder zur UNO noch zum Roten Kreuz, so wie er es sich in seiner Jugend erträumt hatte, sondern schraubte weiter mit arbeitslosen Jugendlichen an kaputten Fahrrädern herum. Doch die Begegnung mit meiner Freundin hatte ihn wie ein Blitz getroffen. Von einer Sekunde auf die andere hatten sich die beiden ineinander verknallt. Dass Horsts Hormonhaushalt von nun an in jeder Hinsicht ausgeglichen war, half ihm, mit seiner Vergangenheit Frieden zu schließen. Muss ich extra erwähnen, dass meine Freundin seitdem stolz mit dem bestgepflegten Fahrrad der Stadt herumfährt?

## DAS LEERE NEST – CHANCE AUF EINEN NEUANFANG

Karsten und Claudia traf ich zufällig, als ich in Berlin-Tegel auf meinen Flug nach Köln wartete. Die Maschine war um zwei Stunden verspätet, ich hatte also viel Zeit. Auch Karsten und Claudia warteten, sie hatten ihren Sohn Niklas zum Flughafen begleitet. Während er sich im Zeitschriftenladen umschaute, erzählten sie mir ihre Geschichte. Ich kannte die beiden flüchtig von einer Vernissage her, ganz fremd waren wir uns also nicht. Dennoch war es ein starker Vertrauensbeweis, dass sie so offen zu mir waren.

Sie dachten, sie hätten sich gut vorbereitet. Noch bevor Niklas das Abitur bestanden hatte, war klar, dass er in Australien studieren würde, das hatte er schon immer gewollt. Es war sein Traumland. Seine Eltern waren klug genug, ihn nicht davon abhalten zu wollen. Im Gegenteil, sie unterstützten ihn tatkräftig bei der Planung, und Karsten ließ einige berufliche Beziehungen spielen, damit sein Sohn sich nicht ganz so verloren in Melbourne fühlte, wenn er vielleicht Hilfe brauchte. Niklas war schließlich erst neunzehn und sah auch keinen Tag älter aus. Er war zwar volljährig, aber noch lange nicht erwachsen.

Als Doppelverdiener der höheren Kategorie – Karsten als Abteilungsleiter im Auswärtigen Amt und Claudia als Kunsthistorikerin in einem Museum – standen sie finanziell gut da. Mühelos konnten sie ihrem Sohn daher den Großteil von Studium und Lebensunterhalt in Australien finanzieren, den Rest wollte sich Niklas selbst verdienen. Er brauchte das für sein Selbstwertgefühl.

Der Flug war gebucht, die Unterkunft organisiert, viel mitzunehmen gab es nicht. Niklas' Kinderzimmer, in dem er fast zwei Jahrzehnte verbracht hatte, würde unangetastet bleiben, für den Fall, dass er irgendwann einmal den Wunsch verspüren sollte, dorthin zurückzukehren. Obwohl das eher unwahrscheinlich war.

Als der Abflugtermin näher rückte, spürte Claudia doch ein flaues Gefühl im Magen. Karsten ebenfalls, doch er überspielte sein Unbehagen mit aufgesetzter Fröhlichkeit. Niklas gab sich betont cool, auch wenn ihm die Trennung mit Sicherheit ebenfalls etwas ausmachte. Auf jeden Fall freute er sich unbändig auf sein neues Leben, zumal er in Melbourne Freunde wiedertreffen würde, die er bei einem ersten kurzen Aufenthalt zwei Jahre zuvor kennengelernt hatte. Außerdem war da noch eine blonde australische Studentin mit Sommersprossen und endlos langen Beinen, die ihm damals ihre Telefonnummer gegeben hatte …

Schließlich wurde es für Niklas Zeit, durch die Sicherheitskontrolle zu gehen. Als er, nach einem letzten Winken, endgültig verschwunden war, brach Claudia in Tränen aus. Auch Karsten hatte ganz offensichtlich einen dicken Kloß im Hals. Beide hielten sich ganz fest im Arm und waren froh, dass Niklas nicht mitbekam, wie tief bewegt sie waren. Es wäre ihnen peinlich gewesen, und ihm wahrscheinlich ebenfalls.

Die folgenden Tage und Wochen lebten Karsten und Claudia wie in Trance. Sie erzählten es mir, als wir uns noch einmal auf einen Kaffee trafen. Fast zwei Jahrzehnte war es für sie selbstverständlich gewesen, dass sie zu dritt waren, fast alles hatten sie gemeinsam unternommen. Jetzt war es, als hätte man einen Teil ihrer kleinen Gemeinschaft amputiert. Natürlich redeten sie unentwegt über Niklas. Nur langsam wurde ihnen klar, dass er nun sein eigenes Leben lebte, mehr als sechzehntausend Kilometer entfernt. Und dass er ihrem Einfluss ganz und gar entzogen war.

Dass Karsten und Claudia seit Niklas' Weggang viel mehr miteinander redeten als früher, hatte aber auch zur Folge, dass sie sich wieder einander annäherten. Denn es war nicht ausgeblieben, dass sich im Lauf ihrer langen Ehe – sie waren beide deutlich über fünfzig, Niklas war ein »spätes« Kind gewesen – unmerklich Routine und Leidenschaftslosigkeit in ihrer Beziehung ausgebreitet hatten. Als sie zum ersten Mal seit einem Jahr wieder einmal zusammen ins Kino und anschließend essen gingen, war das für beide wie ein Neuanfang.

Was Karsten und Claudia erlebten, ist im Grunde ganz normal. Einer der großen Umbrüche im Leben eines Paares besteht darin, dass die Kinder aus dem Haus gehen und fortan ihr eigenes Leben führen. Für fast alle Eltern ist dies zunächst ein Schock. Auch wenn ihnen vom Verstand her schon immer klar war, dass dies eines Tages passieren würde, so ist es trotzdem etwas ganz anderes, wenn tatsächlich die Kisten und Koffer gepackt sind und der Kleintransporter vor der Tür steht, oder, wie in Niklas' Fall, das Flugzeug abhebt. Fast immer fließen Tränen, offen oder heimlich. Vor allem bei den Eltern.

Dies ist ein Ereignis, mit dem früher oder später alle Eltern fertig werden müssen. Eine Lebensetappe, die rund zwei Jahrzehnte dauerte, vollendet sich, und etwas Neues beginnt. Nicht nur für die Kinder – auch für die Eltern. Deren Alltag ändert sich gravierend. Etwas fehlt, das Nest ist leer. Viele Paare sind nun auf sich selbst zurückgeworfen. Sie sind verunsichert und gezwungen, ihr Verhältnis zueinander neu zu bestimmen. Ihre Rolle als Eltern ist durch den Weggang der Kinder in den Hintergrund getreten, jetzt sind sie – wieder und vor allem – ein Paar. Es mag sein, dass ihre Sorge um und für die Kinder unterschwellige Konflikte bisher überdeckt hat. Diese Konflikte, so sie denn vorhanden sind, brechen nun auf.

Ich bin der Meinung, das kann für Paare sehr heilsam sein, zumal auch ihr sexuelles Leben davon profitieren kann. Sie haben nun mehr Zeit und Muße, sich aufeinander einzulassen, sich vielleicht vorsichtig einander wieder anzunähern, Dinge zu tun, die lange in Vergessenheit geraten waren und auf einmal wieder als Möglichkeit am Horizont aufscheinen.

Natürlich besteht durchaus die Möglichkeit, dass beide Partner feststellen: Da ist nichts mehr. Wir haben uns lange etwas vorgemacht, nun droht der Offenbarungseid unserer Beziehung. Wenn dem tatsächlich so ist, kann ich nur raten: Seien Sie dann auch so fair und konsequent, dem anderen die Chance auf einen wirklichen Neuanfang zu geben. Klammern Sie nicht, wenn es keinen Sinn mehr hat.

Denn ich kann es nicht häufig genug betonen: Sie haben noch viele gute Jahre vor sich, aber nicht mehr alle Zeit der Welt.

**＊TIPP:** Überlegen Sie gemeinsam, wie Ihr künftiges Leben verlaufen soll, und zwar, *bevor* die Kinder aus dem Haus sind. Der Übergang muss fließend sein, wenn Sie nicht in ein tiefes Loch fallen wollen.

Unternehmen Sie etwas! Planen Sie zum Beispiel einen kleinen Wochenendtrip – für genau das Wochenende, nachdem Ihr Kind ausgezogen ist. Es mag ein bittersüßes Gefühl sein, aber feiern Sie ganz bewusst den Beginn eines neuen Lebensabschnitts. Gönnen Sie sich ruhig eine Flasche Champagner.

Denken Sie an Ihr Kind, aber denken Sie auch an sich. Sie sind es wert.

# VOM GLÜCK, GROSSELTERN ZU SEIN

Man konnte nicht sagen, dass das Ereignis eine Überraschung gewesen wäre. Es hatte sich angekündigt, ziemlich exakt neun Monate lang. Dennoch waren Roland und Sabine in keiner Weise auf das Gefühl vorbereitet, als es endlich eintraf. Von heute auf morgen waren sie Großeltern. Da sie großen Wert auf althergebrachte Formen legten, erhielt auch ich eine Karte, auf der das freudige Ereignis angezeigt wurde. Ich kannte die beiden von diversen Pausengesprächen in der Berliner Philharmonie, in denen wir uns bei einem Glas Wein über Musik und Interpreten austauschten. Und über das, was es privat Neues gab bei ihnen und mir.

Niemand wäre von allein darauf gekommen, dass Roland und Sabine nun Großeltern waren. Sie waren zwar schon Ende fünfzig, sahen jedoch wesentlich jünger aus und fühlten sich auch so. Darüber hinaus hielten sie sich fit, sie hatten nie körperlich hart gearbeitet und ernährten sich gesund. Sie hätten auf jedem Werbeplakat für »Jung sein im Alter« eine gute Figur abgegeben. Das Bild, das man gemeinhin mit Großeltern verbindet, sah anders aus.

Roland und Sabine nahmen die Glückwünsche ihrer Freunde zur Geburt ihrer Enkelin zwar stolz, aber dennoch mit gemischten Gefühlen entgegen, wie sie mir gestanden. Es war eine völlig neue Rolle, in die sie sich nun hineinfinden mussten, ob sie wollten oder nicht.

Gedanklich hatten sie sich zwar schon damit beschäftigt, doch es war etwas ganz anderes, als das Baby tatsächlich auf der Welt war. Natürlich erinnerte es sie an die Geburt ihrer eigenen Kinder, und sie freuten sich auch für die frischgebackenen Eltern. Doch erst jetzt wurde ihnen tatsächlich klar, dass sie in Zukunft nur noch eine Nebenrolle spielen würden. Eine neue Generation war nun am Zug.

Dies ist ein ganz natürlicher Prozess, jeder weiß es. Wir alle müssen irgendwann das Heft aus der Hand geben und letztendlich abtreten. Das Leben geht auch ohne uns weiter. Worauf es ankommt, ist, dass wir jeder unserer Lebensphasen einen Sinn geben. Dass wir die verschiedenen Rollen, welche die Natur uns vorgegeben hat, ausfüllen und ganz bewusst gestalten. Dass wir unsere wertvollen Erinnerungen und Erfahrungen (ja, sie sind wertvoll!) an die nächste und übernächste Generation weitergeben.

Roland und Sabine ist dies gelungen. Es war ein gleitender Übergang, der auch vor allem deshalb so reibungslos vonstatten ging, weil sie sich gerade *nicht* als alt begriffen. Sie haben, sagen sie, noch viele gute Jahre vor sich und freuen sich mittlerweile darauf, vielleicht irgendwann einmal Urgroßeltern zu sein. Wenn man die beiden ansieht, glaubt man ihnen aufs Wort. Was auch damit zu tun hat, dass sich das Bild von Großeltern ganz wesentlich gewandelt hat.

Früher verband man mit Großeltern die Vorstellung: alte Leute. Weißhaarig. Fernen, vergangenen Zeiten zugehörig. Heute hingegen sind Großeltern aktiv und auf der Höhe der Zeit. Sie machen mit ihren Enkeln all die Dinge, für die früher die Eltern zuständig waren. Eltern haben oft keine Zeit mehr, der Beruf frisst sie auf. Hier springen Opa und Oma in die Bresche. Sie sind keine bloßen Geschichtenerzähler mehr, die am Kachelofen sitzen, sondern erklären den Enkeln die Welt – auch, indem sie etwas mit ihnen unternehmen. Früher waren sie oft körperlich gar nicht mehr in der Lage dazu, heute schon.

Und was man sich früher gar nicht vorstellen konnte oder mochte: Sie haben sogar Sex – miteinander oder mit anderen Partnern. Dies ist, man kann es nicht anders nennen, eine Revolution. Sie geht einher mit einem komplett gewandelten Rollenbild. Seien Sie also unbesorgt: Auch als Großeltern brauchen Sie die Altenrolle keinesfalls anzunehmen. Sie dürfen nur nicht zulassen, dass man sie Ihnen aufdrängt.

**✳TIPP:** Begeben Sie sich als Großeltern nicht freiwillig in eine Rolle, die Ihnen nicht gemäß ist – die von alten Leuten. Freuen Sie sich vielmehr darüber, dass der Stabwechsel glücklich vollzogen ist. Erinnern Sie sich daran, wie es war, als Ihre eigenen Kinder geboren wurden. Durchleben Sie dieses Gefühl noch einmal, ein wenig aus der Distanz, gewiss, aber mit Empathie. Nehmen Sie Ihre neue Rolle an – aber fühlen Sie sich deshalb nicht alt.

## DER BUND ZWISCHEN ALT UND JUNG

Die Beziehung zwischen der älteren und den nachfolgenden Generationen ist keineswegs immer so harmonisch wie zwischen Karsten, Claudia und ihrem halbwüchsigen Sohn Niklas. Oder zwischen Roland, Sabine und ihrer neugeborenen Enkelin. Das Gegenteil habe ich selbst erlebt, in dem Heim, das ich leitete.

Einer der Bewohner war ein reizender alter Herr namens Hermann, so um die achtzig, der seinen Lebensabend mit der Lektüre klassischer, ausgesprochen dicker Romane verbrachte, von *Krieg und Frieden* über *Don Quichote* und den *Mann ohne Eigenschaften* bis zur *Suche nach der verlorenen Zeit*. Es waren, so gestand er mir einmal, all die Werke, die zu lesen ihm aus Zeitgründen stets versagt geblieben war. Die Arbeit hatte in seinem Leben stets die Hauptrolle gespielt.

Regelmäßig, ungefähr einmal pro Woche, bekam er Besuch von seinem Sohn, einem aalglatten Geschäftsmann, der mir persönlich von Herzen unsympathisch war. Das Verhältnis der beiden schien mir distanziert, ja kühl.

Irgendwann hörten die Besuche schlagartig auf. Ich fragte mich, warum. Monate später verriet Hermann es mir, denn er war sehr unglücklich darüber und machte sich bittere Vorwürfe. Er hatte sich dazu überreden lassen, seinem Sohn nicht nur die Geschäftsführung der Buchbinderei zu übertragen, die er nach dem Krieg mit viel Liebe, Energie und Herzblut aufgebaut hatte, sondern ihm – angeblich aus steuerlichen Gründen – auch alle Anteile daran zu überschreiben. Außerdem besaß der Sohn nun Vollmacht über das private Konto seines Vaters. Seit diesem Tag hatte er sich nicht mehr im Heim blicken lassen, und Hermann hegte die schlimmsten Befürchtungen.

Nicht zu Unrecht, wie sich bald herausstellte. Sein Sohn brauchte dringend Geld, und nach und nach versilberte er den Besitz seines Vaters. Hermanns Schwiegertochter, die mit ihrem Mann im Streit lag, erzählte es ihm, als sie einmal zu Besuch kam. Hermann hatte keine Chance. Er konnte nichts gegen die Aktivitäten seines Sohnes unternehmen. Nach einigen Wochen verfiel er in eine schwere Depression und starb bald darauf.

Dies ist vielleicht ein besonders krasses Beispiel, doch keineswegs untypisch dafür, wie die Generationen oft miteinander umgehen – vielmehr, schon immer umgegangen sind. Das Verhältnis war und ist häufig angespannt. Es dreht sich dabei im Wesentlichen um zwei Dinge: um Macht innerhalb der Familie und um Geld.

Es ist der Lauf der Welt: Stets versuchten die Jungen, die Alten zu verdrängen, wogegen diese sich natürlich wehrten – was ich absolut verstehen kann. Gerade heute, da die Alten jung geworden sind, länger leben und viel länger fit sind als früher, besitzt der Spruch vom »alten Eisen« keinerlei Berechtigung mehr. Machen Sie sich das klar, und handeln Sie danach!

*TIPP: Lassen Sie sich auch von engen Familienangehörigen nichts gefallen, nur weil Sie in vorgerücktem Alter sind. Suchen Sie aktiv Ihre Rolle, und füllen Sie sie aus. Und suchen Sie Verbündete!

Die ältere Generation ist in vielerlei Hinsicht unentbehrlich, auch dann, wenn sie das Heft längst aus der Hand gegeben hat. Zum Beispiel in der Rolle liebevoller Großeltern, als die sie ihr Wissen und ihren reichen Erfahrungsschatz weitergeben können. Ich selbst denke ausgesprochen gern und mit einer gewissen Wehmut an meinen Großvater, mit dem mich ein ganz besonderes Verhältnis verband. Die Geschichten, die er mir erzählte, die Wanderungen, die wir beide gemeinsam unternahmen, die vielen kleinen Tricks und Kniffe, die er mir beibrachte, sind mir noch heute in Erinnerung. Er lehrte mich, essbare Pilze von giftigen zu unterscheiden und Federball zu spielen (was ich heute noch gerne mag). Ohne ihn würde ich auch nicht über jene handwerklichen Fähigkeiten verfügen, mit denen ich Außenstehende mitunter verblüffe. So bin ich etwa in der Lage, ein Möbelstück fachgerecht aufzuarbeiten, auch wenn ich dafür mehr Zeit brauche als ein Schreiner.

So sollte ein Verhältnis zwischen Großvater und Enkelin eigentlich sein, das wünscht man sich. Alt und Jung haben sich gegenseitig viel zu geben, sie sind Verbündete. Sie wissen es nur nicht immer. Denn so beglückend und harmonisch, wie ich die Beziehung zu meinem Großvater erlebte, geht es leider nicht immer zu.

Konflikte zwischen den Generationen sind so alt wie die Menschheit. Bei der Wahl der Mittel, mit denen diese Konflikte ausgetragen werden, schenken sich beide Seiten nichts. Zum Beispiel war es zu allen Zeiten so, dass Alte das Vermögen, über das sie verfügten, als Macht- und Druckmittel einsetzten. Nur damit konnten sie die nachdrängende Generation in Schranken halten und ihren Einfluss bewahren. Die Geschichte von Hermann hätte sich also auch ganz anders abspielen können.

Diese Auseinandersetzungen zwischen Alten und Jungen sind meist vorgezeichnet. Zum einen führt der Zeitpunkt, an dem der Stab übergeben wird, oft zum Streit: wann der Sohn den Hof oder die Firma übernimmt; wann der Erstgeborene in die Rolle des Familienoberhaupts schlüpft und der Alte sich in die Rolle des weisen Patriarchen zurückzieht; wann die Eltern das Haus räumen und in die Einliegerwohnung ziehen; wann sie die Verfügungsgewalt übers Erbe den Kindern übertragen. Die nachfolgende Generation will selten auf den Erbfall warten, sie scharrt gleichsam mit den Hufen. Dabei kann (und sollte!) man über all das reden. Denn der Übergang ist so oder so unvermeidlich.

Früher besaßen diese Konflikte einen noch viel existenzielleren Charakter. In den Augen vieler Jüngerer erschienen die Alten als unnütz, als überflüssige Esser, welche die ohnehin knappen Ressourcen verzehrten, ohne viel dafür zu leisten. Bei manchen Naturvölkern zogen sich die Alten denn auch freiwillig zum Sterben in die Wildnis zurück oder wurden ausgesetzt, damit sie nicht durch ihre Langsamkeit und Unbeweglichkeit den Fortbestand der ganzen Sippe gefährdeten – Simone de Beauvoir beschreibt dies eindringlich in ihrem Standardwerk *Das Alter*.

Heutzutage geht es nur an der Oberfläche zivilisierter zu. Wenn, wie es in vielen Fällen geschieht, Kinder ihre Eltern ins Heim abschieben, sich eine Vollmacht fürs Konto geben lassen und den Inhalt der Schränke auf Verwertbares hin durchforsten, versteckt sich dahinter ein genauso rigoroses Handeln wie jenes, bei dem der baldige Exitus billigend in Kauf genommen wird. Ich habe Hermann, den alten Herrn im Heim, bis heute nicht vergessen.

Auch gesellschaftlich spitzt die Situation sich zu: Die Zahl der Geburten nimmt ab, die allgemeine Lebenserwartung steigt. Dies hat zur Folge, dass immer weniger Junge für immer mehr Alte aufkommen müssen. Obwohl nur ein Drittel aller Pflegebedürftigen in Heimen untergebracht ist (die meisten werden von Familienangehörigen versorgt), wird der kostenintensive Pflegebereich Dimensionen annehmen, die heute noch unvorstellbar sind. Da ich jahrzehntelang in der Pflege und am Krankenbett gearbeitet habe, weiß ich nur zu genau, was da auf uns zukommt. Diese unumkehrbare Entwicklung wiederum wird gesellschaftliche Verwerfungen zur Folge haben, die sich unmittelbar – in Form von längerer Lebensarbeitszeit, geschmälerten Renten und eingeschränkter Gesundheitsversorgung – auf jeden Einzelnen auswirken werden.

All dies lässt nur einen einzigen Schluss zu: Alte und Junge müssen sich verbünden. Sie haben die gleichen Interessen. Statt sich gegenseitig zu bekämpfen, ist es allemal besser, sich zusammenzuschließen gegen die ökonomischen Zumutungen, denen die meisten von uns in Zukunft ausgesetzt sein werden.

*Lebenslust
und Wohlgefühl

## DIE WIEDERERWECKUNG
## DER EIGENEN SINNLICHKEIT

*G*efühlte zweihundert Mal hatte Beate *Germany's Next Topmodel* im Fernsehen angeschaut, obwohl sie das Niveau der Sendung unerträglich fand. Aber einmal auf dem Laufsteg zu stehen faszinierte sie, davon träumte sie. Gleichwohl wusste sie, dass dieser Traum niemals in Erfüllung gehen würde.

Denn Beate war fast sechzig.

Eines Tages las sie einen Artikel über Eveline Hall. Nach vielen Jahren als Balletttänzerin an der Hamburger Staatsoper, als Showgirl in Las Vegas und einigen Schauspielrollen an deutschen Theatern wurde sie, im Alter von Mitte sechzig, plötzlich als Model entdeckt. Auf dem Laufsteg der *Berlin Fashion Week* 2011 stahl sie allen Jüngeren die Schau. Bekannte Designer buchten sie für ihre Präsentationen. Sie beherrschte die Fotostrecken prominenter Modefotografen, sie erschien in Bildbänden und veröffentlichte eine Autobiografie. Sie wurde zum Star. Mit fast siebzig ist Eveline Hall heute eines der ältesten und international gefragtesten Models.

Dann las Beate in den Klatschspalten, dass die amerikanische Schauspielerin Kim Basinger mit sechzig Jahren einen Modelvertrag unterschrieben hatte. Es gab also doch noch Chancen für Frauen ihres Alters!

Sie tat den ersten Schritt, indem sie sich zu einem meiner Workshops anmeldete, in dem es genau um dieses Thema geht: Wie Frauen ihre Weiblichkeit wiederentdecken. Wie sie sich aufs Neue sinnlich und begehrenswert fühlen. Wie sie Erotik ausstrahlen.

Denn jede Frau besitzt ein erotisches Potenzial, mag es auch noch so verschüttet sein. Dies ist eine Feststellung, die keineswegs selbstverständlich ist. Gerade im fortgeschrittenen Alter, also ab Anfang, Mitte fünfzig, sehen sich viele Frauen zwar nicht gerade als geschlechtsloses Wesen, glauben aber doch, mit der vermeintlichen Attraktivität jüngerer Rivalinnen nicht konkurrieren zu können.

Die Wechseljahre haben begonnen oder sind bereits vorüber, fast alle Frauen diesen Alters blicken auf etliche Jahrzehnte eines mehr, allzu oft auch weniger gelungenen Lebens mit Ehe, Kindern und Beruf zurück. Ihre sexuelle Aktivität ist im Lauf der Jahre meist einer eingefahrenen Routine gewichen und hat sich deutlich reduziert, wenn sie nicht gar vollständig eingeschlafen ist. Körperliche, das heißt vor allem hormonelle Veränderungen bewirken, dass die Freude am Sex nicht mehr in dem Maße wie früher vorhanden ist. Insgesamt ergibt sich in vielen Fällen ein eher trübseliges Bild, Ausnahmen bestätigen die Regel.

Gegen diese negative Selbstwahrnehmung kann man angehen. Allein ist das jedoch kaum zu schaffen, es braucht einen Anstoß von außen. Vielleicht kann ich am besten anhand meines Striptease-Workshops *Break Free – Be Erotic* erklären, wie eine solche Inspiration aussehen könnte.

Zu Beginn habe ich fast immer eine Riege zutiefst verunsicherter Frauen zwischen fünfunddreißig und siebzig vor mir, die sich selbst unattraktiv finden. Es ist kaum zu glauben, aber die oben beschriebene Phase der Frustration beginnt bei manchen Frauen bereits mit Mitte dreißig, lange vor den Wechseljahren! Auch dies ist eine Folge des Jugendlichkeitswahns unserer Gesellschaft.

Immerhin: Diese Frauen haben erkannt, dass etwas im Argen liegt. Sie leiden unter diesem Zustand und wollen ihn ändern. Aus diesem Grund nehmen sie am Workshop teil. Und damit haben sie vielen Frauen, denen es ähnlich geht, etwas voraus, denn sie sind nicht bereit, eine psychische Befindlichkeit zu akzeptieren, die für sie unerträglich ist. Diese Erkenntnis ist der erste, entscheidende Schritt auf dem Weg, dauerhaft etwas zu ändern.

Es geht, dies sei vorausgeschickt, im Striptease-Workshop nicht darum, sich auf möglichst erotische und aufreizende Weise auszuziehen. Dass die Teilnehmerinnen diese Technik am Ende intuitiv beherrschen, ist vielleicht ein angenehmer Nebeneffekt, jedoch nicht das eigentliche Ziel der Veranstaltung. Die Bezeichnung »Striptease« dient hier vielmehr als Synonym dafür, dass die teilnehmenden Frauen sich von Blockaden befreien und sich ihrer ureigenen Weiblichkeit, mehr noch: ihrer individuellen Schönheit wieder bewusst werden und dies nach außen hin auch zeigen. Erst dann erscheint ein Striptease im landläufigen Sinn überhaupt als machbar und möglich. Er ist jedoch lediglich das Sahnehäubchen, das die Frauen aus dem Workshop mitnehmen.

Ungeachtet seiner kommerziellen Banalisierung ist ein Striptease schließlich auch und vor allem das Statement einer erotisch autonomen Frau, die selbst entscheidet, wann und wie viel sie von ihrem Körper wem gegenüber zu enthüllen bereit ist. Meist dürfte dies, in der Intimität des Schlafzimmers, ihr Ehemann oder Liebhaber sein.

Diese Souveränität zu erlernen ist nicht einfach, und möglich wird das auch nur innerhalb eines geschützten Raums, in dem Männer nicht zugelassen sind. Der Workshop ist ein solcher Raum. Hier probieren Frauen Dinge aus, die sie sich in der Öffentlichkeit niemals trauen würden, hier sind sie verletzlich und dürfen es sein. Es ist ein Lernprozess, sich – vielleicht nach vielen Jahren wieder – als erotisch zu empfinden, sich selbst anzunehmen in der eigenen Unvollkommenheit und eben daraus, so widersinnig es klingt, Stärke zu ziehen. »Ich bin, wie ich bin – und das ist gut so«, lautet die Botschaft.

Doch die müssen die Frauen erst einmal annehmen. Das ist schwieriger als gedacht, und manchmal fließen dabei Tränen – auch wenn oft fröhlich gelacht wird in diesen Stunden, in denen sich so manches Mauerblümchen schließlich als prächtige Orchidee oder stolzer Schwan entpuppt.

Entscheidend ist dabei die Leichtigkeit, die Befreiung vom Zwang, etwas lernen zu müssen und Zielvorgaben zu erfüllen. Der Workshop hat bewusst etwas Spielerisches. Nur so kann sich eine Verbindung, ja sogar Vertrauen zwischen den maximal zehn Teilnehmerinnen entwickeln. Es ist ein Zusammenhalt auf Zeit, der gerade unter Frauen alles andere als selbstverständlich ist. Denn beinahe mehr noch als Männer, betrachten Frauen sich gegenseitig oft als Konkurrentinnen.

Die Kernfrage des Workshops lautet: Was bedeutet es heutzutage, weiblich zu sein? Frauen haben es in zunehmendem Maß verlernt, ihre ureigenen Attribute zu erkennen und zu ihnen zu stehen. Gefragt sind heutzutage »starke Frauen«. Gemeint sind: Frauen mit »männlichen« Eigenschaften. Frauen, die Geld verdienen oder es zumindest könnten.

Dies ist kein Widerspruch zu einer Gegenbewegung, die sich seit einiger Zeit formiert. Die neue Emanzipation des *Slutwalk* definiert sich über Selbstbewusstsein, ostentative Weiblichkeit und feminine, zum Teil gar provokante Kleidung. Es geht um das Recht, sich erotisch zu geben und zu kleiden, ohne deshalb gleich als »Schlampe« diskriminiert zu werden. Die Initiative entstand im Januar 2011, als im Rahmen eines Sicherheitstrainings an der York Universität in Toronto ein Polizeibeamter den anwesenden Frauen den Ratschlag gab, sich zurückhaltend anzuziehen, um nicht Opfer einer Vergewaltigung zu werden. Er benutzte, wird berichtet, tatsächlich den Ausdruck »slut« (Schlampe). Eine Frau, die sich aufreizend kleidet, hieß das im Klartext, braucht sich nicht zu wundern, wenn sie belästigt oder vergewaltigt wird. Sie fordert es sogar heraus und ist quasi mitschuldig.

Sogleich erhob sich ein Sturm der Entrüstung, der weltweite Wellen schlug. Der Ratschlag wurde – zu Recht, finde ich – als sexistisch gebrandmarkt. Aus dem Protest dagegen entstand die Bewegung des *Slutwalk*, die fast schon ein neues, modernes Frauenbild hervorbrachte. Dieses unterscheidet sich deutlich vom längst historischen Feminismus der 1970er Jahre, der die Männer als Feindbild sah. Die neuen »starken Frauen« tragen High Heels, sie sind fröhlich, fordernd, intelligent und offensiv. Sie lassen sich nichts gefallen. Zudringlichen Männern klopfen sie kräftig auf die Finger. Aber Männer an sich – die lieben sie.


Rollenbilder wandeln sich, wieder einmal. Viele Frauen, zumal der älteren Generation, kommen damit nicht zurecht, sie fühlen sich verunsichert und nicht mehr wohl in ihrer Haut – die, das kommt hinzu, auch nicht mehr so straff wie früher ist.

Genau darunter leiden fast alle Frauen spätestens ab ihrem fünften Lebensjahrzehnt, also ab Anfang vierzig. In den Gesprächen der Teilnehmerinnen untereinander wird das immer wieder zum beherrschenden Thema. Sie begreifen die Veränderung ihres Körpers – auch wenn dies ein natürlicher, unausweichlicher Prozess ist – als Verlust ihrer Attraktivität. Gemäß dem herrschenden Schönheitsideal stimmt das auch. Dass es schon immer so war, tröstet nicht.

Und noch etwas wird in diesem Workshop immer wieder deutlich: Ältere Frauen besitzen eine ganz eigene Schönheit, die allerdings erst voll zum Ausdruck kommt, wenn sie mit einer inneren Souveränität, mit Lebensklugheit und einer gewissen Gelassenheit gegenüber dem, was nicht zu ändern ist, einhergeht. Hat sie diese Haltung erst einmal verinnerlicht – und ich weiß selbst, wie schwierig das ist! –, wird eine Frau auch jenseits der fünfzig, sechzig oder siebzig weniger Probleme haben, zu sich selbst zu stehen und ihre Reize zu zeigen.

Denn die besitzt sie, ohne Zweifel.

Jede Frau träumt ab und zu davon, am Morgen mit der Traumfigur, dem Traumaussehen aufzuwachen. Das wäre schön, passiert aber nicht. Muss es auch nicht. Denn Attraktivität entsteht – das ist das große Missverständnis – nicht durch äußerliche Makellosigkeit, durch Medikamente oder gar operative Eingriffe, sondern durch innere Ausstrahlung und eine vielschichtige Persönlichkeit.

Dies ist nicht ganz einfach zu erreichen, wirkt aber umso nachhaltiger, auch auf Männer. Gerade die interessanteren, intelligenteren Männer wissen, dass ältere Frauen auch in sexueller Hinsicht häufig viel befriedigender sind als junge. Sie sind oft ungemein leidenschaftlich, überaus erfahren und, nicht zuletzt, sie wissen, was sie wollen. Mit einem Satz: Sie sind »gut im Bett«. Für die meisten Männer ist das ein entscheidendes Kriterium. Warum auch nicht?

Man kann all das auch mit einem einzigen Wort ausdrücken, und ich schreibe es ganz bewusst in Großbuchstaben: SINNLICHKEIT. Sie ist das A und O. Und jede Frau besitzt das Potenzial dazu. Ziel sollte es sein, Sinnlichkeit und Sexyness quasi mit jeder Pore auszustrahlen.

## GENIESSEN SIE SICH SELBST

Machen wir uns nichts vor: Die Reize einer Fünfzigjährigen sind von anderer Art und verborgener als die einer »knackigen« Zwanzigjährigen. Im Striptease-Workshop fokussieren wir diese Reize. Für die Teilnehmerinnen ist das neu und ungewohnt, es kostet sie Überwindung.

Jede Frau, eine nach der anderen, stellt sich – in ihrer Alltagskleidung – auf ein Podest und setzt sich den Blicken und Kommentaren der anderen aus. Auch sie selbst soll sich zu der Frage äußern: Was findest du an dir selbst und an deinem Körper schön? Dies können zum Beispiel Haare, Augen, Nase, Busen, Beine, Blick oder Haltung sein, nicht aber austauschbare Accessoires wie Kleidungsstücke, Schuhe oder Schmuck.

Die Antwort fällt den meisten schwer, viel schwerer als die Antwort auf die Frage, was sie an ihrem Körper *nicht* schön finden. Selbstliebe – die nichts mit Eitelkeit zu tun hat – ist bei vielen Frauen nicht sehr stark entwickelt. Umso überraschter ist fast jede Frau auf dem Podium, dass die anderen Teilnehmerinnen einiges Positive an ihr entdecken und ihr dies auch offen sagen. In der Regel macht das die Adressatin verlegen, mit Komplimenten können die meisten Frauen, die in den Workshop kommen, nicht gut umgehen. Sie haben zu lange keine mehr gehört. Manch eine hat sogar Tränen in den Augen.

Es geht bei dieser emotional schwierigen Übung um Selbstwahrnehmung und die Fähigkeit, Anerkennung zu akzeptieren, ohne dafür im Gegenzug gleich etwas zurückgeben zu müssen. Die meisten Frauen haben das verlernt. Jetzt erfahren sie – aufs Neue oder vielleicht überhaupt zum ersten Mal –, wie gut Anerkennung tut.

Sie können einige der Übungen dieses Workshops allein bei sich zu Hause machen (auch wenn es in der Gruppe natürlich mehr Spaß macht). Stellen Sie sich vor den Spiegel (am besten nackt, muss aber nicht sein, wenn Sie sich genieren) und schauen Sie sich genau an – mit den Augen einer (oder eines) Fremden. Das erfordert ein wenig Vorstellungsvermögen, doch es geht.

Versuchen Sie, sich als vollständige Person zu sehen, das heißt, ohne den Fokus auf Ihre Problemzonen wie beispielsweise Beine, Po oder Bauch zu richten. Der Bauch ist übrigens bei der überwiegenden Anzahl der Frauen der Körperteil, der ihnen am meisten missfällt. Konzentrieren Sie sich dann auf jene Partien, die Sie an sich mögen. Auch wenn Sie Ihren Körper als Ganzes nicht mögen sollten – es gibt mit Sicherheit

irgendetwas an ihm, das Ihnen gefällt. Genau das ist es, was Sie für andere, und das heißt auch: für Männer, attraktiv macht. Ihr positives Gefühl überträgt sich.

Es ist wie Magie.

Im Workshop tanzen wir. Ja, auch das ist eine Übung. Sie dient dazu, dass die Frauen locker und entspannt werden nach dem emotionalen Adrenalinstoß, den jede von ihnen auf dem Podium durchlebt hat. Letztendlich hilft das Tanzen bei der Entwicklung der eigenen Sinnlichkeit. Wir tanzen im Kreis, jede Teilnehmerin übernimmt einmal die Führungsrolle in der Mitte. Sie gibt die Bewegungen vor, die anderen folgen. Es ist eine wortlose, doch ungemein intensive Kommunikation, die natürlich nur in einer Gruppe funktioniert.

Aber auch, wenn Sie ganz alleine sind – tanzen sollten auch Sie. Rücken Sie Tisch und Stühle an die Wand, sodass Sie Platz haben. Suchen Sie eine Musik aus, die Ihnen richtig gut gefällt, vielleicht zwei oder drei

Stücke, die Sie in ihrer Jugend gehört und auf die Sie früher oft getanzt haben. Stücke, zu denen Sie eine emotionale Beziehung besitzen. Stellen Sie die Musik lauter als gewöhnlich.

Und dann tanzen Sie! Am besten barfuß. Beginnen Sie langsam und gefühlvoll, dann steigern Sie. Immer mehr! Geben Sie alles, was Sie haben! Kümmern Sie sich für ein paar Minuten nicht darum, was die Nachbarn sagen könnten. »Die spinnt wohl!«, sagen sie vielleicht. Gut so!

Es geht in unserem Workshop nicht nur darum zu wissen, dass wir bestimmte Körperteile haben, sondern vor allem, sie zu *spüren*. Die Füße zum Beispiel. Unser Gang ist zu einem wesentlichen Teil mit dafür verantwortlich, welche Haltung wir einnehmen und welchen Eindruck von uns wir anderen vermitteln. Wirken wir zielstrebig? Selbstbewusst? Locker? Offen? Agil? Das wäre wünschenswert, und da kommen Sie auch hin.

Im Workshop machen wir außerdem Lauftraining. Mit höheren Absätzen (es müssen ja nicht gleich die Killer-High-Heels sein) gehen Frauen völlig anders als in flachen Schuhen oder barfuß. Die Statik ist eine andere, die Atmung, die Beweglichkeit. Mit hohen Absätzen besitzen Frauen nicht nur eine völlig andere Körper*haltung*, sondern auch ein völlig anderes Körper*gefühl*, das sich unmittelbar auswirkt auf ihre äußere Erscheinung. Immer wieder stelle ich fest, dass ihre Ausstrahlung plötzlich viel positiver, souveräner, in sich ruhender ist. Und erotischer. Auch im Alltag kommt das rüber. Probieren Sie es aus!

Sind Sie noch barfuß? Gut! Suchen Sie sich eine freie Strecke in Ihrer Wohnung, die Sie am Stück laufen können. Ein paar Meter reichen. Stellen Sie sich vor, da liegt ein roter Teppich, und der ist nur für Sie. Es ist Oscar-Verleihung! Fans und Fotografen stehen Spalier, alle warten auf Ihren Auftritt.

Und jetzt gehen Sie! Aber gehen Sie langsam. Sie wollen die Bewunderung der anderen ja genießen. Lächeln Sie! Ein wenig nach links, ein wenig nach rechts. Im Prinzip aber schauen Sie nach vorne, geradeaus. Fixieren Sie einen imaginären Punkt in Augenhöhe. Vielleicht ein Bild an der Wand. Es könnte auch eine Kamera sein. So wie bei den »richtigen« Oscars.

Geschafft? Dann das Ganze noch einmal von vorn. Diesmal aber in hohen Schuhen. Pumps von neun bis zwölf Zentimetern Höhe wären ideal, aber weniger geht auch. Sie sollen sich ja erst daran gewöhnen. Sie werden merken, dass sich Ihre Haltung ganz automatisch strafft. Ihr Becken kippt leicht nach vorn, Ihr Oberkörper richtet sich auf.

Dann gehen Sie! Ganz von allein werden Sie Ihre Füße enger setzen. Ihre Schritte werden kürzer und bewusster. Auf diese Weise senden Sie ganz andere Signale aus, als wenn Sie barfuß wären. Sie wirken selbstbewusst und sexy.

Genießen Sie dieses Gefühl!

## DAS OUTFIT IST DIE HALBE MIETE

Für den großen Auftritt fehlt noch etwas? Gewiss. Das Outfit. Wie Sie sich kleiden, macht einen Großteil Ihrer Wirkung aus, nicht nur nach außen, sondern auch für das Gefühl, das Sie für sich selbst empfinden. Das Gleiche gilt für den Alltag. Auch »normale« Kleidung kann, richtig eingesetzt, durchaus eine sinnliche Anmutung besitzen.

Kleinigkeiten reichen schon: elegante halbhohe Schuhe statt flacher Gesundheitstreter, ein mit Blumenmustern betupftes, lockeres Kleid statt der gewohnten beigen Hose mit Strickpulli, um nur zwei kleine Anregungen zu geben. Gehen Sie bummeln in einer größeren Stadt, schauen Sie in den Geschäften, was es so gibt an aktueller Mode. Probieren Sie ein paar Teile an, lassen Sie sich beraten. Sie müssen ja nicht gleich kaufen. Entwickeln Sie ein Bewusstsein dafür, welch eine attraktive Erscheinung Sie abgeben könnten. Finden Sie Ihren Stil. Wenn Sie erst einmal damit anfangen, sich sinnlich und mit Pfiff zu kleiden (was nicht automatisch bedeutet, sich »aufzubrezeln«), werden Sie schon bald gar nicht mehr anders aus dem Haus gehen wollen.

Im Striptease-Workshop geht es jedoch um etwas anderes: um ein *sexy* Outfit. Dafür halte ich stets eine reiche Auswahl an erotischen Accessoires bereit, die jeder Frau das Gefühl geben, besonders begehrenswert zu sein. Neben den notorischen, unverzichtbaren High Heels zum Beispiel sind dies Korsagen und Dessous, Strapse, Catsuits, Overknees, Federboas und Masken, Halsbänder, edle Nylons, samtige Strumpfbänder und oberarmlange Lederhandschuhe, auch außergewöhnliche Hüte, Brillen, Fächer, Schmuckstücke.

Die Frauen stellen sich daraus mit gegenseitiger Hilfe ein Outfit zusammen, das an Extravaganz kaum Wünsche offen lässt. Geheime Fantasien werden dabei ausgelebt, manch graue Maus mutiert zur Domina in Lack und Leder. Schüchtern ist da keine mehr. Das Ganze hat natürlich etwas von Karneval, und Spaß macht es auch. Doch letztlich geht es darum, Hemmungen über Bord zu werfen und sich eine Sinnlichkeit zu gestatten, die im Alltag oft keinen Ausdruck findet.

Dies tat auch Beate, die Frau, die so gern ein Model gewesen wäre. Es war frappierend zu sehen, wie sie während des Workshops aufblühte und sich zu einer in jeder Hinsicht lustvollen Darstellerin ihrer selbst entwickelte. Tatsächlich, sie hatte Talent! Sie schien sogar zu vergessen, wie alt sie war. Es spielte einfach keine Rolle mehr.

Schauen Sie mal in Ihren Schrank und stöbern Sie nach erotischen Accessoires, die Sie schon lange nicht mehr angezogen oder benutzt haben. Vielleicht haben Sie ja auch einen Koffer, in dem Sie Ihre geheimen Wünsche fest verschlossen haben. Öffnen Sie ihn!

Oder gehen Sie, falls Sie zu Hause nichts finden, in zwei oder drei Erotikshops und Dessousläden und schauen Sie sich um. In jeder mittleren Stadt, in Großstädten ohnehin, gibt es inzwischen solche Geschäfte, die überhaupt nichts Schmuddeliges an sich haben. Oft werden sie von Frauen geführt, die sich wirklich gut auskennen und die Sie kompetent

beraten werden. In den letzten Jahren hat sich viel getan auf diesem Gebiet. Auch als Frau können Sie unbesorgt allein in solche Geschäfte gehen, niemand wird Sie schief ansehen.

Dann machen Sie Modenschau, zu Hause vor dem Spiegel. Vielleicht tun Sie sich mit einer Freundin zusammen, zu zweit macht es mehr Spaß. Nehmen Sie sich Zeit dafür. Schließen Sie die Tür ab und schalten Sie den Anrufbeantworter ein. Wenn es klingelt, gehen Sie nicht ran. Jetzt sind Sie dran!

Trinken Sie ein Glas Sekt, im Workshop machen wir das auch. Es lockert auf. Spielen Sie fetzige Musik im Hintergrund. Kombinieren Sie verschiedene Accessoires, schminken Sie sich, und vor allem: Vergessen Sie Ihre Zurückhaltung. Nichts ist peinlich!

Als Höhepunkt des Workshops liefert jede Frau eine individuelle Performance auf der Bühne ab, vor den anderen und angefeuert von ihnen. Das kann ein Striptease sein, ein Lapdance oder eine Burlesque. Hauptsache erotisch. Ausziehen muss sich keine, doch manche tun es mit exhibitionistischem Vergnügen. Warum auch nicht?

Dies alles, es sei noch einmal gesagt, spielt sich in einem geschützten Raum ab, aus dem nichts nach außen dringt. Was ich immer wieder feststelle: Wenn die Frauen dann nach Hause gehen, tun sie dies mit einem Lächeln, mit einem Strahlen im Gesicht. Sie sind wie verwandelt.

Jetzt kommt die Feuertaufe: Behalten Sie zumindest eines Ihrer erotischen Accessoires an und gehen Sie raus, auf die Straße. Dorthin, wo viele Menschen sind. Sie müssen nicht auffallen, aber es ist – das werden Sie feststellen – doch ein völlig anderes, und zwar sehr angenehmes und aufreizendes Gefühl, zum Beispiel ohne Slip, doch dafür mit Strapsen unter dem Kleid unterwegs zu sein. Zu wissen, die anderen haben keine Ahnung …

Vielleicht finden Sie ja Gefallen an solch geheimer Verkleidung. Das kann ganz schön prickelnd sein. Versuchen Sie es einfach mal! Was haben Sie zu verlieren?

Ich muss noch etwas nachschicken: Beate schaffte es tatsächlich auf den Laufsteg. Wie ihr das gelang? Sie tat alles, um Kontakte in die Branche zu bekommen. Sie verschickte Fotos von sich und gestaltete sogar eine Sedcard, ging zu Veranstaltungen, sprach Leute an. Das heißt, sie war aktiv. Sehr aktiv sogar.

Nach einiger Zeit erhielt sie ihr erstes Engagement, für die Präsentation einer aufstrebenden Jungdesignerin, die in einer ehemaligen Fabrik im Berliner Wedding stattfand. Die extravaganten Entwürfe, die dort gezeigt wurden, erregten Aufsehen, ein Foto mit Beate erschien sogar in einer Modezeitschrift. Sie trägt darauf ein raffiniert geschnittenes Kleid aus buntbedruckter Wildseide im Ethno-Stil, das mit hochglänzenden Applikationen aus weißem Lackleder versehen ist. Beate hat es ausgeschnitten und an die Wand ihres Schlafzimmers gepinnt. Inzwischen hat sie weitere Anfragen erhalten. Ihr nächster Auftritt wird in London sein.

## DEN KÖRPER NEU ENTDECKEN: EROTISCHE PARTNERMASSAGE

Nicht immer spielt sich die Wiederentdeckung der eigenen Sinnlichkeit so spektakulär ab wie bei Beate. Oft sind es eher tastende Versuche, begleitet von massiven Ängsten, sich zu blamieren oder zurückgewiesen zu werden. Ich nehme diese Ängste sehr ernst. Nicht jeder Mensch kann sein Inneres nach außen kehren, nicht jeder ist dafür geschaffen, auf andere zuzugehen und seine Bedürfnisse klar zu äußern.

Manchmal braucht es einen Anlauf. Nach dem vierten Glas Wein kam Bruno, mein entfernter Verwandter, endlich auf das zu sprechen, was ihn am meisten beschäftigte: den Sex. Oder vielmehr dessen Fehlen.

Mit Hiltrud, seiner Frau, hatte Bruno seit Jahren nicht mehr geschlafen. Was jedoch viel schlimmer war: Sie fassten sich gegenseitig auch gar nicht mehr an. Berührungen beschränkten sich auf das Notwendigste, Zärtlichkeit besaß Seltenheitswert.

Bruno litt sehr darunter. Aber er konnte auch nicht aus seiner Haut, das heißt, er konnte nicht darüber reden. Zumindest nicht mit Hiltrud. Und mit mir nur, weil wir uns kaum kannten. Es ist ein altbekanntes Phänomen, dass viele Menschen die intimsten Dinge am leichtesten mit Fremden besprechen können.

Dieses Nicht-miteinander-reden-können ist das entscheidende Dilemma vieler Paare. Beide spüren, dass etwas im Argen liegt, sie leiden unter einem Mangel, doch sie finden nicht den Mut, aufeinander zuzugehen und zu sagen: »Hör mal, ich hab da ein Problem. Lass uns reden.« Bei allen anderen möglichen Themen klappt das: Wenn es ums Auto geht, ums Geld und auch ums nächste Abendessen. Nur bei der Sinnlichkeit ist Sendepause.

Hat ein Paar einige Zeit nicht miteinander geschlafen, so wird das Gründe haben. Auch mir ist das in meinen Beziehungen gelegentlich passiert (wenngleich dies eher kürzere Phasen waren, so lange halte ich es denn doch nicht aus). Die Frage ist, wie man aus dieser Malaise wieder herauskommt. Wenn es erst mal so weit ist, tut man gut daran, Umwege zu gehen, um sich dann auf verschlungenen Pfaden wieder einander anzunähern.

Ich riet Bruno, das Zweitbeste zu tun, das ich mir im Bett vorstellen kann: Ich empfahl ihm eine Partnermassage, auch wenn er sich dazu würde überwinden müssen.

Generell ist eine Massage ja eine höchst angenehme Sache. Fast jeder liebt es, massiert zu werden, sei es als Wellnessanwendung oder als Tantrabehandlung. Sex ist dabei nicht unbedingt im Spiel, er ist aber auch nicht weit davon entfernt. Gemeinsam mit einem Partner sind die Grenzen fließend. Sich gegenseitig zu massieren bringt ein Paar einander näher und eignet sich bestens als Vorspiel zum eigentlichen Sex.

Es ist entspannend, erotisierend und bei entsprechendem Ambiente auch romantisch. Ziel ist das gegenseitige Verwöhnen und nicht der Orgasmus (wenn es später dazu kommt: umso besser). Da es sich um keine medizinische Anwendung handelt, ist eine Ausbildung nicht notwendig: Lassen Sie sich bei dem, was Sie tun, ganz von Ihren Gefühlen und den Reaktionen Ihres Partners leiten. Eine Partnermassage hilft, den Alltagsstress auszugleichen und neue Kraft zu schöpfen. Sie fördert, da es sich um etwas sehr Intimes handelt, die gegenseitige Verbundenheit und kann dazu führen, sich wieder einander anzunähern. Die Massage dient auch dazu, den Körper des anderen in allen Einzelheiten zu entdecken, Quadratzentimeter für Quadratzentimeter, und neue erogene Zonen zu erschließen.

Einige Vorbereitungen sollte man allerdings treffen, bevor man sich auf diese Erfahrung einlässt.

Sorgen Sie dafür, dass nichts und niemand Sie stören kann. Eine angenehme Raumtemperatur ist von Vorteil, denn zumindest derjenige, der massiert wird, sollte vollständig nackt sein. Am besten aber sind beide nackt, denn nur so ist beim Massieren der Einsatz des gesamten Körpers möglich (beim Tantra ist dies eine gern angewendete Praxis). Wie das geht, darüber sollten Sie sich am besten im Vorfeld informieren, im Internet ist das kein Problem.

Verdunkeln Sie den Raum und zünden Sie Kerzen an. Verwenden Sie Duftkerzen oder aromatisieren sie das Zimmer auf andere Weise. Lassen sie ruhige, angenehme Musik im Hintergrund laufen. Wenn der Boden zu hart oder das Bett zu weich ist, tut es auch ein ausreichend langer Küchen- oder Esstisch mit einer weichen Decke als Unterlage.

Dann tun Sie, was die Intuition Ihnen eingibt.

*TIPP: Da bei der Partnermassage keine Körperregion ausgespart wird, sollten Sie ein Massagemittel verwenden, das auch für Vagina und Penis geeignet ist. Öl beeinträchtigt die Schleimhautflora und kann Infektionen verursachen. Außerdem verträgt sich Öl nicht mit Latex, was die Kondome, die man hinterher vielleicht verwendet, porös werden lässt.

Nehmen Sie also ein spezielles, duftendes Silikonöl oder ein wasserlösliches Gleitmittel, damit sind Sie auf der sicheren Seite. Eine weitere Möglichkeit sind spezielle Massagekerzen, die durch die Flamme flüssig werden und sich dann gut auftragen lassen. Sie sind in guten Erotik-Fachgeschäften erhältlich.

Bruno war von meiner Idee spontan begeistert. »Dass ich nicht selbst darauf gekommen bin«, sagte er und kratzte sich am Kopf. Er war ein bisschen verlegen. Über Sex zu reden war ihm peinlich. Das schaffte er nur, wenn er etwas getrunken hatte.

Er ging die Sache zielstrebig an. Die größte Schwierigkeit für ihn bestand darin, Hiltrud von einer solchen Partnermassage zu überzeugen, denn sie war mehr als skeptisch. Zu Hilfe kam ihm, dass ihr Rücken stark verspannt war und sie praktisch immer unter sehr unangenehmen Schmerzen litt. Allerdings bestand sie darauf, dass Bruno nur wenige Kerzen anzündete, damit es dunkel blieb, und dass Bruno seine Kleidung anbehielt. Es spricht für Brunos Einfühlungsvermögen und Zielstrebigkeit, dass dies nicht lange so blieb. Die beiden schliefen zwar an diesem Abend nicht miteinander, doch bis es dazu kommen würde, war nur eine Frage der Zeit.

All das erfuhr ich, als Bruno mich drei Wochen später anrief. Er war ganz euphorisch, und obwohl wir nur telefonierten, konnte ich förmlich das Strahlen in seinen Augen sehen. Er und Hiltrud hatten endlich wieder miteinander geschlafen, und sie hatten es beide genossen. Hätte es eine schönere Nachricht geben können?

## WER FIT IST, HAT BESSEREN SEX

$\mathcal{D}$as Dorf, in dem ich aufgewachsen bin, liegt recht abgelegen im Oberbergischen. Es hat kaum mehr als hundertfünfzig Einwohner. Eine

Schule gibt es nicht. Als Kinder mussten wir mit dem Bus in die nächste Kleinstadt fahren, die knapp zehn Kilometer entfernt liegt. Frühmorgens hin, am Nachmittag zurück. Besonders auf der Rückfahrt hatte der Bus oft Verspätung, er musste zu viele Dörfer abklappern, bevor er auch uns auflas. Außerdem fuhr er nur dreimal am Tag. Was ich am meisten hasste, war das endlose Warten an der Haltestelle, womöglich noch im Regen. Und es regnete oft. Die Gegend dort ist ziemlich grün.

Anstatt auf den Bus zu warten, marschierte ich deshalb häufig einfach los. Wenn ich lief, machte mir auch der Regen nichts aus. Die zehn Kilometer nach Hause zu Fuß zu laufen wurde mir bald zur lieben Gewohnheit. Ich kannte schließlich jeden Strauch. Oft blieb ich stehen und beobachtete einen Hasen oder ein Reh. Meist kam ich zeitgleich mit den anderen Schulkindern in unserem Dorf an und hatte mehr Spaß in der freien Natur gehabt.

Ich besaß schon immer einen unglaublichen Bewegungsdrang und wenig Geduld. Das hat sich bis heute gehalten. Warten macht mich verrückt. Ehe ich warte, laufe ich lieber los, und sei es nur bis zur nächsten Haltestelle, an der mich der Bus dann einholt. Manchmal packt mich noch abends um zehn das starke Bedürfnis rauszugehen. Dann laufe ich zweimal um den Block, und alles ist gut.

In meinem Freundeskreis bin ich für meinen Stechschritt bekannt, nicht jeder kann da mithalten. Mein Tag beginnt mit zwanzig Hampelmännern (ich rede natürlich von gymnastischen Übungen), und im Hinterhof steht mein Fahrrad. Ich benutze es mehrmals pro Woche, wenn ich meine Besorgungen mache. Im Sommer trifft man mich häufig im Schwimmbad, auf der Bahn für sportliche Schwimmer. Beim Telefonieren laufe ich ständig auf und ab. Ich bin ein Bewegungsjunkie.

Dass das Altern mit der Geburt beginnt, muss ich schon früh geahnt haben. Ebenso, dass man mit viel Bewegung und Sport diesen Prozess zwar nicht verhindern, aber doch verlangsamen kann. Instinktiv habe ich die richtige Strategie verfolgt. Denn irgendwann kommt für jeden der Zeitpunkt, an dem Muskeln und Gelenke die unmissverständliche

Botschaft aussenden: »Ich bin keine zwanzig mehr.« Das Altern ist in vollem Gang.

Ein trainierter Körper ist widerstandsfähiger als ein untrainierter und bleibt im Allgemeinen länger von Alterskrankheiten verschont. Er sieht jünger aus und fühlt sich auch so an. Dass sich, wie bereits erwähnt, die meisten älteren Menschen um mindestens zehn Jahre jünger fühlen, als sie tatsächlich sind, ist, historisch gesehen, ein neues Phänomen.

Dieses Gefühl geht einher mit einem deutlich erhöhten Körperbewusstsein, das bei immer mehr älteren Menschen festzustellen ist. Sie achten stärker auf sich, wollen auch weiterhin attraktiv und knackig aussehen – und haben begriffen, dass es dafür nur *einen* Königsweg gibt: körperliche Fitness. Im Park sehe ich erstaunlich viele ältere und alte Joggerinnen und Jogger. Der älteste ist offensichtlich schon fast achtzig, er läuft tagtäglich mit akkuraten, winzigen Trippelschritten den Weg entlang, wie eine Nähmaschine. Einmal sprach ich ihn an, ich wollte ihm ein Kompliment machen.

»Sie trainieren wohl für den Marathon?«, sagte ich.

Er schien fast beleidigt. »Marathon, pah! Ich bin Ultra-Läufer«, entgegnete er.

Dazu muss man wissen: Für die Ultras fängt der Spaß bei fünfzig Kilometern erst an. Ich finde das bewundernswert.

Regelmäßiges Training ist natürlich anstrengend, aber man gewöhnt sich daran. Ich selbst habe diese Erfahrung auch schon gemacht. Training, welcher Art auch immer, hat viele positive Auswirkungen: Es hält die Gelenke beweglich, stärkt Herz und Kreislauf, kräftigt die Muskeln, verbessert die Atmung, regt den Stoffwechsel an und fördert die Durchblutung des Körpers sowie des Gehirns – was mit zur Erhaltung der geistigen Beweglichkeit beiträgt. Man spricht ja auch von *geistiger* Fitness.

Es geht aber immer auch darum, nicht nur die Muskeln und Gliedmaßen zu trainieren, sondern zugleich die inneren Organe. Allzu oft negieren wir bestimmte Körperregionen, vor allem den Becken- und den Brustbereich. Doch gerade sie sind wichtig fürs allgemeine Wohlbefinden. Beim Training geschieht das automatisch, dafür hat die Natur gesorgt.

Was passiert, wenn Sie anfangen zu trainieren?

Nach einiger Zeit werden Sie an Gewicht verlieren, Ihr Körper definiert sich neu. Ihr Gang wird aufrechter und schwungvoller, Ihre Haltung straffer, Ihre Haut rosiger und Ihr Blick offener. Sie werden fragen: »Was kostet die Welt?« Ganz allgemein beugt Training vielen Erkrankungen vor, es macht gute Laune, beschert Selbstbewusstsein und weckt Sinnlichkeit – und genau die ist beim Sex ja gefragt.

Nicht zuletzt kann Laufen oder Fitnesstraining eine sehr gesellige Angelegenheit sein. Es gibt unzählige Lauftreffs, bei denen sich Menschen zusammentun und dann, in Leistungsgruppen aufgeteilt, gemeinsam trainieren. Überhaupt fördert Training soziale Kontakte – vielleicht lernen Sie ja jemanden kennen.

**✳TIPP:** **Wichtig ist, dass Sie nicht nur im Fitnessstudio oder beim Joggen im Park, sondern auch im Alltag Ihren Körper trainieren. Nehmen Sie die Treppe statt des Aufzugs, lassen Sie das Auto stehen und gehen Sie zu Fuß oder fahren Sie Rad. Laufen Sie beim Telefonieren auf und ab, gehen Sie tanzen, machen Sie, wenn Sie nicht joggen können, täglich einen Spaziergang im Park – es gibt viele Möglichkeiten.**

Fit werden kann man auf vielerlei Weise. Am einfachsten ist es, Mitglied im nächsten Fitnessstudio zu werden. Problematisch sind jene preisgünstigen Ketten, bei denen Sie mit den oft komplizierten Geräten allein zurechtkommen müssen. Solche Studios sind nur zu empfehlen, wenn Sie sich wirklich auskennen, im Extremfall kann das Training sonst sogar Ihre Gesundheit gefährden.

Besser ist ein individuelles Trainingsprogramm mit gezielter Anleitung durch einen *Personal Trainer*, der Ihnen Übungen beibringt, die auf Ihre persönlichen Bedürfnisse abgestimmt sind. Das kostet ein bisschen mehr, zahlt sich aber aus. Ihr Trainer wird Ihnen sagen, dass es am effektivsten ist, wenn Sie Kraft- und Ausdauertraining ausgewogen miteinander kombinieren. Und er wird Ihnen zeigen, wie Sie das am besten anstellen.

Da ich jahrelange Erfahrung mit den Geräten besitze, bin ich vor einiger Zeit zu einer Kette gewechselt, bei der nicht immer ein Trainer vor Ort ist. Dafür hat das Studio vierundzwanzig Stunden am Tag geöffnet. Wenn ich will, kann ich auch morgens um drei zum Training kommen. Aber dies kam, ehrlich gesagt, noch niemals vor, denn ich bin kein Nachtmensch.

Im Studio wird man nicht nur fit, man lernt auch Leute kennen. Nach meiner Trainingseinheit trinke ich gewöhnlich noch einen frisch gepressten Orangensaft an der Bar. Dort kam ich eines Tages mit Stefan ins Gespräch. Er war mir schon vorher aufgefallen, weil er mit stoischer Ausdauer eine ausgesprochen fiese Übung, die den Körper wirklich fordert, unendlich oft wiederholte: Rumpfbeugen. Dabei werden die Füße im Gerät fixiert, der Körper schwebt frei in der Luft, die Hände werden hinter dem Nacken verschränkt. Dann geht es auf und ab, auf und ab, immer wieder. Ich habe die Übung selbst gemacht, sie ist ziemlich anstrengend.

Stefan war fünfundsiebzig und topfit, man sah ihm sein Alter nicht an. Er erzählte mir, dass er seit mehreren Jahren regelmäßig in dieses Fitnessstudio ging, zwei- bis dreimal pro Woche. Manchmal trainierte er allein, oft auch mit anderen.

»Es ist ein lockerer Zusammenschluss von Leuten meines Alters«, sagte er. »Irgendwie fehlt mir etwas, wenn ich nicht hingehe.«

Wie sich denn das Training auf seine Gesundheit auswirke, fragte ich ihn. Er lachte.

»Seit ich regelmäßig trainiere, geht's mir echt gut, viel besser als früher, als ich noch zwölf Kilo mehr wog und ständig außer Atem kam.«

»Kaum vorstellbar«, erwiderte ich.

Er nickte.

»Gesundheitliche Probleme habe ich keine mehr. Mein Arzt sagt, mein Herz-Kreislauf-System hat sich stabilisiert, und meine Muskeln sind generell viel kräftiger geworden. Das merke ich deutlich.«

Vor meiner nächsten Frage druckste ich ein bisschen herum, ich befürchtete, er könne mich missverstehen.

»Und der Sex? Hat der sich auch gebessert?«

So ein paar Gläser Orangensaft fördern die Vertraulichkeit. Stefan nahm einen großen Schluck und kicherte in sich hinein.

»Ich denke, ich frag heut' Abend meine Frau. Aber wenn sie sich beschweren wollte, hätte sie's längst getan, da bin ich ganz sicher.«

**✳TIPP:** Es gibt knapp sechstausend Fitnessstudios in Deutschland, die Auswahl ist also riesengroß. Bevor Sie sich langfristig an ein Studio binden (und das müssen Sie in der Regel), machen Sie zwei Probetrainings. Testen Sie, wie intensiv und wie kompetent man sich um Sie kümmert. Schauen Sie, wie die hygienischen Bedingungen sind (oft ein Ärgernis!). Und: Erkundigen Sie sich, wann andere Menschen Ihrer Altersgruppe trainieren – vielleicht hat sich ja eine Gruppe gebildet, zu der Sie stoßen können.

Wenn Sie die Geräte beherrschen, ist das Trainieren in einer Gruppe sehr empfehlenswert. Das macht mehr Spaß, die körperliche Anstrengung fällt leichter, und die Gruppendynamik sorgt dafür, dass Sie auch regelmäßig hingehen. Dies gilt im Übrigen für alle Sportarten, egal ob Laufen, Walken, Gymnastik, Schwimmen oder Aerobic. Und wenn das alles nichts für Sie ist: Schaffen Sie sich einen Hund an. Mit dem müssen Sie täglich Gassi gehen …

Wenn Sie keine Hunde mögen: Gehen Sie tanzen. Ich mache das auch. Jeder zweite Dienstagabend ist bei mir für die After Work Party in einem bekannten Berliner Club reserviert. Dort ist die Musik nach meinem Geschmack (ein bisschen retro, sehr rhythmisch und melodiös), vor allem aber ist sie gut zum Tanzen geeignet. Man wird als Frau nicht belästigt, und die Cocktails sind super.

Im Gegensatz zu den sportlichen Aktivitäten, deren Bewegungen genau definiert sind, ist Tanzen eine eher unkontrollierte und spontane Angelegenheit. Die Musik gibt den Rhythmus vor, die Bewegungen sind mal schnell, mal langsam. Das macht aber nichts. Wie lange kann man joggen? Eine Stunde vielleicht, nur gut Trainierte halten länger durch. Wie lange kann man tanzen? Eine ganze Nacht! Mit Pausen selbstverständlich. Tanzen ist also sehr empfehlenswert. Klassische Tänze (außer Tango und Wiener Walzer) sind nicht ganz meine Richtung, aber wer's mag – nur zu!

Das Beste allerdings habe ich mir für den Schluss dieses Kapitels aufgehoben: Sex. Als Ergänzung (nicht als Alternative!) zum sportlichen Training funktioniert das wunderbar. Schon beim Küssen fängt es an: Dabei verbrennen Sie 20 Kilokalorien (= 84 Kilojoule) pro Minute. Werden Sie aktiver, sind es schon 100 Kilokalorien (= 419 Kilojoule). Bei einem durchschnittlichen Orgasmus (den Sie, nehmen wir mal an, nach einer Viertelstunde intensiven Liebesspiels erreichen) kommen Sie auf 150 Kilokalorien (= 628 Kilojoule). Nur zum Vergleich: Wenn Sie fünfzehn Minuten joggen, verbrauchen Sie 160 Kilokalorien (= 670 Kilojoule). Extrem wild und leidenschaftlich beim Sex muss es allerdings schon zugehen, wenn Sie 350 Kilokalorien (= 1.465 Kilojoule) innerhalb von 20 bis 30 Minuten verbrennen wollen (ja, auch diese Werte sind schon gemessen worden!).

Aber kriegen Sie das wirklich hin? Jeden Tag? Eben. Deswegen meinte ich, dass Sex nur als *Ergänzung* zum Training gut geeignet ist.

*TIPP: Haben Sie Sex! Wenn möglich, regelmäßig. Denn Sex hält Ihren Körper jung. Je fitter Sie sind, desto besser wird Ihr *Sex Life*.

Sexuelle Betätigung, welcher Art auch immer, besitzt überaus positive Auswirkungen auf den Organismus. Das heftige Atmen beim Liebesspiel zum Beispiel versorgt den Körper mit extrem viel Sauerstoff, was wiederum die Funktion so gut wie aller Organe verbessert. Das Herz pumpt schneller, Puls und Blutdruck steigen, Herz und Kreislauf werden trainiert. Außerdem ist Sex wirksamer als die meisten Schmerztabletten: Die Hormone, die beim Sex freigesetzt werden, lassen auch starke Schmerzen vergessen. Durch die Kontraktionen im Beckenbereich und die stärkere Durchblutung lösen sich Verspannungen, Kopf- und Rückenschmerzen lassen nach. Nicht zuletzt stärkt Sex das Immunsystem: Bei sexueller Aktivität produziert der Körper doppelt so viele weiße Blutkörperchen und NK-Zellen – das sind sogenannte natürliche Killerzellen, die »Abwehrtruppe« unseres Körpers gegen Tumore und Infektionen – wie normal.

Außerdem baut Sex Stress und Aggressionen ab. Wissenschaftliche Untersuchungen haben ergeben, dass sexuell zufriedene Menschen seltener an Depressionen und Angstzuständen leiden. Das wundert mich nicht. Ich habe schon immer gesagt, dass Sex glücklich macht. Physiologisch ist dies dadurch zu erklären, dass beim Sex große Mengen der »Glückshormone« Oxytocin, Serotonin und Dopamin ausgeschüttet werden – ein Effekt, der manchmal mehrere Tage anhalten kann. Es gibt ja Menschen, die gehen, wenn sie guten Sex gehabt haben, »wie auf Wolken«. Haben Sie das auch schon mal erlebt? Ich wünsche es Ihnen.

Aber es geht noch weiter. Frauen, die mindestens einmal pro Woche sexuell aktiv sind, haben mehr Östrogen im Blut. Östrogene sind die weiblichen Sexualhormone, sie spielen eine wichtige Rolle bei der Befindlichkeit der Frau. Sie sorgen unter anderem dafür, dass die Haut straff und elastisch bleibt: Falten lassen länger auf sich warten.

Für diesen angenehmen Nebeneffekt nimmt man doch gerne ein wenig mehr Sex in Kauf …

*Gemeinsam
geht es besser

# WOLLEN WIR WIRKLICH ZUSAMMENBLEIBEN?

*D*reißig Jahre waren Manfred und Helga schon verheiratet. Sie hatten gar nicht bemerkt, dass sie sich in dieser langen Zeit allmählich voneinander entfernten, weil der Prozess so schleichend vonstatten ging. Beide waren berufstätig, er als angestellter Architekt, sie als Grundschullehrerin. Sex hatten sie nur noch selten. Als sie beide Mitte fünfzig waren, gingen die Kinder (es waren Zwillinge) aus dem Haus. Der Sohn machte eine Offiziersausbildung bei der Bundeswehr, die Tochter wollte in den USA Erfahrungen als Au-pair sammeln. Jetzt erst bemerkten Manfred und Helga, dass sie einander im Grunde nichts mehr zu sagen hatten.

Zu jener Zeit war ich Leiterin des Pflegeheims, in dem Helgas demenzkranker Vater seine letzten Jahre verbrachte. Ab und zu besuchte sie ihn, obwohl er sie nicht mehr erkannte, und irgendwann ergab es sich, dass sie mir ihr Herz ausschüttete. So erhielt ich unmittelbaren Einblick in diese Szenen einer, so schien es damals jedenfalls, missratenen Ehe.

Es war Helga, die zuerst – zwei Monate, bevor sie sich mit mir unterhielt – das Thema Scheidung angesprochen hatte. Sie und Manfred hatten an jenem Tag ihr Abendessen, wie immer, schweigend eingenommen. Beim Nachtisch sagte Helga plötzlich, dass sie sich schon seit geraumer Zeit mit dem Gedanken an Trennung beschäftige. Nein, es gebe keinen anderen, antwortete sie sogleich auf Manfreds Frage, denn dies war seine erste Vermutung. Es sei nur so, dass sie noch mehr vom Leben erwarte als die unveränderte Fortführung eines Zustandes, den sie nun seit über drei Jahrzehnten kenne. Sie habe ihre Pflicht und Schuldigkeit getan, die Kinder seien groß, jetzt sei sie dran. Und das, was sie wolle, könne Manfred ihr nicht bieten. Ihm fehle allein schon die Vorstellungskraft dafür.

Jetzt wolle sie ihren eigenen Weg gehen. Sie wisse auch noch nicht, wo der hinführe.

Für Manfred war das ein Schock. Er war mit Helga zusammen, seit sie beide neunzehn waren, sie war seine erste und einzige große Liebe gewesen. Zwar hatte er sich im Lauf der Jahre einige heimliche Seitensprünge erlaubt, doch da diese »nur Sex« gewesen waren, zählten sie für ihn nicht als Untreue. Dass sie ein Paar waren, hatte er stets als Selbstverständlichkeit genommen und nie hinterfragt. Es war eben so. In Stein gemeißelt. Dass sich bei Helga ein Wandel vollzogen hatte, war ihm niemals aufgefallen.

Manfred war nach Helgas Eröffnung so verzweifelt, dass er einen bitterbösen Streit vom Zaun brach. Er machte damit jedoch alles nur noch schlimmer und bestärkte, ohne es zu wollen, Helga in ihrem Entschluss. Die nächsten Tage redeten sie noch weniger miteinander als sonst, also überhaupt nicht. Die Stimmung war eisig. Ein Lähmungszustand machte sich breit in ihrem Zusammenleben, denn erstaunlicherweise machte Helga keine Anstalten, ihren Entschluss auch konsequent in die Tat umzusetzen. So ging das eine Weile.

Fast jede Ehe kommt irgendwann in eine große Krise. Nach Jahren, nach Jahrzehnten erst vielleicht – doch die Krise kommt. Ich kenne keine Ehe, die von ihr verschont geblieben wäre. Und es waren sehr viele Frauen, die bei mir schon aus dem Nähkästchen geplaudert haben.

Nun muss ein ausgewachsener Krach ja nicht gleich das Ende einer Beziehung bedeuten. Meist kommen beide Partner danach wieder zusammen, auf Zeit zumindest. Bis zur nächsten Krise. Ich finde das, ehrlich gesagt, nicht so dramatisch. Ein Gewitter reinigt die Luft, und auch einer Ehe ist es nur förderlich, wenn sie gelegentlich durchgelüftet wird. Ich spreche da aus eigener Erfahrung. Immer Friede, Freude, Eierkuchen – das tut nicht gut. Oft werden auf diese Weise Konflikte unter den Teppich gekehrt. Ich will damit beileibe nicht sagen, dass man einen Streit provozieren sollte, nur um des Streites willen. Aber man sollte solche

Auseinandersetzungen, die sich meist an Kleinigkeiten entzünden, auch nicht überbewerten.

Oft hat sich indes nach Jahrzehnten so viel aufgestaut, dass die Trennung unvermeidlich scheint. Ein sicherer Indikator, ja geradezu der Lackmustest, ob das Ganze noch Sinn macht, ist meiner Meinung nach, ob eine gegenseitige erotische Anziehung zumindest rudimentär noch vorhanden ist.

Wenn ein Paar nach einem handfesten Streit regelmäßig im Bett landet – bestens! Auch das soll es geben. Wenn jedoch, in sexueller Hinsicht, selbst die Mitte der Sahara ein Garten Eden ist, dann sollte man besser überlegen, ob man nicht getrennte Wege geht. Gewiss: Nach einem Zusammensein von zwanzig, dreißig Jahren oder mehr ist das bitter. Beide Partner werden das Gefühl haben, auf ganzer Linie gescheitert zu sein. Doch eröffnet eine Trennung ihnen zugleich die Chance auf einen Neuanfang.

Und für den, davon bin ich überzeugt, ist es nie zu spät.

**\*TIPP: Drum prüfe, wer sich weiter bindet. Machen Sie reinen Tisch. Reden Sie miteinander. Ziehen Sie Bilanz. Treffen Sie gemeinsam eine Entscheidung: Wollen wir es noch einmal miteinander versuchen? Oder ist es für beide Partner besser, einen Schlussstrich zu ziehen und sich gegenseitig freizugeben? Auch dies kann eine Form von Liebe sein.**

»Wollen wir wirklich zusammenbleiben?«, habe ich oben gefragt. Immer mehr Paare jenseits der fünfzig beantworten diese Frage mit einem klaren »Nein«. Im Jahr 2011 wurden in Deutschland knapp 188 000 Ehen geschieden, jeder Vierte dieser 375 000 Menschen war über fünfzig Jahre alt. Dieser Anteil der Älteren hat sich in den vergangenen zwanzig Jahren fast verdoppelt.

Der Trend ist eindeutig, in den USA wird er als *Gray Divorce*, also »Scheidung der Grauhaarigen«, längst diskutiert. Erklären lässt er sich auf vielerlei Weise. Dadurch etwa, dass Scheidungen längst nicht mehr so stark von der Gesellschaft stigmatisiert sind wie früher. Es gehört schon fast zum guten Ton, geschieden zu sein. Fast alle meine Freunde und Bekannten haben mindestens eine Scheidung hinter sich (genauso wie ich selbst übrigens). Und Geschiedene, die wieder heiraten, haben weniger Bedenken, sich erneut scheiden zu lassen: Sie kennen die Prozedur ja schon. Eheverträge, die inzwischen weit verbreitet sind, erleichtern eine Scheidung auch von der Abwicklung her. Die Scheidung schreckt nicht mehr wie ehedem – auch wenn sich das verfügbare Einkommen beider Partner nach der Trennung um durchschnittlich dreißig Prozent verringert und man in eine andere, weniger günstige Steuerklasse rutscht.

Zudem sind Frauen heute weniger abhängig von ihren Ehemännern als in früheren Zeiten. Sie verfügen oft über ihr eigenes Einkommen, sind generell emanzipierter und nicht mehr bereit, alles hinzunehmen. Bei über der Hälfte der trennungswilligen Paare stellt die Frau den Scheidungsantrag.

All diese Menschen haben noch einiges vor im Leben. Die Aussicht, noch mehrere Jahrzehnte trist neben einem ungeliebten Partner her zu leben, ist für sie alles andere als attraktiv. Die Lebenserwartung, ich erinnere noch einmal daran, steigt ständig an. Um wirklich bis zum Tod zu halten, muss eine Ehe also immer länger dauern. Und ob der Mensch wirklich dafür geschaffen ist, lebenslang mit einem einzigen Partner verbunden zu sein, darüber gehen auch die Meinungen der Wissenschaftler stark auseinander. »Bis dass der Tod euch scheidet« – das kann dauern und endet mitunter in Mord und Totschlag.

Die Perspektive eines »dritten Frühlings« ist da viel verlockender. Denn auch die sexuellen Ansprüche und Gewohnheiten haben sich gewandelt. Dass ältere Menschen keineswegs asexuell sind, dürfte sich mittlerweile herumgesprochen haben. Ein gewichtiger Grund für die steigende Scheidungsrate Älterer dürfte daher sein, dass sich im Bett vieler Paare nicht mehr allzu viel abspielt. In meinen Seminaren höre ich diese Klagen immer wieder.

Besser also ein Ende mit Schrecken als ein Schrecken ohne Ende. Das geflügelte Wort gilt auch für eine Ehe, die am Ende ist.

Doch ist sie das wirklich?

Es gab ja einmal einen Grund, warum zwei Menschen sich dauerhaft miteinander verbunden haben, im Überschwang der Gefühle zwar, doch gleichwohl nach reiflicher Überlegung. Das mahnende »Drum prüfe, wer sich ewig bindet« sollte daher abgewandelt auch im Vorfeld einer Scheidung gelten: »Drum prüfe, wer sich trennt auf ewig.«

Was aus Manfreds und Helgas Ehe wurde, interessierte mich. Es war geradezu prototypisch für viele Menschen ihres Alters, was sich zwischen ihnen abspielte. Immer, wenn sie ihren dementen Vater im Pflegeheim besuchte, unterhielt ich mich mit Helga. Irgendwann später redete ich auch mit Manfred, um die andere Seite zu hören. Er bestätigte im Wesentlichen das, was mir Helga erzählt hatte, und schmückte es noch ein bisschen aus. Was passierte, war für mich spannend wie ein Krimi.

Die beiden machten es sich nicht leicht. Was Helga nicht erwartet hatte: Manfred begann, um sie zu kämpfen. Er erinnerte sie an das, was früher einmal zwischen ihnen gewesen war, brachte ihr Blumen mit, redete mehr als die üblichen drei Worte. Ein festes Band zwischen ihnen bildeten nach wie vor die beiden Kinder, auch wenn sie weit weg waren.

Dann machte Manfred einen raffinierten Schachzug. Sein bester Freund hatte ihn darauf gebracht. Das Hotel, in dem sie ihre Hochzeitsnacht verbracht hatten, gab es noch, und Manfred buchte genau dasselbe Zimmer wie damals. Nach einigem Zögern stimmte Helga zu, dass sie dort ein gemeinsames Wochenende verbrachten.

Die zwei Tage wirkten Wunder. Sie gingen spazieren, aßen gut, tranken Wein und redeten miteinander. Und sie hatten sogar Sex – zum ersten Mal wieder seit (gefühlt) unendlich langer Zeit. Es war die große Überraschung dieses Wochenendes. Die Krise war damit zwar noch lange nicht ausgestanden, doch die Trennung war vorläufig auf Eis gelegt. Helga hatte beschlossen, ihrer Beziehung noch eine Chance zu geben, und Manfred hatte versprochen, sich jede erdenkliche Mühe zu geben. Wie es weiterging, war offen.

**＊TIPP:** Wenn Sie sich zu einer Scheidung entschlossen haben, sprechen Sie alles noch einmal durch – in einer ganz anderen Umgebung als der gewohnten. Mieten Sie sich in einem schönen Hotel ein (zwei Einzelzimmer, warum nicht), und reden Sie. In aller Ruhe. So entspannt, wie es Ihnen beiden möglich ist. Vielleicht passiert dann ja etwas, das Sie nicht erwartet haben …

## SPÄTE ELTERN – IN VORGERÜCKTEM ALTER NOCH EIN KIND?

Sarah, die Frau, die ich auf dem Berliner Kinderspielplatz kennenlernte und die sich überraschenderweise als Großmutter entpuppte, hätte ihrem Aussehen nach genauso eine »späte Mutter« sein können. Die gibt es nämlich immer häufiger. Mehr und mehr Frauen entscheiden sich erst in vorgerücktem Alter zur Mutterschaft.

Hierfür gibt es viele, auch prominente Beispiele. Angesichts des medizinischen Fortschritts, der das gesundheitliche Risiko gegenüber früheren Zeiten deutlich vermindert, ist gegen eine späte Schwangerschaft im Prinzip nichts einzuwenden. Ich rede hier nicht von Verfahren wie künstlicher Befruchtung oder der Austragung durch Leihmütter, sondern davon, dass ein Paar sich jenseits der vierzig ganz bewusst dafür entscheidet, ein Kind zu bekommen. Und zwar auf natürliche Weise.

Nun heißt es, dass spät gezeugte Kinder intelligenter seien als andere, ebenso aber auch, dass sie ein deutlich höheres Risiko liefen, autistisch, hyperaktiv, zwergwüchsig oder schizophren zu werden. Empirische Untersuchungen mögen dies oder jenes bestätigen (oder auch das Gegenteil). Ich denke jedoch, das ist gar nicht der Punkt.

In früheren Jahrhunderten war alles klar geregelt: Man heiratete früh, bekam Kinder, von denen nur einige überlebten, und starb beizeiten. In der Regel jedenfalls. Dann steigerte sich die Lebenserwartung, mehr Kinder kamen durch. Das durchschnittliche Heiratsalter verschob sich nach hinten. Die Ausbildung wurde besser und dauerte länger, auch Frauen waren nun berufstätig: alles Faktoren, die dazu beitrugen, dass Kinder immer später geboren wurden.

Wovon wir hier hingegen reden, ist die bewusste Entscheidung, erst in wirklich späten, *biologisch* späten Jahren ein Kind zu bekommen. Diese Phase beginnt bei der Frau in der Regel mit Anfang vierzig. Nur bei ihr tickt die biologische Uhr, beim Mann hingegen keineswegs. Unter Prominenten gibt es eine ganze Reihe, die glückliche *Opa-Dads*, also »späte Väter«, geworden sind, die Schauspieler Anthony Quinn (mit einundachtzig!) und Michael Douglas zum Beispiel, Franz Beckenbauer, Charlie Chaplin und Pablo Picasso. Jedes zwanzigste Kind, so die Statistik, hat bei seiner Geburt einen Vater über fünfzig. Das ist nicht wenig, finde ich.

Gehen wir von einem Fall aus, wie er in den besten Familien vorkommt: Wir sind Anfang oder Mitte vierzig, wir lieben uns, wir wollen zusammenbleiben bis zum Ende. Und wir wollen ein Kind. Das Problem ist nur: Wenn unser Kind halbwüchsig ist, werden wir in einem Alter sein, in dem andere bereits Großeltern sind. Will ich, die ich doch die Mutter bin, als Oma meines eigenen Kindes gelten? Schon die weißen Haare, die ich dann wahrscheinlich haben werde, machen mich äußerlich dazu. Irgendwie verschiebt sich da also etwas, und zwar in eine Richtung, die von der Natur so nicht vorgesehen ist.

Andererseits: In fortgeschrittenem Alter sind die Eltern fast immer finanziell etablierter als in jungen Jahren, was eindeutig dem Kind zugute kommt. Bis ein Kind erwachsen ist, kostet es die Eltern den Gegenwert eines Einfamilienhauses, heißt es. Außerdem ist solch ein »spätgeborenes« Kind kein »Unfall« (also nicht zufällig oder aus Versehen gezeugt), sondern in der Regel ein »Wunschkind«. Das heißt, es wird gehätschelt und gepäppelt, und es hat beste Chancen, optimal gefördert zu werden. Wer würde dies einem Kind nicht wünschen?

**✳ TIPP: Es fällt schwer, hier einen Rat zu geben. Es ist immer eine sehr persönliche Entscheidung, ein Kind in die Welt zu setzen, egal, in welchem Alter man sich befindet. Diese Entscheidung wirkt sich über zwanzig Jahre auf das eigene Leben aus, mindestens. Mehr noch: Verantwortung für Ihr Kind übernehmen Sie für den Rest Ihres Lebens. Darüber sollten Sie sich im Klaren sein. Wenn Sie sich dafür entscheiden, wird das, was kommt, Ihr Leben auf lange Sicht grundlegend verändern. In einem sehr, sehr positiven Sinne.**

## LUST AUF EXPERIMENTE

Manfred und Helga bekamen ihre Beziehung tatsächlich wieder in den Griff. Zurückzuführen war dies vor allem darauf, dass Helga sich endlich traute, geheime sexuelle Wünsche, die ihr schon lange im Kopf herumspukten, tatsächlich auszusprechen, was ihr alles andere als leichtfiel. Welche Wünsche dies genau waren, spielt hier keine Rolle, es könnte jede x-beliebige Neigung sein. Dass sie damit einen Nerv bei Manfred traf, konnte sie nicht ahnen – es war jedoch ein sehr beglückendes Gefühl zu erkennen, dass sie einander viel näher waren, als sie jemals gedacht hatten.

Es war, sozusagen, ein Tor kurz vor dem Abpfiff. Ihre Ehe ging in die Verlängerung. Zu verdanken hatten sie es einzig und allein dem Sex, nicht zuletzt auch ihrem Mut und ihrer Offenheit, sich auf neues, unbekanntes Terrain zu wagen.

Denn irgendwann ist es dafür definitiv zu spät. Ich habe in meiner Zeit als Krankenschwester und Pflegedienstleiterin an vielen, vielleicht an zu vielen Sterbebetten gesessen. Jedes Mal, wenn jemand für immer ging, habe ich noch lange darüber nachgedacht und schließlich auch für mein eigenes Leben Konsequenzen daraus gezogen. Sex sollte man ausleben bis zur Neige, dieser festen Überzeugung bin ich. Zur Frau, die ihre Sexualität lustvoll in allen Facetten genießt, bin ich im Grunde erst mit vierzig geworden.

Viele, wenn nicht die meisten Menschen hadern mit der eigenen Biografie spätestens, wenn es dem Ende zugeht. Da kommen sie hoch, all die Dinge, die man immer machen wollte, aber dann doch nie in Angriff genommen hat. Dieses große Bedauern betrifft praktisch alle Lebensbereiche – und fast immer auch die Sexualität. Solange man jung ist und in der Blüte seines Lebens steht, sind derlei Gedanken ganz weit weg: Es ist ja noch unendlich viel Zeit. So scheint es jedenfalls. Denn der Alterungsprozess verläuft schleichend, die damit verbundene zwangsläufige Abnahme der Potenz beim Mann ebenso, und ab einem bestimmten Zeitpunkt (den man natürlich nicht vorher kennt) ist der Zug definitiv abgefahren, mangels Gelegenheit sowie mangels physischen Vermögens, oder weil man einfach keine Lust mehr hat.

Das Problem in einer Beziehung ist oft, dass am Anfang Pflöcke eingeschlagen werden, die dann dort für immer bleiben. Sprich: Hat sich ein Paar erst einmal an eine bestimmte Art sexueller Betätigung gewöhnt und diese auch für gut befunden, strebt das Verlangen nach Experimenten meist gegen Null.

Latent mögen zwar noch Wünsche vorhanden sein, die nach wie vor der Erfüllung harren, doch werden diese mit zunehmender Dauer der Beziehung oft verdrängt. Die Angst, den Partner zu schockieren, überwiegt. Also lässt man's lieber bleiben. So entstehen jene friedhofsmäßigen Beziehungen, denen jede Lust und Leidenschaft längst abhandengekommen sind. Nur Pflichtbewusstsein und Gewohnheit, häufig auch pragmatische und finanzielle Überlegungen halten sie noch zusammen. Am Ende steht nicht selten die Trennung.

Dabei ist das gar nicht unbedingt nötig. Gerade durch sexuelle Experimente kann man einer eingerosteten Beziehung Schub verleihen und ihr neues Leben einhauchen. Oft ist es auch so, dass man mit dem vorsichtig geäußerten Vorschlag, einmal andere Pfade zu beschreiten, beim Partner offene Türen einrennt. Ich habe im Lauf meiner Arbeit als Coach all das schon erlebt.

Manche Paare erfinden sich, wenn eine solch beglückende Situation eintritt, geradezu neu. Letztendlich haben sie dies ihrer Fähigkeit zu verdanken, über den Tellerrand zu schauen und Grenzen zu überschreiten.

**✳TIPP:** Versuchen Sie, die Angst abzulegen, Ihr Partner könnte Sie auf einmal weniger lieben, vielleicht sogar verachten, wenn Sie sich ihm offenbaren. Es gibt einen schönen Satz des Philosophen Theodor W. Adorno, ich habe ihn in der *Minima Moralia* (einem meiner Lieblingsbücher, das ich immer wieder zur Hand nehme) gefunden: »Geliebt wirst du einzig, wo schwach du dich zeigen darfst, ohne Stärke zu provozieren.« Dem ist nichts hinzuzufügen.

Doch wie bewerkstelligt man ein solches Coming-out?

Ich rede jetzt nicht unbedingt von solch unerwarteten Offenbarungen wie jener, dass ein Mann – nach einer Jahrzehnte bestehenden und scheinbar glücklichen Ehe – mit siebzig plötzlich entdeckt, dass er eigentlich schwul ist und ein neues Leben beginnen will. Auch das gibt es, nicht nur im Kino, sondern auch im »wirklichen Leben«. Wenn dies wirklich der Fall sein sollte (und wenn Sie sich ganz sicher sind), kann ich nur den Rat geben: Stehen Sie zu Ihren Gefühlen, auch wenn es Ihren Partner vielleicht schmerzt. Seien Sie ehrlich zu sich und anderen. Sie haben nur ein Leben. Seien Sie konsequent.

Doch zunächst wird es darum gehen, sich seiner geheimen Neigungen und Wünsche überhaupt bewusst zu werden. Worin diese Wunschträume bestehen, ist erst einmal völlig gleichgültig. Ob nun SM, oraler Sex, Analverkehr oder ein »flotter Dreier«: Alles ist möglich, und alles ist erlaubt. Allerdings nur, wenn beide Partner damit leben können.

Doch so weit sind wir noch nicht. Zunächst gibt es lediglich Fantasien, über die nicht geredet wird (wie bei Manfred und Helga). Es ist reines Kopfkino. In einem zweiten Schritt gilt es, diese Neigungen für sich selbst zu akzeptieren. Erst wenn Sie sich absolut sicher sind, ist die Zeit gekommen, auch Ihren Partner einzuweihen.

Doch fallen Sie nicht mit der Tür ins Haus. Also nicht: »Schatz, ich habe die Domina in mir entdeckt. Eine Peitsche hab ich auch schon gekauft.« Da gibt es elegantere Methoden.

Machen Sie kleine Vorstöße. Verwenden Sie Schlüsselworte. Wenn Sie zusammen einkaufen gehen, machen Sie doch einen Abstecher in einen Sexshop und nehmen Sie wie zufällig jene Accessoires in die Hand, die etwas mit Ihren Neigungen zu tun haben. Wenn Sie sich das nicht trauen, schlendern Sie in einer Buchhandlung wie zufällig zum Regal für »Erotik« und blättern Sie in den entsprechenden Büchern.

Machen Sie Ihren Partner neugierig. Lassen Sie zu Hause ein Buch, einen Bildband vielleicht, offen herumliegen, der Ihre Fantasien thematisiert. Er wird dann schon genauer fragen. Und Sie werden antworten. Das ist Ihre Chance. Drucksen Sie nicht herum, sondern sagen Sie, was Sache ist.

Schauen und hören Sie genau hin, wie Ihr Partner reagiert. Wenn er auch nur ein bisschen hellhörig wird, sich aufmerksam und interessiert zeigt, dann gehen Sie einen Schritt weiter. Und weiter. So lange, bis Sie am Ziel sind.

Bei Helga wendete sich alles überraschend zum Guten. Sie hatte per Zufall bei Manfred genau auf den richtigen Knopf gedrückt. Doch das ist nicht immer so. Denn auch das Gegenteil ist häufig der Fall – dass dem anderen die Wünsche, die an ihn herangetragen werden, völlig fremd sind. So fremd, dass er gar nicht auf die Andeutungen, die Sie machen, reagiert – weil er sich das alles gar nicht vorstellen kann. Weil es ein völlig unerforschtes Gelände für ihn ist, das er gar nicht erkunden *will*.

Lässt Ihr Partner also gar nicht mit sich reden, springt er auf die Köder und Appetithäppchen, die Sie ihm vorwerfen, überhaupt nicht an, und will er auch über keine goldene Brücke gehen, dann hilft nichts anderes, als ihm schonend reinen Wein über Ihre Absichten und Neigungen einzuschenken. Versuchen Sie gemeinsam, ein Arrangement zu finden, das beiden Beteiligten erlaubt, ihr Gesicht zu wahren. Sie müssen ja nicht gleich die Trennung ansteuern. Sie kann nur die allerletzte Lösung sein.

Millionen von Paaren haben solche Vereinbarungen getroffen. Früher, als Ehen noch vorzugsweise im Familieninteresse arrangiert wurden, war es sogar eher die Regel als die Ausnahme, sich dergestalt zu verständigen. Anders wären diese Ehen vermutlich nicht von Dauer gewesen. Solche Arrangements sind vielleicht nicht gerade die Ideallösung, doch erlaubt eine diskrete, oft auch stillschweigende Übereinkunft beiden Partnern, zumindest den gemeinsamen Lebenszusammenhang beizubehalten, ohne dass gleich alles in der großen Katastrophe endet.

Wofür ich plädiere, ist Offenheit und Ehrlichkeit. Lügen und Heimlichtuerei gehen stets nur eine Weile gut. Allerdings müssen die Partner solche klaren Verhältnisse auch wollen und emotional verkraften können. Es nützt nichts, wenn einer von beiden still vor sich hin leidet, während der andere sich ungehemmt auslebt. Auch dies ist meist der Anfang vom Ende. Und außerdem nicht fair.

**＊TIPP:** Reden Sie miteinander! Versuchen Sie, Ihre Wünsche und Neigungen so offen wie möglich zu äußern. Sie haben nichts zu verlieren. Aber viel zu gewinnen.

## EIN NEUER PARTNER – WIE FINDE ICH IHN?

Friedrich (der Gentleman, der Elfriede, die ehemalige Angestellte des Bürgeramts, zum Theater brachte) war das, was man eine »verkrachte Existenz« nennt. Er selbst zog es vor, als »Lebenskünstler« bezeichnet zu werden. Er hatte verschiedene Berufe erfolglos ausprobiert und dann beschlossen, dass seine wahre Bestimmung in der Schauspielerei lag. Zu diesem Zeitpunkt war er Anfang sechzig. Drei gescheiterte Ehen hatte er hinter sich, aber da er ein notorischer Optimist war, glaubte er immer noch, dass das ganze Leben vor ihm lag. So wurde er Mitglied einer kleinen Amateurtheatertruppe, wo er nach kurzer Zeit mangels ernsthafter Konkurrenz all die Rollen spielen konnte, von denen er schon lange heimlich geträumt hatte. Er lebte von einer kleinen Erbschaft, die er sich sorgfältig einteilte, denn sie sollte noch etliche Jahre reichen. Sein Lebensstandard war also alles andere als luxuriös.

Er sah immer noch blendend aus. Obwohl er nicht besonders sportlich war, hatte er sich gut gehalten. Er achtete sehr auf sein Äußeres und verfügte über eine sorgfältig und geschmackvoll zusammengestellte Garderobe, der eine gewisse altmodische Eleganz nicht abzusprechen war. Zudem drückte er sich stets ziemlich gewählt und ein wenig altertümlich aus (ein Zeichen dafür, dass er mit klassischer Literatur vertraut war), was ihm eine gewisse exotische Interessantheit verlieh. Hinzu kamen das Menjoubärtchen, das er regelmäßig nachfärbte, und die ausgesuchten altenglischen Parfums, die er in etwas zu großzügigen Mengen benutzte. Wenn man behauptete, er sei vom Äußeren her der typische Blender und Heiratsschwindler, täte man ihm Unrecht. Nein, für ihn war das ganze Leben eine Bühne, und er war der glänzende Hauptdarsteller. Er war tatsächlich einer jener kunstsinnigen, kultivierten Bohemiens, die es heutzutage kaum noch gibt. Seine Lieblingsautoren waren bezeichnenderweise Marcel Proust und Thomas Mann.

Was Friedrich fehlte, war eine Partnerin. Nicht, dass er keinen Erfolg bei Frauen gehabt hätte – obwohl seine letzte Eroberung, wenn er ehrlich war, doch schon eine ganze Weile zurücklag. Was allein damit zusammenhing, dass er keine Kompromisse machen wollte. Außerdem erwartete er, dass die Frauen die Initiative ergriffen, was eine mögliche Kontaktaufnahme zusätzlich verkomplizierte. Er suchte eine kongeniale Gefährtin, die das Besondere und Einzigartige seiner Persönlichkeit zu würdigen wusste und ihn, nun ja, anhimmelte. Im Grunde war er zur falschen Zeit geboren. Im Berlin der 1920er Jahre hätte er sich bestimmt sehr wohl gefühlt.

Er war Stammgast in allen einschlägigen Berliner Cafés, wo er ebenso geduldig wie vergeblich Ausschau nach geeigneten Kandidatinnen hielt, er spazierte, stets mit wachem Blick, durch Parks und am Landwehrkanal entlang, besuchte eifrig Museen, Lesungen und Vernissagen und wurde regelmäßig in den Bars diverser Luxushotels gesehen.

Als er nirgendwo fündig wurde, beschloss er, nicht länger dem Zufall zu vertrauen, sondern dorthin zu gehen, wo er mit Sicherheit auf Frauen seines Alters treffen würde, auch wenn sie vielleicht nicht seinen hohen Ansprüchen genügen würden. So tauchte er bei einem jener Tanznachmittage auf, wo sich ausschließlich Menschen jenseits der sechzig bei deutschen Schlagern vergnügen.

Friedrich war wohl selbst am meisten überrascht, als er ausgerechnet hier auf seine Traumfrau traf: Elfriede, die gerade erst in Frührente gegangen war. Ich habe es bereits erwähnt – die beiden erlebten ein geradezu märchenhaftes Happy End.

Gerade im fortgeschrittenen Alter gibt es viele Singles. Die wenigsten von ihnen sind aus freien Stücken allein, meist sind sie verwitwet oder geschieden und suchen wieder einen Partner. Doch je älter man wird, desto schwieriger ist es für gewöhnlich, ein passendes Pendant zu finden. Einsamkeit im Alter ist deshalb ein ganz großes Problem.

Doch auch hier gibt es Strategien, die Erfolg versprechen.

Dass man ab einem gewissen Alter nicht mehr am Türsteher einer Teenager-Disco vorbeikommt, ist klar. Aber dies ist auch wohl kaum der geeignete Ort, einen neuen Partner zu finden. Wir reden hier, um das noch einmal deutlich zu machen, von der Generation 50+.

Die ist für Ü-30- oder Ü-40-Partys noch keineswegs zu alt, das dortige Publikum ist normalerweise recht durchmischt. Auf After-Work-Partys, die seit etlichen Jahren in Mode sind, treffen sich am frühen Abend Berufstätige nach getaner Arbeit, und auch die sind in der Regel nicht mehr ganz jung. Einen Versuch ist es allemal wert. Ich selbst gehe – ich habe es bereits erwähnt – alle paar Wochen auf eine solche Party, allerdings nur zum Tanzen.

In Berlin ist die alle zwei Wochen stattfindende *Fisch sucht Fahrrad*-Party ein guter Tipp. Sie wird von einem Stadtmagazin veranstaltet und ist die größte Single-Party der Stadt, so ziemlich alle Altersgruppen sind vertreten. Ähnliche Angebote gibt es in jeder größeren Stadt. Man muss allerdings ein wenig recherchieren, um hier die besten Hotspots aus dem großen Wust herauszufiltern.

Für Ältere sind Tanzcafés wie das Hamburger *Tango Café* oder das *Café Keese* (in Berlin und ebenfalls in Hamburg) das Richtige. Sie sind genau auf diese Zielgruppe, die über Fünfundsechzig- bis Siebzigjährigen sowie die noch Älteren, spezialisiert. Mehrmals in der Woche finden, meist nachmittags, Veranstaltungen statt, die sich ausschließlich an Senioren wenden. Und es ist immer voll.

In dieser Altersgruppe herrscht gewöhnlich ein deutlicher Frauenüberschuss. Einige Cafés unter den genannten erleichtern die Kontaktaufnahme mit einem einfachen, aber wirksamen Trick: Es sind die Damen, die hier auf die Herren zugehen und sie zum Tanz auffordern – per Tischtelefon. Da trauen sich auch Schüchterne. Tanzen (und zwar richtig gut!) können dort übrigens alle. Die ältere Generation war fast ausnahmslos noch in der Tanzstunde. Das merkt man, wenn man auch nur als Bobachter dort hingeht. Männer, übrigens, spielen gern den Kavalier der alten Schule. Frauen mögen das.

Ältere Menschen, die sich dort treffen, haben ihren zu Hause gebliebenen Altersgenossen etwas Entscheidendes voraus: Sie sind aktiv geworden. Sie haben begriffen, dass es nichts bringt, allein vor dem Fernseher zu sitzen und das eigene Unglück zu beklagen, und tun das Gegenteil: Sie gehen raus, dorthin, wo sich andere Menschen ihrer Altersgruppe aufhalten und wo die Chancen, jemanden kennenzulernen, gut stehen.

Wer nicht bereit ist für neue Erfahrungen, der wird keine machen. Gehen Sie deshalb mit offenen Augen durch die Welt, schauen Sie andere Leute an, registrieren Sie, wer Sie anschaut. Seien Sie neugierig – und zeigen Sie, dass Sie es sind. Gehen Sie humorvoll und mit Leichtigkeit ans Werk.

Lassen Sie sich von niemandem erzählen, was sich gehört und was nicht. Dahinter steckt meist Neid, also der tiefe und uneingestandene Wunsch, selbst unbeschwert zu sein. Hören Sie auf, ständig Probleme zu wälzen. Die dürfen auch mal beiseitetreten und den schönen Dingen des Lebens Platz machen. Das gibt die Energie, Lösungen für diese Probleme zu finden.

Machen Sie einfach mal das, was Ihnen gefällt. Seien Sie interessiert an anderen Menschen, ohne gleich etwas Bestimmtes zu erwarten. Ein Patentrezept, wo und wie man den passenden Partner kennenlernt, gibt es nicht. Das Entscheidende ist, dass Sie Initiative beweisen und allem Neuen, das positiv zu sein verspricht, eine Chance geben.

**✳TIPP:** Trauen Sie sich, allein auszugehen! Wenn Sie in Gesellschaft sind, ist die Wahrscheinlichkeit, angesprochen zu werden, relativ gering. Also: Was haben Sie zu verlieren?

Ganz wichtig auch: Gehen Sie gezielt vor. Halten Sie sich dort auf, wo Menschen sind, die Ihre Interessen teilen – seien diese nun Sport, Kultur, Politik oder was auch immer. Nehmen Sie an einer Single-, Kultur- oder Seniorenreise teil. Oder machen Sie einen Tanzkurs. Dort treffen Sie jede Menge Leute wie Sie – Menschen Ihres Alters, die andere Menschen kennenlernen wollen. Und zwar keineswegs platonisch.

Viele Senioren belegen auch Kurse an der Uni oder Volkshochschule. Dies hält den Geist wach und eröffnet vielerlei Kontaktmöglichkeiten – mit Menschen, die fast immer intelligent, gebildet und interessant sind. Was den Jungen recht ist, gilt ohne Abstriche auch für Sie. Rund zwanzigtausend Rentner sind derzeit an den über dreihundert deutschen Universitäten und Fachhochschulen eingeschrieben. Seien Sie einer von ihnen!

Laut Statistischem Bundesamt hat sich die Zahl der über Sechzigjährigen, die studieren, seit 1997 beinahe verdoppelt. Für sie gibt es inzwischen sogar eine eigene Bildungseinrichtung, die »Seniorenuniversität« in Bad Meinberg (Kreis Lippe), die eine umfassende Weiterbildung auf wissenschaftlichem Niveau speziell für die ältere Generation anbietet (*zig-owl.de*).

Sobald ein neuer Partner gefunden ist, taucht ein Problem auf, das auch im fortgeschrittenen Alter nicht einfach zur Seite geschoben werden sollte: Kondome – ja oder nein?

In meinen Seminaren werde ich das sehr oft gefragt. Die Antwort lautet: Ja, unter bestimmten Voraussetzungen, aber nicht zum Verhüten. Diese Zeiten sind – die meisten älteren Frauen sagen: zum Glück! – vorbei. Wenn Sie ein streng monogam lebendes Paar sind und die Wechseljahre hinter sich haben, brauchen Sie keine Kondome. Sofern Sie jedoch eine gewisse Abwechslung bei Ihren Partnern genießen, dann sollten Sie, wie in jüngeren Jahren auch, auf Kondome keinesfalls verzichten. Im ungünstigsten Fall reicht es schon, einmal fremdzugehen, um sich zu infizieren.

Egal, wie alt Sie sind: Sie können sich jederzeit anstecken. Dabei ist AIDS gar nicht mal die größte Gefahr. AIDS betrifft vor allem homosexuelle Männer, die mit Partnern aus der »Szene« verkehren. Dass sie ein Risiko eingehen, ist bekannt, die Betroffenen wissen es selbst am allerbesten. Und verhalten sich (hoffentlich) entsprechend.

Doch Pilzinfektionen, Trichomonaden und Gonorrhöe (»Tripper«) stellen durchaus eine Gefahr auch in anderen, scheinbar nicht sonderlich gefährdeten Milieus dar. Einer wissenschaftlichen Untersuchung aus den 1990er Jahren zufolge waren sechs Prozent aller sechzig- bis einundneunzigjährigen Frauen bereits einmal mit einer sexuell übertragbaren Krankheit infiziert. Ich denke, diese Zahl spricht für sich.

**✳TIPP:** Wenn Sie sich auf einen neuen Partner einlassen, schützen Sie sich – auch in fortgeschrittenem Alter – so lange mit Kondomen, bis Sie sich für eine monogame Lebensweise mit diesem Partner entschieden haben. Es ist zwar höchst unwahrscheinlich, dass Sie sich mit AIDS infizieren, doch andere, durchaus unangenehme Geschlechtskrankheiten können Sie sich sehr wohl einfangen.

## DER REIZ DER JUGEND, TEIL 1: SUGARDADDY – ÄLTERER MANN, JUNGE FRAU

Jeder Mensch hat ein bestimmtes Beuteschema im Kopf, wenn es darum geht, einen Partner zu finden. Bei Johann war die Sache einfach, es gab ein einziges entscheidendes Kriterium: Er bevorzugte Frauen, die deutlich jünger waren als er. Da ihm dies ein wenig peinlich war, versuchte er, es so gut wie möglich zu verbergen. Manchmal wurde er für den Vater seiner jeweiligen Begleiterin gehalten, und einer seiner Freunde hatte, als er nicht mehr nüchtern war, sogar das böse Wort vom »Kindersex« in den Mund genommen. Von da an redeten die beiden kein Wort mehr miteinander. Immerhin war Johann schon neunundfünfzig, was ihm jedoch niemand ansah. Er war ein stattlicher, das heißt ein großgewachsener, nicht mehr ganz schlanker Mann in den besten Jahren, gutaussehend und vermögend. Sein Geld machte er als Inhaber einer Immobilienfirma.

Unsere erste Begegnung war ein Beinahe-Unfall. Ich fuhr mit dem Fahrrad die Straße entlang, als sich plötzlich die Tür einer Luxuslimousine öffnete und Johann seinen massigen Körper heraushievte. Es war knapp. Nur eine Vollbremsung bewahrte mich davor, ihn umzufahren. Ich hatte eine ziemliche Wut auf ihn. Doch Johann entschuldigte sich auf solch charmante Art, dass mein Zorn rasch verrauchte. Bei einer Tasse Cappuccino fanden wir heraus, dass wir uns eigentlich ganz sympathisch waren. Nicht im erotischen Sinn: Er war nicht mein Typ, und ich war nicht seiner. Aber wir konnten gut miteinander reden. Im Grunde hatte er dringend jemanden gesucht, dem er sein Herz ausschütten konnte. Dass ich Coach für Kommunikation und Sexualität bin, erleichterte die Sache. Nach kurzer Zeit, bei einem zweiten Treffen, erzählte er mir auch private Dinge von sich, ohne ein Blatt vor den Mund zu nehmen.

Verheiratet war Johann nicht. Es war ihm klar, dass seine sexuelle Vorliebe nicht ganz gesellschaftskonform war. Die meisten seiner Freundinnen (die er im Zweijahresabstand wechselte) waren etwa dreißig Jahre jünger als er. Dass sie nicht an seiner Seite waren, weil er besonders potent, klug oder gebildet gewesen wäre (all dies traf nur in Maßen auf ihn zu), war ihm durchaus bewusst. Nein, er war einfach finanziell überaus großzügig zu den jungen Damen, kaufte hier ein Schmuckstück und finanzierte dort eine Wohnung auf Zeit, lud sie gern zum Essen ein und steckte ihnen auch mal Bargeld zu.

Es war eine fast perfekte Mischung aus Geschäft und Zuneigung, aus dem sowohl Johann als auch seine jungen Freundinnen ihre Vorteile zogen. In der Natur trifft man überall auf solche Symbiosen. Johanns Beziehungen waren Zweckgemeinschaften. Gleichwohl: Liebe ist etwas anderes. Johann wäre es auch nie in den Sinn gekommen, diese zu erwarten. Gesellschaftliche Konventionen, und zu denen zählt eine Liebesbeziehung, interessierten Johann nur insoweit, als sie seinen Interessen dienlich waren.

Gesellschaftlich und biologisch ist es die Norm, dass Frauen ein paar Zentimeter kleiner als Männer sind. Ich habe mich nie an dieses Schema gehalten (ich bin 1,76 Meter, meine Männer waren zwischen 1,60 und zwei Metern). Doch betrachtet man Paare auf der Straße, trifft man fast immer auf dieses Verhältnis – es sei denn, die Frauen tragen Killer-High-Heels mit mindestens zwölf Zentimeter hohen Absätzen. Irgendwie hat es sich so eingespielt. Auch beim Alter ist das so: Frauen sind meist ein wenig jünger als ihre Männer.

Doch manchmal trifft man auf Paare, bei denen man ins Grübeln gerät: Ist das nun ein Vater mit seiner Tochter? Oder vielleicht doch ein »Sugardaddy«, also ein älterer Mann, der mit einer wesentlich jüngeren Frau zusammen ist? Jemand wie Johann? Das Wort »Sugardaddy« hat einen abfälligen Beigeschmack, denn meist wird unterstellt, dass der Mann für seine Begleitung zahlt. Nicht Liebe also sei im Spiel, sondern schnödes ökonomisches Kalkül. Sexuelle Gefälligkeiten würden gegen finanzielle getauscht, es handele sich um nichts weiter als ein Geschäft.

Dies mag ganz oft so sein. Ältere Männer wünschen sich fast immer ihre Jugend zurück, zumindest, was ihre damals scheinbar unerschöpfliche sexuelle Energie betrifft. Eine schöne Frau an ihrer Seite ist in bestimmten Kreisen ein Statussymbol, genau wie ein schnelles Auto und ein imposantes Haus, eine teure Uhr, ein wertvoller Weinkeller oder eine exquisite Kunstsammlung. Wenn die schöne Frau auch noch jung ist, vermittelt dies zudem den Anschein sexueller Potenz.

Nun ist in Zeiten von Viagra auch sexuelles Vermögen tendenziell käuflich zu erwerben, so wie die Ökonomisierung überhaupt fast alle Lebensbereiche erfasst hat und beinahe alles zur Ware gemacht hat.

Aber eben nur beinahe. Gegenseitige emotionale Anziehung, im besten Falle Liebe, entzieht sich dieser Verdinglichung. »Dass man Liebe nicht mit Geld kaufen kann, glaubt man erst dann, wenn man genug Geld hat«, sagte einmal der mit Sicherheit schwerreiche Schauspieler Jack Nicholson.

Ich will hier nicht die Mär vom armen reichen Mann aufwärmen. Liebe ist tatsächlich unbezahlbar und nicht käuflich, auch wenn man oft vom »Markt der Gefühle« spricht. Alexander Kluge beispielsweise hat sich in seinen Büchern, Filmen und Fernsehsendungen ausgiebig über den luziden Zusammenhang zwischen Ökonomie und Gefühl ausgelassen. Was man indes durchaus kaufen kann, ist Aufmerksamkeit und den Zugang zu einer Umgebung, in der es leichter fällt, einen Partner zu finden. Das fängt zum Beispiel mit teuren Kleidern an und hört mit dem gerade angesagten Club oder Restaurant noch lange nicht auf. Natürlich sind wir hier sofort wieder bei der Warenwelt, der Kreis schließt sich. Doch soll man sich darüber aufregen, dass es so ist, wie es ist?

Es wird zwar oft geleugnet, trifft aber trotzdem zu: Männer reagieren in Bezug auf Frauen in erster Linie auf körperliche Attraktivität. Bei Frauen wiederum spielt, aller Emanzipation zum Trotz, das ökonomische Vermögen der Männer immer noch eine entscheidende Rolle – zumindest, wenn es um mehr als einen One-Night-Stand geht. Auch wenn Frauen heutzutage viel selbstständiger sind als früher und meist ihr eigenes Geld verdienen, so scheint ein evolutionäres Gen sie doch unbewusst nach einem Versorger Ausschau halten zu lassen.

Die Attraktivität einer Frau hat für Männer stets auch etwas mit ihrer Fruchtbarkeit zu tun, das scheint tief in der männlichen Persönlichkeitsstruktur verankert zu sein. Ältere Frauen können keine Kinder mehr bekommen, jüngere schon. Hinzu kommt, dass viele Männer im fortgeschrittenen Alter oft einen Schnitt machen und noch einmal ganz neu anfangen wollen. Häufig liegt eine Ehe hinter ihnen, die Kinder sind aus dem Haus. Finanziell sind die Männer meist abgesichert, allerdings befinden sie sich mitten in der Midlife-Crisis. Sie stellen sich vor, dass sie alles noch einmal, aber deutlich besser machen wollen. Unbewusst wollen sie damit die Zeit zurückdrehen. Also halten sie Ausschau nach einer neuen, jungen Partnerin und werden vielleicht noch einmal späte Väter.

Dieses Verhalten ist nicht neu. Bis ins vorletzte Jahrhundert spielte das Alter der potenziellen Partner eine weitaus geringere Rolle als heute. Familienverbindungen und zu erwartende ökonomische Vorteile waren entscheidend für die Eheschließung, nicht Liebe. Ältere, finanziell etablierte Männer heirateten häufig junge, bisweilen *sehr* junge Frauen. Dies war zumindest in Gesellschaftsschichten, wo es immer auch um die strategische Vermögensplanung der Großfamilie ging, in jeder Hinsicht akzeptabel. Frauen zählten zur disponiblen Masse, vor allem erwartete man von ihnen, dass sie Kinder gebaren, vorzugsweise Söhne. Erst im vergangenen Jahrhundert hat sich das grundlegend gewandelt.

Ich will nicht bestreiten, dass Geld in vielen, wenn nicht den meisten Beziehungen eine wichtige Rolle spielt, ja sogar ihre Grundlage darstellt.

In manchen Dating-Portalen im Internet sind neunzig Prozent der Mitglieder junge Frauen, die ganz offen einen Sugardaddy suchen. »Sponsor« oder »Mentor« wird er meist beschönigend genannt. Oft mag finanzielle Not die Motivation der Frauen sein, und wenn man es genau nimmt, ist die Grenze zur Prostitution fließend. Nicht zuletzt das Machtgefälle ist in solchen Beziehungen zumindest unterschwellig vorhanden, man begegnet sich keineswegs auf Augenhöhe. Gleichwohl sind sich beide Beteiligte über ihren Wert im Klaren: Die einen besitzen das Geld, die anderen verfügen über Jugend und Schönheit.

Wenn es beiden Spaß macht und beide damit leben können – warum nicht? Mitunter ist tatsächlich gegenseitige Zuneigung im Spiel, wenn ein älterer Mann und eine junge Frau sich finden. Wobei ich unter »Zuneigung« deutlich mehr als nur Sympathie verstehe, doch will ich das große Wort »Liebe« nicht ständig in den Mund nehmen. Man sollte solche Beziehungen auch nicht verächtlich machen durch die Unterstellung, dass eine junge Frau hier einen Vaterersatz sucht. Und selbst wenn es so wäre: na und? Vielleicht verschafft gerade der Altersunterschied beiden einen sexuellen Kick. Ist etwas dagegen zu sagen?

Im Gegenteil: Ich plädiere dafür, auch jenen Beziehungen eine Chance zu geben, die nicht unbedingt mit den gesellschaftlichen Normen übereinstimmen. »Er könnte glatt ihr Vater sein!«, wird oft hinter vorgehaltener Hand getuschelt. Dass ältere Männer tolle Liebhaber sein können, voller Empathie, Geduld und Raffinesse, wissen solche Ignoranten nicht.

**\*TIPP: Wenn Sie sich als junge Frau in einen älteren Mann verlieben, ist das völlig in Ordnung. Geben Sie nichts auf die Einflüsterungen Ihrer Umgebung. Wenn dies Ihre Freundinnen sind (und es sind fast immer Freundinnen!), dann sind es die falschen. Oft steckt auch nur Neid dahinter. Ein älterer Mann kann um so vieles attraktiver und auch sexuell befriedigender sein als ein Gleichaltriger – schon aufgrund seiner Reife und Erfahrung. Probieren Sie es aus!**

Und wenn Sie sich als älterer Mann in eine deutlich jüngere Frau verlieben, so ist das nichts Verwerfliches. Sie sollten sich allerdings gegen mögliche Attacken Ihres gesellschaftlichen Umfelds wappnen.

Halten Sie diese Attacken aus! Stehen Sie zu Ihren Gefühlen!

## DER REIZ DER JUGEND, TEIL 2: DER JUNGE LOVER – ÄLTERE FRAU, JUNGER MANN

*N*un könnte man meinen, dies alles gelte auch für die umgekehrte Konstellation, wenn also eine »reife« Frau und ein junger Mann ein Paar bilden. Doch das ist keineswegs der Fall.

Solange der Altersunterschied nicht allzu groß ist oder zumindest nicht groß erscheint (und wir reden hier von einer sehr kleinen Bandbreite von maximal fünf Jahren), wird keiner etwas sagen. Doch das ändert sich, wenn offensichtlich ist, dass die Frau zehn, fünfzehn oder noch mehr Jahre älter ist als ihr Partner. Solch ein Paar wird schnell zum Exotenpärchen. Gesellschaftlich ist diese Konstellation viel weniger akzeptiert als die Sugardaddy-Variante.

Doris war das weibliche Pendant zu Johann. Sie war zweiundfünfzig und geschieden, also noch lang nicht reif fürs Altenteil. Vielmehr entdeckte sie ihren Lebenshunger, als sie nach der Trennung von ihrem Mann den betörenden, lang entbehrten Duft der Freiheit schnupperte. Sexuell hatte sie einen nahezu unstillbaren Appetit, den Männer ihres Alters, wie sie bald feststellte, nicht ansatzweise befriedigen konnten.

Also verlegte sie sich auf jüngere Männer. *Deutlich* jüngere Männer. Nur waren die nicht so einfach zu finden. Sie bewegten sich in anderen Kreisen und Sphären, solchen, die Doris nicht kannte. In eine Disco zu gehen, fand sie albern. Nach einigem Nachdenken entschloss sie sich, Mitglied eines Fitnessclubs zu werden. Es war derjenige, in dem auch ich trainiere. Der Vorteil war, dass sie schon vor Ort erkennen konnte, ob ein Kandidat von seiner körperlichen Statur her ihren Anforderungen genügen würde.

Nach dem Training, das sie mit wachsender Begeisterung jeden zweiten Tag absolvierte, war die Saftbar der ideale Ort, neue Kontakte zu knüpfen. Dort lernte ich Doris kennen. Ich war verblüfft, mit welcher Zielstrebigkeit sie vorging. Sobald ein gutaussehender junger Mann auf einem Hocker in der Nähe Platz nahm und einen O-Saft bestellte, erregte sie ebenso beiläufig wie diskret, doch zugleich unmissverständlich die Aufmerksamkeit des neuen Kandidaten, wobei sie recht eigenwillige Methoden benutzte. Einmal schüttete sie ihrem potenziellen Opfer scheinbar unabsichtlich ein Glas Multivitaminsaft über den Oberschenkel, entschuldigte sich vielmals und wischte die Muskeln sorgfältig und gründlich mit einem Handtuch trocken, wobei sie sich vor allem im oberen Bereich des Oberschenkels bewegte. Damit war der Kontakt hergestellt. In einer Umkleidekabine wurde er dann intensiver gestaltet. Ich konnte ihre Dreistigkeit nicht fassen. Dabei ging Doris so geschickt vor, dass Außenstehende von ihren Aktivitäten nichts mitbekamen. Ein Hausverbot war das Letzte, was sie hätte gebrauchen können.

Doris erzählte mir jede Menge Storys, als wir irgendwann beim Wein zusammensaßen, und amüsierte sich selbst am meisten darüber. Zu der Zeit war sie allerdings bereits fest mit Kevin zusammen, einem schüchternen, aber durchtrainierten Mittzwanziger, der, was kaum zu glauben war, wenig Erfahrung in Sachen Sex besaß und sich begierig von Doris alles beibringen ließ, was sie wusste. Und das war eine ganze Menge.

Ihr Alter interessierte ihn nicht. Er fand sie attraktiv, die beiden waren gern zusammen. Ist das nicht das Einzige, was wirklich zählt? Im Grunde waren Doris und Kevin das ideale Paar. Ob die beiden eine Zukunft hatten? Ich weiß es nicht, nach ein paar Monaten brach mein Kontakt zu ihr ab, weil sie nicht mehr ins Fitnessstudio kam. Aber spielt es wirklich eine Rolle, ob eine solche Beziehung von Dauer ist? Zählt nicht allein das Hier und Jetzt, vor allem, wenn man ein gewisses Alter erreicht hat?

Es sind Geschichten wie die von Doris und Kevin, die mich immer wieder optimistisch stimmen. Optimistisch deshalb, weil ich an diesen Episoden merke, dass sich tatsächlich etwas verändert, was das Sexleben der älteren Generation betrifft. Er wird gesellschaftlich akzeptierter und »normaler«. Immer weniger Menschen wundern sich, wenn Opa und Oma ihre sexuellen Bedürfnisse tatsächlich ausleben.

Doch nicht unbedingt miteinander.

So wie viele Männer ab einem bestimmten Alter sich selbst und ihrer Umwelt unbedingt beweisen wollen, was für tolle Hechte sie noch sind, und sich eine wesentlich jüngere Partnerin zulegen, so haben immer weniger ältere Frauen Hemmungen, mit einem attraktiven jungen Lover anzubandeln. Ich finde das prima. Man kann ihnen im Grunde nur zurufen: »Hey, es geht um Sex, Ladys! Und darin seid ihr Spitzenklasse, vergesst das nicht!«

Die meisten Menschen gehen leider viel zu sehr nach dem Äußeren. Das verstehe ich – und auch wieder nicht. Denn wenn man sich erst ein bisschen besser kennt, werden kleine Mankos und Handicaps ganz schnell zur Nebensache. »Den wahrhaft Liebenden ist Schönheit des Geliebten nicht entscheidend«, schreibt der Philosoph Walter Benjamin in seiner großen Abhandlung über Goethes *Wahlverwandtschaften*. Ich möchte behaupten, dass sogar das Alter letztendlich zu vernachlässigen ist. Zu viele Paare habe ich in meinem Leben getroffen, die nach landläufigem Verständnis gar nicht zusammenpassten, und die dennoch glücklich waren. Auch solche, bei denen die Frau die Ältere war. Denn in solchen Beziehungen hat meist *sie* die Hosen an. Intellektuell – und im Bett.

Irgendwann sieht man jeder Frau ihr Alter an, da helfen keine Anti-Falten-Cremes und keine »Schönheits-OPs«, wie solche durchaus fragwürdigen chirurgischen Eingriffe euphemistisch heißen. Wenn dann ihr Lover jung und knackig ist, geht das große Tuscheln los. »Was hält die beiden wohl zusammen?«, wird gefragt.

Die Antwort ist einfach: Es könnte sein, dass es der Sex ist.

Männer sind bis Mitte zwanzig sexuell am leistungsfähigsten. Bis dahin können sie oft Orgasmen ohne Ende haben. Dann jedoch beginnt der Testosteronspiegel – Testosteron ist *das* Männlichkeitshormon schlechthin – zu fallen, es geht unwiderruflich bergab. Das ist von der Natur so vorgesehen. Frauen hingegen erreichen ihre stärkste sexuelle Erlebnisfähigkeit im allgemeinen deutlich später. Mit Mitte vierzig etwa sind sie ungemein erfahren und leidenschaftlich, mitunter auch viel freier und hemmungsloser, da sie ihren eigenen Körper jetzt viel besser kennen. Eine solche Frau ist die perfekte Liebhaberin. Dies bleibt auch so – bis ins hohe Alter, wenn sie will.

Lässt ein junger Mann sich auf eine solche Frau ein, wird er viel Positives aus der Begegnung ziehen können. Für viele Generationen junger Männer war es sogar völlig normal und auch gesellschaftlich erwünscht, dass sie ihre ersten sexuellen Erfahrungen mit älteren Frauen machten, die als Ehefrauen gleichwohl nicht in Frage kamen. Meist geschah es im Bordell. Diese traditionelle Form der Initiation hat sich zwar heutzutage überlebt, doch ändert das nichts an der Tatsache, dass reifere Frauen – also Frauen der Generation 50+ – ideale Sex-Lehrerinnen für unerfahrene Jungmänner sind. Schon etliche Männer haben mir gestanden, dass sie auf diese Weise ihre Unschuld verloren haben.

Auch die Frauen haben einen Vorteil von solchen Begegnungen. Junge Männer lassen sich gut formen, sie sind ausdauernd und wissbegierig. Was ebenfalls wichtig ist: Sie sind mit einem modernen Frauenbild aufgewachsen. Das heißt, sie akzeptieren ihre Partnerin als gleichwertig und gleichberechtigt. Ältere Männer mögen damit immer noch ihre Schwierigkeiten haben. Hinzu kommt, dass ältere Frauen oft viel gelassener und toleranter sind als jüngere. Sie besitzen eine reiche Lebenserfahrung und wissen mit einem jungen Partner umzugehen. Sie müssen sich und anderen nichts mehr beweisen und sind in der Lage, sich einzulassen – so der Idealfall. Zumindest kommen sie ihm häufig näher als jüngere Frauen.

Für eine ältere Frau kann die Bewunderung eines jungen Lovers zweifellos ein Jungbrunnen sein. Sie fühlt sich wieder attraktiv und sexy. Sie wird umworben, erfährt Aufmerksamkeit, wird begehrt. Das hält sie – oder macht sie wieder – lebendig.

Doch dann kommt die Angst.

Kann dieser Zustand denn von Dauer sein? Was ist, wenn er eine Jüngere kennenlernt? Eine, die attraktiver ist als ich? Mit weniger Falten und weniger Fettpölsterchen? Die ihren Körper noch stolz im Bikini zeigen kann?

Zur Angst gesellt sich Eifersucht.

Er schaut anderen Frauen nach (keine Sorge, das machen Männer immer!). Er hat öfter keine Zeit (vielleicht hat er beruflich zu tun?). Er ist nicht mehr so leidenschaftlich im Bett wie am Anfang (nun, das ist völlig normal).

Beziehungen in dieser Konstellation – ältere Frau, junger Mann – drohen aber auch aus ganz anderen Gründen zu scheitern. Ältere Frauen haben Ansprüche und dezidierte Interessen. Sie wollen reden und sich auf einem bestimmten Niveau unterhalten, von gleich zu gleich. Mit jemandem, der zwanzig oder dreißig Jahre jünger ist, geht das nicht. Er wird ihre Interessen kaum teilen. Und nur Sex zu haben – das reicht auf Dauer nicht. Passt sich eine ältere Frau ihrem jungen Lover allerdings zu sehr an, wirkt es leicht verzweifelt, hysterisch und peinlich. Das Ende ist dann nur noch eine Frage der Zeit. Es ist schwer, hier einen Rat zu geben.

Die meisten dieser Beziehungen halten aus den oben genannten Gründen nur recht kurze Zeit (leider, muss ich sagen), auch wenn Ausnahmen immer wieder die Hoffnung nähren, es möge anders sein. Promi-Beziehungen dieser Art machen Schlagzeilen – vor allem, wenn sie auseinandergehen.

So wie »Sugardaddys« gibt es auch »Sugarmoms«, wenn auch nicht so häufig: ältere Frauen, die einen jungen Lover aushalten. Auch hiergegen ist nichts einzuwenden, sofern es beide glücklich macht und beide mit diesem Arrangement gut leben können.

**TIPP:** Wenn Sie als junger Mann eine ältere Frau kennenlernen, die Sie attraktiv finden, dann werden Sie um Himmels willen nicht zum Bedenkenträger. Lassen Sie sich durch Ihre Freunde nicht ins Bockshorn jagen. Vielleicht ist diese Frau – erfahren und leidenschaftlich, wie sie ist – das Beste, was Ihnen in Ihrem Alter passieren kann.

Und wenn Ihnen, einer älteren Frau, ein junger, gutaussehender Mann Aufmerksamkeit schenkt, dann heißt das: Sie sind attraktiv. Sie sind sexy. Sie sind begehrenswert.

Nehmen Sie diese Erkenntnis an. Denken Sie nicht zu viel darüber nach. Ergreifen Sie die Gelegenheit beim Schopf – sofern Sie Lust auf diesen Jüngling haben. Belasten Sie sich nicht mit Gedanken wie: Der könnte ja mein Sohn sein. Und wenn schon? Womöglich wartet eine tolle Erfahrung auf Sie.

Eines aber ist ausgesprochen tröstlich, und das gilt für Männer wie für Frauen, ob jung oder alt: »Alter schützt vor Liebe nicht, aber Liebe vor dem Altern.« Es ist die legendäre Modeschöpferin Coco Chanel, der wir diese Erkenntnis verdanken.

## DIE RENAISSANCE DER ROMANTIK

Wenn es darum geht, eine erotische Beziehung aufzubauen, kreist im Grunde alles um einen einzigen todsicheren Tipp. Das Schlüsselwort heißt »Romantik«.

Manfred, der sich von Helga schon verlassen wähnte, machte instinktiv alles richtig, als er ganz tief in die Trickkiste griff, um seine Frau zurückzugewinnen. Er zeigte ihr, dass er sie – wieder oder immer noch – begehrte und dass sie ihm wichtiger war als alles andere auf der Welt.

Glück hatte er auch insofern, als Helgas Gefühle für ihn noch nicht gänzlich erkaltet waren. Dies ist natürlich die Grundvoraussetzung dafür,

dass emotional noch etwas passiert. Die Blumen, die kleinen Aufmerksamkeiten, das gemeinsame Wochenende in dem Hotel, in dem sie drei Jahrzehnte zuvor ihre Hochzeitsnacht verbracht hatten – all dies wirkte Wunder. Doch erst im Zusammenklang. Ein Blumenstrauß als einmalige Geste ist entschieden zu wenig, um jemanden für sich zu gewinnen. Da muss man sich schon deutlich mehr einfallen lassen.

Das gilt nicht nur in Bezug auf einen neuen Partner, es funktioniert auch bei jemandem, mit dem man seit Jahrzehnten zusammen ist – siehe Manfred und Helga. Wollen Sie also die Liebe und das sexuelle Begehren in Ihrer Beziehung neu beleben? Es geht!

Für Romantik ist so gut wie jeder empfänglich. Dabei kommt es gar nicht so sehr darauf an, *was* man tut, sondern dass man von der Routine abweicht. Machen Sie doch einfach mal etwas ganz anderes, etwas Verrücktes! Überraschen Sie sich gegenseitig!

Buchen Sie zum Beispiel ein Hotelzimmer – auch wenn sich das Hotel unweit der gemeinsamen Wohnung befindet. Es wirkt Wunder, aus der vertrauten Umgebung herauszukommen! Machen Sie Dinge, die Sie vielleicht an Ihrem ersten Date getan haben und dann nie wieder. Seien Sie für den anderen da, hören Sie zu. Tun Sie Ihrem Partner doch einfach mal einen Gefallen und probieren Sie im Bett etwas aus, das er sich vielleicht insgeheim wünscht (Handschellen? Dildos? Spezielle Reizwäsche aus einem nicht alltäglichen Material?). Vermitteln Sie das Gefühl, dass Ihnen Ihr Partner wirklich etwas bedeutet.

Romantik entsteht nur in entsprechender Atmosphäre. Also blenden Sie Stress und Ärger aus, für ein paar Stunden wenigstens. Schaffen Sie eine eigene Welt, in der alles möglich ist, und lassen Sie Ihrer Fantasie freien Lauf. Nichts sollte in dieser Welt verboten sein.

Genießen Sie!

Es muss nicht immer die ganz große Verführungsnummer sein, obwohl die natürlich grandios überwältigt. Es sind die vielen Kleinigkeiten, die unglaublich wichtig sind und letztlich zum Erfolg führen. Gehen Sie ins Kino und kaufen Sie Karten für eine Kuschelbank, die es in vielen Kinocentern mittlerweile gibt. Spendieren Sie sich eine Flasche Champagner. Kochen Sie gemeinsam etwas, was Sie nicht jeden Tag essen, oder gehen Sie in ein ganz besonderes Restaurant – ein Dunkelrestaurant zum Beispiel. Dort ist es, der Name sagt es ja bereits, tatsächlich stockdunkel. Sie können nur fühlen, hören und schmecken – das schärft Ihre Sinne.

Machen Sie sich also Gedanken, denn der Erfolg kommt nicht von allein. Vor allem aber, und das ist vielleicht das Wichtigste: Zeigen Sie Stil und Fantasie! Damit können Sie mehr punkten als mit Geld.

**\*TIPP:** Entdecken Sie die Stadt, in der Sie leben, neu. Das muss nicht teuer sein. Spazierengehen in schöner Umgebung reicht manchmal schon. Gehen Sie tanzen, in eine Ausstellung oder ins Museum. Machen Sie eine Radtour oder Wanderung, gehen Sie in den Zoo, besteigen Sie gemeinsam einen Aussichtsturm, fahren Sie Boot auf einem See – irgendetwas, das Ihnen beiden Spaß macht.

Entscheidend dabei ist, dass Sie sich nicht passiv unterhalten oder gar berieseln lassen, sondern dass Sie *aktiv etwas tun*. Etwas, das Sie geistig, körperlich und emotional anregt. Am Ende landen Sie vielleicht auf einer einsamen Sommerwiese und lieben sich …

# *Liebesleben

# JUNGBRUNNEN SEXUALITÄT

$\mathcal{D}$ie Berliner Gemäldegalerie ist ein Museum, das ich immer wieder gern besuche. Eines meiner Lieblingsbilder ist ein berühmtes Gemälde von Lucas Cranach dem Älteren aus dem Jahr 1546. Es zeigt ein Schwimmbecken, dem sich von links alte Frauen mit gebeugtem, schleppendem Gang nähern. Manche, die sich nicht mehr aufrecht halten können, werden von anderen getragen oder in Wagen oder Schubkarren herangebracht. Die Landschaft ist karg und öde.

Die alten Frauen steigen in das Bad, durchqueren es – und das Wunder geschieht: Wenn sie auf der rechten Seite, in einer frischen, grünen Umgebung, das Wasser wieder verlassen, sind sie um Jahrzehnte verjüngt. Attraktive Jünglinge empfangen sie und geleiten sie in ein Zelt, wo die nunmehr jungen Frauen sich in kostbare Gewänder kleiden. Danach setzen sich alle an eine große Tafel, wo sie gemeinsam essen und trinken. Musiker spielen, einige Paare tanzen fröhlich, es ist, als hätten sämtliche Frauen eine Zeitreise in eine glücklichere Vergangenheit unternommen.

Das Gemälde heißt *Der Jungbrunnen* und thematisiert eine uralte Fantasie: den Traum von der ewigen Jugend. Niemand altert gerne, doch bekanntermaßen lässt sich das biologische Altern nicht verhindern. Der Wunsch, dass es vielleicht doch möglich sei, beschäftigt die Menschheit seit Tausenden von Jahren.

Doch Runzeln, Falten und Speckrollen, Hängebusen und Hängepo sind unleugbare Realität, der Körper verändert sich über die Jahrzehnte hinweg. Und zwar keineswegs zum Attraktiveren hin – wenn man die landläufigen Schönheitskriterien zugrunde legt. Und die beherrschen nun einmal den gesellschaftlichen Diskurs. Eine Frau fühlt sich in dem Moment alt, wenn sie das Gefühl hat, dass kein Mann sie mehr begehrt.

Oft reagiert sie darauf mit Verbitterung, Depression und Rückzug. Besonders, wenn sie allein im Leben steht und keinen Partner hat. Freundinnen sind hier nicht unbedingt die besten Ratgeberinnen. Oft geht es ihnen genauso, dann jammert man gemeinsam, oder die gute, uneigennützige Freundin zieht ihren Honig daraus, dass es ihr selbst besser geht.

Männer hingegen, die im fortgeschrittenen Alter nicht selten eine neue Art von Attraktivität erlangen (die Rede ist von den berühmten »grauen Schläfen« à la George Clooney), merken die Bürde des Alters spätestens dann, wenn ihre sexuelle Potenz nachlässt. Dies ist ein natürlicher Prozess, der nicht zu verhindern ist, aber Männer reagieren darauf oft mit Reizbarkeit und Aggression. Sie fressen den Frust in sich hinein oder suchen andere Ventile, um sich als Mann zu beweisen. Ohne groß nachzudenken, stürzen sie sich in Risiken, entdecken ihre Liebe zu gefährlichen Sportarten, fühlen sich plötzlich zu jüngeren Frauen hingezogen. Die Angst vor dem Alter beherrscht Männer wie Frauen also gleichermaßen.

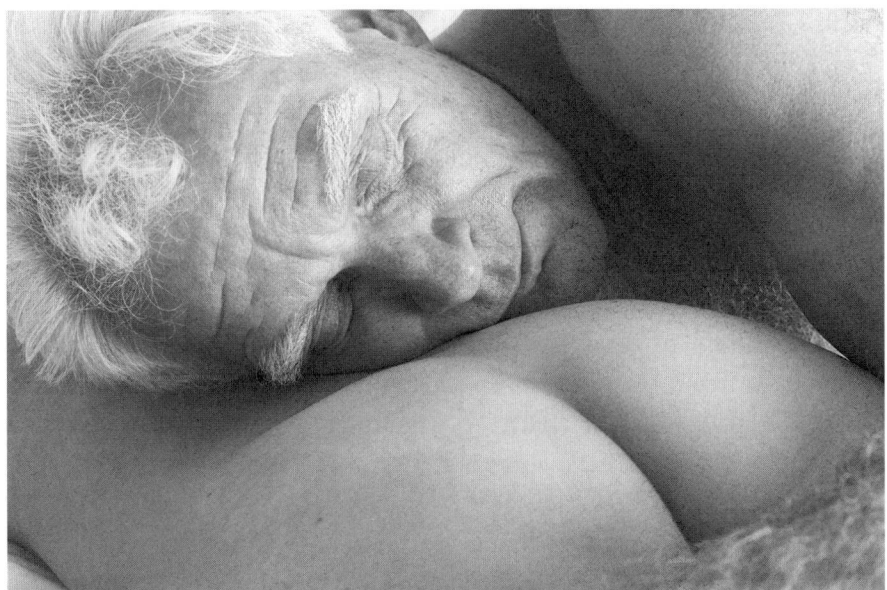

Gleichzeitig sind diese Ängste machtvolle Motivatoren, denn wir sind bereit, alles dafür zu tun, dass Attraktivität und Potenz erhalten bleiben. Daraus entstehen nicht selten kreative Schübe von ganz erstaunlicher Durchschlagskraft und Dynamik. Viele Menschen erreichen erst in reiferem Alter den Gipfel ihrer Möglichkeiten. Schließlich können sie auf Erfahrungen und Fähigkeiten zurückgreifen, über die Jüngere nicht verfügen.

Dies gilt auch für die Sexualität. Ein vielleicht extremes Beispiel ist Clara, inzwischen Anfang sechzig. Sie nahm an einem meiner Workshops teil und enthüllte mir nach und nach ihr außergewöhnlich bewegtes Liebesleben.

Nach siebenundzwanzig Jahren langweiliger, schaler Ehe, die sie emotional ausgetrocknet hatten, sowie einem ungemein tristen Beamtendasein auf dem Finanzamt, wo sie Steuererklärungen wie am Fließband prüfte, stellte Clara fest: Ihr fehlte etwas.

Sinnlichkeit. Gefühl. Erotik. Sex.

Eher zufällig landete sie nach ihrer Scheidung auf einer Sex-Toy-Party, die eine gute Bekannte organisiert hatte, und merkte, dass das Thema »Sex« sie brennend interessierte. Vielleicht war die Zeit auch einfach reif dafür. Wie alles in ihrem Leben ging Clara auch das Projekt »Unternehmen Sex« überaus gründlich an. Sie las Bücher zum Thema, traute sich in Sexshops und lieh sich einschlägige Videos aus. Es war ein richtiges Coming-out. Sie merkte, dass sie innerlich freier wurde, und ging bald auf den einen oder anderen Flirt in Cafés ein, was sie vorher nie getan hatte.

Wenn man als Frau Männer in sein Leben bekommen möchte, gibt es im Grunde genommen nur *ein* Rezept, das garantiert funktioniert: Man muss offen sein. Irgendwann spürt man, dass ein Mann einem Blicke zuwirft, und wenn dieser Mann interessant ist, wird man diesen Blick vielleicht erwidern. Danach läuft im Grunde alles von allein. So war es auch bei Clara.

Sie legte sich recht bald nicht nur *einen* Liebhaber zu, sondern *vier*. Zugegeben: Sie übertrieb es manchmal ein wenig. Aber da sie sich gut dabei fühlte, war es völlig in Ordnung (ich bestätigte ihr das ausdrücklich, als sie mich in meiner Funktion als Coach um Absolution für ihr Verhalten bat). Alle vier Männer waren deutlich jünger als sie und im Vollbesitz ihrer Manneskraft – dies war für Clara äußerst wichtig. Sie wollte ihre Zeit schließlich nicht mit halbgaren Kompromissen vergeuden. Mit ihren Eroberungen hatte sie abwechselnd heftigen Sex. Wenn der eine nicht konnte, dann eben der andere.

Die Liebhaber wussten nichts voneinander. Trotzdem machte Clara keinem von ihnen etwas vor. Nie behauptete sie, monogam zu leben, oder dass es sich bei der Beziehung um Liebe handle. Nein, sie machte stets klar: Es ging ihr ausschließlich um Sex.

Guten Sex.

Mehr wollten auch ihre vier Männer nicht. Alle lebten sie in festen Beziehungen. Darauf achtete Clara, es war eine Voraussetzung dafür, dass sie einen Kandidaten überhaupt in ihren Kreis aufnahm. Alle Bettgenossen waren ihr dankbar und verhielten sich äußerst diskret. Keiner von ihnen war eifersüchtig, Clara ohnehin nicht. Die einzige Herausforderung für Clara bestand darin, ihr Sexleben organisatorisch auf die Reihe zu bekommen. Aber das schaffte sie spielend. Sie rief einfach einen der vier an, wenn ihr danach war – und das war oft der Fall. Wenn es passte, trafen sie sich für ein Stündchen oder zwei, mitunter auch für eine ganze Nacht. Wenn nicht, wählte sie die nächste Nummer. Sie hatte schließlich enormen Nachholbedarf und riesigen Appetit.

Im Verlauf eines halben Jahres tauschte sie zwei ihrer vier Liebhaber aus. Der eine zog mit seiner Familie ins Ausland, der andere erkrankte an Prostatakrebs. An neue Männer heranzukommen war für Clara, obwohl sie schon fast sechzig war, nicht schwierig. Sie war zwar nicht die Hübscheste, doch besaß sie eine außergewöhnliche erotische Ausstrahlung, welche den Männern umstandslos signalisierte: »Ich will Sex.« Und darauf springen Männer an.

Wirklich: *Fast alle Männer springen darauf an!*

Sie können nichts dafür. Denn unser wichtigstes Sexualorgan ist weder die Vulva noch der Penis – entscheidend für unser Lustempfinden ist das Gehirn. Wenn wir Erregung zwischen den Schenkeln spüren, hat das Gehirn längst vorgearbeitet. Es hat bereits Sinnesreize wahrgenommen, entsprechende Signale weitergeleitet und Hormone freigesetzt. Ja, unser Körper ist tatsächlich eine Chemiefabrik im Miniformat.

Sex beginnt also im Kopf, das Gehirn reagiert auf Reize. Wenn eine attraktive Frau über die Straße läuft, löst das bei Männern etwas aus. Uns kann erregen, was wir sehen, hören, riechen, schmecken oder auf der Haut spüren. Dabei werden keineswegs alle Menschen durch die gleichen Dinge erregt – das wäre auch langweilig.

Einer steht auf Dicke, ein anderer auf Dünne. Der eine findet große Busen toll, der andere lange Beine, wieder ein anderer mag einen ausgeprägten Hintern, und die meisten hätten gerne alles gleichzeitig. Viele Frauen finden einen Waschbrettbauch sexy, aber – keine Sorge, meine Herren! – eben nicht alle. Auch gemütliche Teddybären kommen bei Frauen oft gut an. Den Einheitstyp, auf den alle fliegen, gibt es nicht.

Die Schönheit liegt im Auge des Betrachters. Das gilt für Männer wie für Frauen. Diesen Mechanismus hat bisher noch niemand einleuchtend erklären können. Was aber tut sich im Gehirn, wenn solche Reize auf uns wirken? Es sendet Botenstoffe aus, die dem Körper mitteilen, dass ein Reiz wahrgenommen wurde: eine Frau im dünnen T-Shirt und ohne BH vielleicht, sodass sich die Brustwarzen abzeichnen, ein attraktiver Mann in engen Jeans, die sein Gemächt ahnen lassen, womöglich auch ein Duft, der herüberweht. Nicht umsonst gelten bestimmte Parfümkomponenten, Moschus zum Beispiel, als explizite Lockstoffe. Manchmal reicht auch ein Gedanke: die Vorstellung etwa, Sex zu haben.

Es ist normal, dass der Körper umgehend reagiert: Der Penis versteift sich, die Scheide wird feucht. Wenn wir auf bestimmte Reize konditioniert sind, unser Gehirn sie also »gelernt« hat, muss der Körper reagieren. Das passiert ganz automatisch, wir können nichts dagegen tun.

Im Alter wird dies nicht mehr so unmittelbar und heftig der Fall sein.

Zwar bestehen die Vernetzungen von Zellen im Gehirn, die bestimmte Reize gespeichert haben, nach wie vor fort, doch die Hormonmischung hat sich verändert. Es braucht stärkere, vielleicht auch andere Reize, um eine Reaktion hervorzurufen. Wenn der Testosteronspiegel fällt, ist auf den »Autopiloten« des Körpers, der ihn reagieren lässt, weniger Verlass. Doch das ist keine Katastrophe. Die gute Nachricht ist: Das Gehirn lernt immer weiter, auch im hohen Alter noch. Man muss es nur fordern, es elastisch und beweglich halten. Zum Beispiel durch Sex.

Sex ist also in der Tat ein Jungbrunnen.

Unsere Erregung ist somit die Reaktion auf Sinnesreize, die von außen kommen. Mitunter reagieren wir auch auf unser Unterbewusstsein, auf Träume. Der Rest läuft quasi automatisch ab, nach einem biochemischen Programm, das seit Urzeiten in unserem Körper gespeichert ist. Wie alt wir sind, spielt dabei keine Rolle. Die Lust auf Sex vergeht beim Menschen nie – zum Glück!

Finden Sie heraus, was Sie sexuell anregt, vielleicht sogar erregt. Dies kann und soll durchaus spielerisch geschehen. Spazieren Sie, wenn das Wetter schön ist, Sie ein paar Stunden Zeit haben und sich gut fühlen, mit wachen Sinnen durch die Stadt, ganz ohne Ziel. Schauen Sie unauffällig andere Leute an, Männer wie Frauen. Welchen Typ finden Sie ganz generell interessant und attraktiv?

Gehen Sie in eine Parfümerie und probieren Sie verschiedene Düfte aus. Besuchen Sie eine Buchhandlung und stöbern Sie. Blättern Sie in Bildbänden, in denen nackte Menschen zu sehen sind. Es gibt etwas für wirklich jede Neigung. Erkunden Sie, auf welche Reize Sie anspringen.

Betreten Sie einen Sexshop und schauen Sie ein wenig herum. Nehmen Sie verschiedene Accessoires in die Hand. Sparen Sie auch den SM-Bereich nicht aus (er ist meistens abgetrennt). Stellen Sie sich vor, was man mit den Dingen, die dort ausliegen, anstellen kann. Löst das etwas bei Ihnen aus? Es soll nichts Bestimmtes bei Ihrer Suche herauskommen. Seien Sie einfach offen und lassen Sie sich inspirieren. Vielleicht wissen Sie hinterher ein bisschen mehr über sich selbst.

# SEX KENNT KEIN ALTER

Früher, in jungen Jahren, war für Jochen der Gedanke, dass er einmal alt werden könnte, unvorstellbar gewesen. Er achtete sehr auf seinen Körper, ernährte sich vegan (zum Glück hatte er eine Partnerin gefunden, die das mitmachte), trank nur maßvoll Alkohol und gönnte sich reichlich Schlaf. Hinzu kam das Lauftraining, das er inklusive ausgiebiger Gymnastik dreimal wöchentlich mit eiserner Disziplin bei jedem Wetter absolvierte. Mehr konnte er nicht tun, das wusste er. Für seine fünfzig oder, um genau zu sein, zweiundfünfzig Jahre stand er verdammt gut da.

Sorgfältig kontrollierte er jeden Morgen im Spiegel, ob sich Veränderungen zeigten. Doch es war alles im grünen Bereich: Seine Haut war immer noch rosig und straff, was wohl auch darauf zurückzuführen war, dass er nie geraucht hatte. Entdeckte er ein graues Haar, riss er es aus. Waren es zu viele graue Haare, ließ er die Stelle beim nächsten Friseurbesuch großflächig färben. Im Grunde, so fand er, konnte er noch gut für dreißig durchgehen. Also gut, zweiunddreißig. Aber keinen Tag älter. Er selbst war der festen Überzeugung, dass er exakt zwanzig Jahre jünger aussah, als er in Wirklichkeit war.

Ich kannte Jochen seit Kindertagen, gemeinsam waren wir bereits in die erste Grundschulklasse gegangen. Unser Verhältnis war zwar nicht sehr eng gewesen, aber wir hatten uns auch nie ganz aus den Augen verloren. Alle paar Jahre, wenn er in der Stadt war, rief er mich an, und wir trafen uns auf einen Kaffee, bei dem wir über die alten Zeiten redeten. Bei einem dieser Treffen erzählte er mir von dem Schock, den er jüngst erlebt hatte.

Es passierte, als er den Keller aufräumte. Dabei fielen ihm Dinge in die Hände, die er seit vielen Jahren völlig vergessen hatte. Kindheitserinnerungen kamen in ihm hoch, als er seine alte Blockflöte fand und den Teddybär, ohne den er, als er klein war, nie hatte einschlafen können.

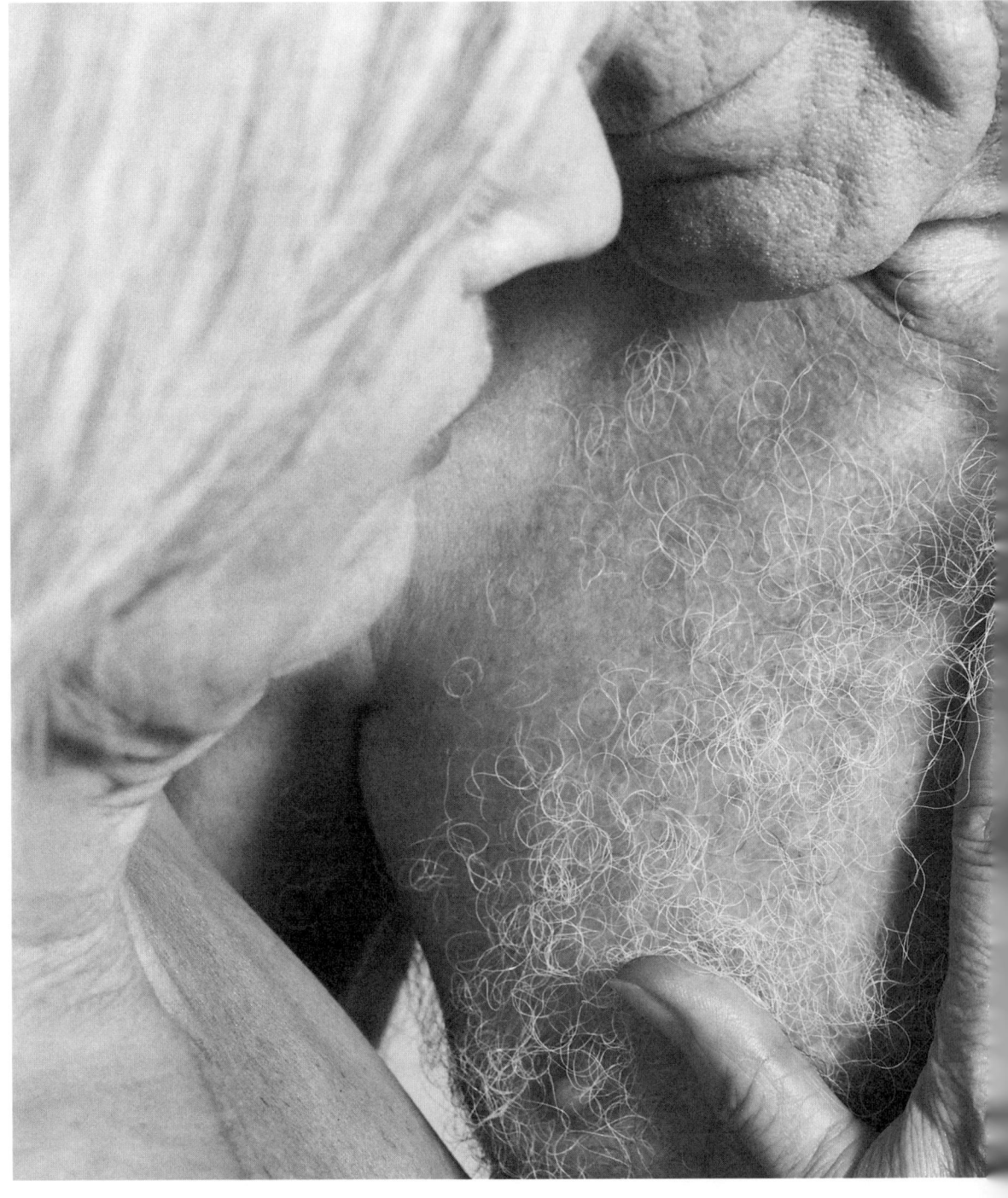

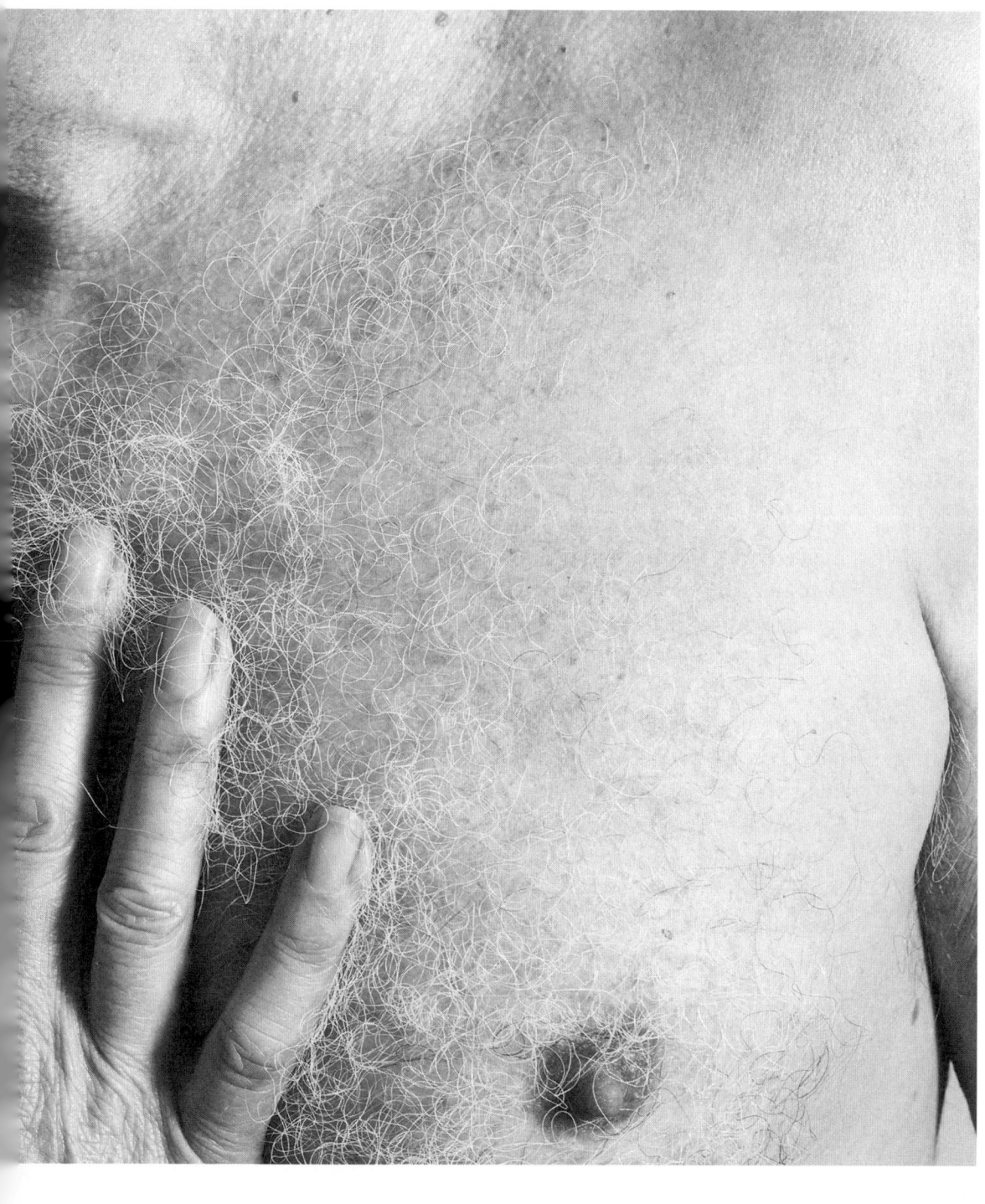

Ganz unten in einem Koffer lag ein Fotoalbum, das seine stolzen Eltern nach seiner Geburt angelegt hatten. Als er drei war und seine Schwester auf die Welt kam, hatten sie damit aufgehört. Es war keine Zeit mehr für eine solch akribische Dokumentation der Fortschritte, die der verhätschelte Sprössling machte. Ungeordnet befanden sich Berge weiterer Fotos in dem Koffer, Fotos, die er selbst gemacht hatte, als er schon größer war. Er nahm sich die Zeit, sie anzuschauen, tauchte ein in die Vergangenheit. Eine leichte Wehmut überkam ihn. Schulzeit und Studium zogen an ihm vorüber: die großen Rucksackreisen nach Asien und Südamerika, das Austauschjahr in den USA, der erste Job, die Stufen der Karriereleiter als Diplom-Ingenieur bei einem Weltkonzern, die Versetzung zur Tochterfirma nach Südafrika. Er stand lachend an der Küste, den Tafelberg im Hintergrund. Da war er dreißig.

Dreißig! Wie jung er doch damals aussah!

Da begriff er: Er *fühlte* sich wie dreißig, aber er *war* es nicht mehr. Er sah auch nicht mehr so aus. Er hatte sich selbst etwas vorgemacht. Was nichts damit zu tun hatte, dass er tatsächlich blendend aussah. Aber eben nur für sein Alter – sein wahres Alter. Ernüchtert und ein wenig traurig schloss Jochen den Koffer und packte ihn ganz hinten ins Regal. Ob er ihn jemals wieder öffnen würde?

Für fast alle Menschen bedeutet die Entdeckung, dass sie alt werden, eine Umstellung, die nicht leicht zu bewältigen ist: Sie wollen es einfach nicht wahrhaben. Schon Anfang, Mitte dreißig geht es los. Nicht ohne Grund hat beispielsweise die Karriere von Leistungssportlern zu diesem Zeitpunkt ihren Höhepunkt überschritten. Spätestens Anfang sechzig ist dann am Äußeren eines jeden Menschen abzulesen, dass er nicht nur älter, sondern *alt* wird. Es ist etwas, das wir akzeptieren müssen, ob es uns nun passt oder nicht.

An unzähligen Kleinigkeiten spüren Männer wie Frauen, dass sie in eine neue Lebensphase eintreten. Dies ist zunächst kaum wahrnehmbar, weil der Wandel schleichend ist. Nach und nach wird die Veränderung jedoch unübersehbar. Treffen wir jemanden wieder, den wir seit Jahren nicht gesehen haben, stellen wir (vielleicht mit Schrecken) fest, dass er *alt geworden* ist – auch wenn er sich vielleicht *gut gehalten* hat. So wie ihm ergeht es auch uns selbst. Wir merken es nur nicht, weil wir täglich in den Spiegel schauen.

Bertolt Brecht hat diese Erkenntnis sehr schön und hintersinnig in einer seiner *Geschichten vom Herrn Keuner* auf den Punkt gebracht. *Das Wiedersehen* ist sie betitelt: »Ein Mann, der Herrn K. lange nicht gesehen hatte«, heißt es da, »begrüßte ihn mit den Worten: ›Sie haben sich gar nicht verändert.‹ ›Oh!‹, sagte Herr K. und erbleichte.«

Aber was genau passiert mit uns, wenn wir älter werden?

Infolge der Hautalterung (die schon, zunächst nicht wahrnehmbar, im Alter von etwa zwanzig Jahren beginnt) entstehen Falten, die Straffheit des Bindegewebes nimmt ab. Die Haarfarbe verändert sich zu grau und schließlich zu weiß, bei vielen Männern fallen die Haare auch aus, sie bekommen eine »Altersglatze«. Die Augen werden weitsichtig, sodass man beim Lesen eine Brille braucht, deren Stärke sich mit den Jahren immer mehr erhöht.

Auch Körperkraft, Geschicklichkeit und Ausdauer lassen nach, später auch die Koordinationsfähigkeit. Die Leistung des Immunsystems geht zurück, wodurch das Risiko, an Infekten zu erkranken, zunimmt. Wer nicht ernsthaft krank wird, hat gleichwohl oft unter mehr oder minder lästigen körperlichen Beeinträchtigungen wie zum Beispiel Bluthochdruck oder Arthrose zu leiden, die das Leben schwer machen und vor allem *eine* Botschaft aussenden: Das Alter naht mit Macht.

Wir haben all dem wenig, im Grunde nichts entgegenzusetzen. Mit allerlei Tricks können wir das Altern vielleicht etwas hinauszögern, aber keinesfalls verhindern. Gesunde Ernährung und maßvoller Sport, ausreichend Schlaf und exzessive Körperpflege – alles schön und gut, doch machen wir uns nichts vor: Es gibt leider kein Patentrezept gegen den Alterungsprozess, damit müssen wir uns abfinden. Es würde mich auch sehr wundern, wenn ein solches Rezept je gefunden werden sollte, selbst die aufwendigsten naturwissenschaftlichen Forschungen machen da keine großen Hoffnungen. Die Menschen altern, so wie jedes andere Lebewesen auch. Warum das so ist, weiß man bis heute nicht, es gibt viele Theorien darüber.

Was uns hier jedoch brennend interessiert, ist die Frage, welche Auswirkungen der körperliche Alterungsprozess auf die Sexualität hat.

Zu Ihrer Beruhigung: Weder Männer noch Frauen verlieren im Alter prinzipiell die Fähigkeit zum Geschechtsverkehr, wohl aber manchmal die Lust daran. Gewöhnlich nimmt die Häufigkeit sexueller Aktivität im Alter ab. Dies bedeutet *nicht*, dass der Sex nun ad acta gelegt ist. Die Lust bleibt, nur die Frequenz ändert sich. Ist das so dramatisch?

Viel bedeutsamer ist, dass sich auch die Vorlieben und Interessen ändern. Für viele Menschen eröffnen sich im Alter ganz neue Dimensionen, wie sie ihre Sexualität erleben. Wichtiger als der pure Sex werden Aspekte wie Zärtlichkeit und emotionale Geborgenheit, gegenseitiges Verständnis, Nähe und Zuneigung. Ich halte dies für eine höchst beglückende Erfahrung, sie kann die zwangsläufige Verminderung der körperlichen Leistungsfähigkeit auf jeden Fall aufwiegen. Ich weiß nicht, was uns im Alter Besseres passieren könnte.

*TIPP: Hören Sie auf, in Ihrem Gesicht oder an anderen Stellen nach Spuren des Alters zu suchen. Bringen Sie Ihren Körper in Topform, aber auch nur, wenn dies wirklich Ihr Wunsch ist und wenn Sie glauben, es schaffen zu können. Ansonsten nehmen Sie sich so, wie Sie sind, und das heißt auch: Sie sind keine zwanzig oder dreißig mehr. Aber das ist nicht schlimm, denn Sie haben etwas anderes dafür gewonnen: Reife, Erfahrung, Persönlichkeit. Das macht Sie attraktiv. Akzeptieren Sie Ihr Alter, und starten Sie durch!

# IM SLALOM DURCH DIE WECHSELJAHRE

*P*etra war gut vorbereitet. Sie hatte viel über die Wechseljahre gelesen und sich ausgiebig mit anderen Frauen unterhalten, die jene Zeit bereits durchlitten hatten. Zudem hatte sie sich vorsorglich detaillierten Rat bei ihrer Gynäkologin geholt. Da sie meinen Film *Silber sinnlich sexy* gesehen hatte, in dem es ebenfalls um dieses Thema geht, rief sie auch mich an. Ich konnte ihr mit ein paar Adressen und Telefonnummern von darauf spezialisierten Ärzten und Therapeuten helfen. Nun war sie bereit für die vermeintliche Leidenszeit.

Doch dann wurde alles anders. Denn Petra erlebte die Wechseljahre, die bei ihr pünktlich mit einundfünfzig Jahren eintraten, als einen ausgesprochen positiven Lebensabschnitt – was für die meisten Frauen höchst ungewöhnlich ist. Petra hatte das Gefühl, dass die hormonellen Veränderungen, die mit den Wechseljahren einhergingen, ihr eine bisher nicht gekannte Energie, eine ganz neue Kraft verliehen. Dies hatte zur Folge, dass sie begann, ihr Leben völlig umzukrempeln. Sie beschloss, die Wechseljahre als ein Abschiednehmen, als den Übergang von einer alten Lebensphase zu einer neuen zu betrachten und ihr Leben neu auszurichten.

Auch beruflich. Petra war seit fünfundzwanzig Jahren Sekretärin in einem großen Autohaus, ohne dass ihr Herz daran hing (die Wagen dort hätte sie sich nie leisten können), und hatte schon oft mit dem Gedanken gespielt, einfach auszusteigen. Jetzt plötzlich wurde der Drang, etwas Neues zu wagen, übermächtig, ohne dass sie eine Vorstellung davon hatte, was dies sein könnte. Immerhin wusste sie, was sie *nicht* wollte, nämlich weiterhin hauptsächlich Mutter und Ehefrau sein. Stattdessen wollte sie mehr über sich herausfinden: Wer bin ich? Was kann ich? Wo kann ich das ausprobieren? Sie war offen für alles, auch wenn die Konsequenzen dieser Überlegungen vielleicht alles andere als angenehm sein sollten.

Der Sex war nicht das Problem. Mit ihrem Mann verstand sie sich erstaunlich gut im Bett. Das war schon immer so gewesen, jetzt wurde es sogar noch besser. Ohne die Angst, schwanger zu werden, konnte sie viel leichter loslassen und besser genießen. Damit stand sie nicht allein. Denn was die Wenigsten wissen: Viele Frauen haben jenseits der fünfzig den besten Sex ihres Lebens.

Haben sie ihre neue Rolle und die Veränderungen ihres Körpers erst einmal akzeptiert, dann sind sie in der Lage, ihre Lust umso unbeschwerter auszuleben. Eine neue Reife und Erfahrung haben das Schönheitsideal der jungen Jahre abgelöst. »Wenn nicht jetzt, wann dann?«, fragen sich viele dieser Frauen und entscheiden sich für den puren Genuss.

Es ist ein Genuss ohne Reue.

Die Wechseljahre, auch Klimakterium genannt, beginnen zwischen dem fünfundvierzigsten und dem fünfundfünfzigsten Lebensjahr. Sie stellen einen tiefen Einschnitt im Leben einer Frau dar und können im Extremfall bis zu dreizehn Jahre andauern. Hormonveränderungen bewirken, dass Frauen keine Kinder mehr bekommen können. Die Eierstöcke produzieren mit dem Eintritt der Wechseljahre weniger Östrogen und Progesteron (die wichtigsten weiblichen Sexualhormone), was letztlich zur Beendigung der Menstruation führt.

Männer haben hier einen klaren evolutionären Vorteil: Auch wenn ihre Fähigkeit, Erektionen zu bekommen und zu ejakulieren, mit den Jahren abnimmt und auch ihre »Samenqualität« schlechter wird, so bleiben sie dennoch in der Lage, auch im höchsten Alter noch Nachkommen zu zeugen (falls sie das wollen). Die Bibel ist voll von mythischen Geschichten dieser Art, die einen durchaus realen Kern besitzen.

Für eine Frau hingegen bilden die Wechseljahre die Wasserscheide des Lebens. Was jetzt kommt, ist – physiologisch gesehen – eine andere Art von Leben.

Für jede Frau fällt ihre Menopause, also die letzte Regelblutung, mit der Erkenntnis zusammen, dass die Attraktivität ihrer jüngeren Jahre unwiderruflich vorbei ist. Ihr Körper hat sich in einer Weise verändert, die für jeden sichtbar ist. Viele Frauen legen in den Wechseljahren deutlich an Gewicht zu, was für sie oft ein großes Problem darstellt. Viel Energie und Disziplin ist notwendig, um hier etwas zu ändern. Regelmäßig Sport treiben sowie weniger und ausgewogen essen, lautet das Rezept. Es ist das Einzige, was auf Dauer wirklich hilft. Vergessen Sie alle Diäten!

Mit medizinischer Hilfe, also Schönheitsoperationen, kann die Haut an bestimmten Stellen gestrafft werden. Ich persönlich halte davon nichts, die bittere Reue kommt nämlich später, wenn ein immer maskenhafteres Aussehen verrät, was Spritze und Skalpell da angerichtet haben. Auch die Schwerkraft fordert ihren Tribut, bei Busen und Po vor allem, und die zunehmend runzligen Hände verraten das wahre Alter einer Frau ohnehin mit unbestechlicher Genauigkeit. Kein noch so genialer Schönheitschirurg kann daran etwas ändern.

Nicht alle Frauen vermögen ihr Alter mental tatsächlich anzunehmen. Dies hat vor allem damit zu tun, dass sie mit sich selbst nicht im Reinen sind. Denn meist kommen noch andere Faktoren hinzu, die das negative Gefühl verstärken: In die Ehe sind Routine und Langeweile eingekehrt, die Kinder sind aus dem Haus und leben ihr eigenes Leben – es stellt sich die Sinnfrage, und zwar massiv.

Zumal sich auch das sexuelle Erleben nach der Menopause ändert: Die Libido nimmt ab, die Klitoris wird kleiner und schmerzempfindlicher, die Schamlippen schrumpfen und schwellen bei Erregung weniger stark an. Mehr noch: Die Vaginalschleimhaut wird dünner, weniger dehnbar und bleibt mitunter trocken, was den Geschlechtsverkehr für viele Frauen zu einer durchaus schmerzhaften Verrichtung werden lässt. Die despektierliche Bezeichnung der »vertrockneten Alten« kommt genau daher.

**✳TIPP:** Benutzen Sie ein gutes Gleitgel, wenn Ihre Scheide nicht mehr feucht wird. Sie selbst werden kaum etwas davon merken, und Ihr Partner auch nicht. Gleitgele haben weder Einfluss auf die Elastizität der Scheide noch auf ihre Feuchtigkeit, sie dienen, wie der Name schon sagt, einzig und allein dazu, die Gleitfähigkeit zu verbessern. Auch die Infektabwehr der Scheidenflora bleibt bestehen. Dies sollte Grund genug sein, Gleitgele anzuwenden, wenn es nötig ist. Sie müssen sich deswegen nicht schämen. Wie überhaupt Scham beim Sex nicht das Geringste zu suchen hat.

Während es bei einer jungen Frau im Durchschnitt gerade einmal eine halbe bis eine Minute dauert, bis die Scheide nach der ersten Erregung feucht wird, muss eine Frau in den Wechseljahren und danach deutlich länger darauf warten. Auch den Höhepunkt erreicht sie zu einem späteren Zeitpunkt als eine junge Frau, und sie benötigt in der Regel eine stärkere Stimulation.

Auch die berühmten »Hitzewallungen« treten so gut wie immer auf, oft kommen weitere Beschwerden dazu: Reizbarkeit und Depressionen, eine allgemeine Ängstlichkeit, die sich oft mit grundloser Wut paart, ferner Schlafstörungen, Herzklopfen, Kopfschmerzen und allerlei Unbill mehr. Drei Viertel der Frauen in unserem Kulturkreis leiden unter solchen Wechseljahresbeschwerden.

Mit einer Hormonersatztherapie kann man hier gegensteuern, unter ärztlicher Aufsicht natürlich. Bei einer solchen Indikation werden Östrogen-Gestagen-Kombinationspräparate gegeben, die gut gegen die Beschwerden wirken können. Wenn sexuelle Probleme im Vordergrund stehen, helfen Östriolcremes, welche die Scheide feuchter und elastischer machen und darüber hinaus Infekte abwehren können. Gleichwohl besitzt die Hormonersatztherapie nicht den allerbesten Ruf. Hormonpräparate könnten Krebs erzeugen, heißt es gerüchteweise. In der Schulmedizin ist dieses Thema allerdings längst vom Tisch. Außerdem gibt es etliche homöopathische und pflanzliche Mittel, die in Betracht kommen.

Doch Hormonschwankungen allein sind für all die oben genannten Probleme nicht verantwortlich. Man könnte – auch wenn dies ein wenig esoterisch klingt – die Wechseljahre-Symptome als Signale des Geistes und des Körpers verstehen, die den Beginn einer neuen Entwicklungsphase einleiten und eine Chance für Wachstum, innere Heilung und Weisheit darstellen. Es gibt etliche Frauen, die – genau wie Petra – den Wechseljahren auf diese Weise etwas Positives abgewinnen.

Ganz wichtig: Das Klimakterium ist keine Krankheit, sondern – ähnlich wie die Pubertät – der ganz normale Wechsel in eine neue Lebensphase. Diesen Übergang hat die Natur für uns Frauen so vorgesehen. Er geht einher mit einer Neujustierung der Lebensumstände sowie der Einstellung zu sich selbst. Eine Schlange häutet sich, eine Frau kommt in die Wechseljahre. Ist der Vergleich so abwegig?

Natürlich stellt sich die Frage: Warum gibt es überhaupt Wechseljahre? Im Interesse der Evolution liegt ja eine größtmögliche Reproduktionsrate, also möglichst viele Kinder in die Welt zu setzen.

Warum stoppt das die Natur?

Mit Ausnahme der Grindwale kennen Tiere keine Wechseljahre, zumindest hat man bisher keine Hinweise darauf gefunden. Auch wenn die Fruchtbarkeit im Lauf der Zeit abnimmt, können Tiere bis ins hohe Alter gebären. Das hat Gründe: Tierbabys kommen zwar hilflos zur Welt, doch sie bleiben es nicht lange. Jeder, der schon einmal eine Tierdokumentation im Fernsehen gesehen hat, wird gewiss ebenso verblüfft wie fasziniert davon gewesen sein, wie rasch sich ein gerade geborenes Giraffen- oder Gazellenbaby auf die eigenen Füße stellen kann. Fohlen und Kälber, um bei heimischen Tieren zu bleiben, machen das übrigens genauso.

Beim Menschen ist das anders. Ein Kind braucht die Fürsorge seiner Eltern – und das heißt vor allem: seiner Mutter – über viele Jahre hinweg. Allein wäre es nicht überlebensfähig. Würde eine Frau in hohem Alter noch ein Kind gebären, hätte das Baby schlechte Chancen für den Start ins Leben. Die Mutter würde wahrscheinlich in einer Lebensphase sterben, in der das Kind sie noch dringend bräuchte. Außerdem besteht ein vergleichsweise hohes Risiko speziell für ältere Mütter, die Geburt nicht zu überleben: Auch das kennen Tiere nicht. Stürbe die Mutter bei der Geburt, würden zugleich die Überlebenschancen jener Kinder reduziert, die schon da sind.

Es klingt paradox, aber im Sinne einer evolutionären Erfolgsbilanz sind weniger Kinder manchmal mehr. Die Wechseljahre beim Menschen haben also durchaus ihren Sinn. Entscheidend ist, *wie viele* Kinder überleben. In früheren Zeiten ging man davon aus, dass ein Großteil der Kinder in den ersten Lebensjahren bereits starb, was heute, angesichts des medizinischen Fortschritts, völlig anders ist.

Auf die sexuelle Empfindsamkeit indes hat dies alles keinen Einfluss. Da hat die Natur gut vorgesorgt. Es spricht nichts dagegen, dass Menschen auch in hohem und höchstem Alter Sex so intensiv genießen wie in jungen Jahren. Denn die Lust stirbt nie.

**\*TIPP:** Haben Sie Sex gerade dann, wenn Sie glauben, dass alles vorbei ist. Trauen Sie sich, mal etwas Neues auszuprobieren! Vielleicht hat Ihr Partner ja gerade darauf gewartet. Reden Sie mit ihm, oder noch besser: Machen Sie einfach! Sie werden sich wundern, welchen Schub Ihnen das gibt!

## WENN MANN NICHT MEHR KANN – EREKTILE DYSFUNKTION

Es ist nicht schön, aber gleichwohl eine Tatsache: Die meisten Männer im fortgeschrittenen Alter plagen Probleme mannigfacher Art. Dazu gehören solch unschöne Dinge wie Impotenz, Libidoverlust, Gewichtszunahme und Versagensängste. Ich weiß, das hört sich alles schlimm an.

Aber kein Grund zur Panik, meine Herren! Ich habe ein paar Tipps für Sie, wie Sie Ihr Sex Life wieder in Schwung bekommen.

Oliver ist knapp sechzig und der Lebenspartner einer guten Freundin von mir. Ich habe die beiden vor einigen Jahren zusammengebracht, man könnte auch sagen verkuppelt. Mit beiden verbindet mich nach wie vor ein sehr vertrauensvolles Verhältnis. Daher kenne ich auch Olivers Geschichte in allen Einzelheiten. Zumindest mir gegenüber geht er sehr locker und offen damit um.

Als Oliver ungefähr achtzehn war, hatte er Energie ohne Ende. Er machte seine ersten sexuellen Erfahrungen und konnte bis zu zwölf Mal hintereinander zum Orgasmus kommen.

Mit der Zeit ging diese Frequenz allmählich zurück, was durchaus normal ist. Er merkte es zunächst kaum. Was ihm mit achtzehn noch gefehlt hatte, das Wissen und die Raffinesse, eignete er sich nun langsam an, *learning by doing* sozusagen. Er sah gut aus, war eloquent, konnte mit Messer und Gabel essen und wusste, wie man eine Frau befriedigt. Am Anfang, im Überschwang der Jugend, hatten Olivers Partnerinnen quasi automatisch ebenfalls einen Orgasmus bekommen, nun achtete er bewusst darauf. Er erkannte, was eine Frau braucht, um zum Höhepunkt zu gelangen, und was er selbst dafür tun konnte. Aus dem bloßen Akt wurde bewusster, sinnlicher Sex, bei dem beide Partner zu ihrem Recht und Genuss kamen. Für Frauen machte ihn dies nur noch attraktiver.

Es waren immer neue Partnerinnen, mit denen Oliver ins Bett ging. Irgendwann verlor er den Überblick und hörte auf zu zählen. Doch dann bekam er Probleme. Er konnte es nicht genau zurückdatieren, aber es musste zu dem Zeitpunkt gewesen sein, als sein Arzt bei ihm Zuckerkrankheit diagnostizierte. Da war er Mitte vierzig. Es kam immer häufiger vor, dass sein Penis nicht mehr so richtig stand und über eine Halbsteife nur selten hinauskam. Das war neu für Oliver. Er machte sich kundig und bekam eine Ahnung davon, woran es lag: Am Diabetes mellitus, der Zuckerkrankheit. Und am Alter.

Für Oliver war es ein Schock.

Er stellte sein Leben um. Noch mehr als zuvor achtete er darauf, sich gesund zu ernähren, er strich Schokolade und Süßigkeiten vom Speiseplan, trank weniger Alkohol und ging früher zu Bett. Die durchgefeierten Nächte seiner Jugend gehörten nun endgültig der Vergangenheit an. Außerdem kaufte er sich ein Fahrrad, mit dem er jeden Morgen zur Arbeit fuhr, auch wenn die U-Bahn bequemer gewesen wäre.

Seine Erektionsprobleme blieben zwar, gleichwohl war er froh darüber, dass er auch mit halbsteifem Penis problemlos ejakulieren konnte. In seiner Freizeit beschäftigte er sich ausgiebig mit den Sexualpraktiken unterschiedlichster Kulturen. Er fand es spannend und erregend, sie mit seiner Freundin auszuprobieren, auch wenn ihm letztlich nicht jede Variante gefiel. Doch auf diese Weise wurde er zu einem wirklich fantasievollen Liebhaber, wie mir seine Freundin lächelnd bestätigte. Die beiden haben etliche Techniken gefunden und zu schätzen gelernt, die ihnen regelmäßig zu großartigen Orgasmen verhelfen. So wie man einen erstklassigen, komplexen Wein erst dann beurteilen kann, wenn man sich sozusagen »hochgetrunken« hat, lernte Oliver wirklich guten Sex erst dann zu schätzen, als er sich davon fast schon verabschiedet hatte.

Es war wie eine Wiedergeburt.

Heute kann Oliver mit seinen Erektionsproblemen leben. Er nimmt Cialis, eine jener Helferpillen, zwar nicht zu jeder Gelegenheit, doch auch nicht nur an hohen Feiertagen. Er hat ein erfülltes Sexualleben, denn er hat gelernt, dass es viele Arten gibt, wie man als Mann zur Befriedigung kommen kann. Und das genießt er.

Die meisten Frauen sind froh, wenn ihre Wechseljahre vorbei sind und sie in eine neue Lebensphase eintreten. Männer hingegen befinden sich ab einem gewissen Alter – also ab Mitte vierzig, mitunter auch erst Ende fünfzig – auf einer Reise ohne Wiederkehr: Das Lustempfinden geht bei den meisten zurück, wenn sie älter werden, sie werden nicht mehr, wie in jungen Jahren, ohne Weiteres erregt. Bis sich etwas rührt, dauert es nun in der Regel länger. Was Männern jedoch am meisten zu schaffen macht, ist die Tatsache, dass auch die Erektionsfähigkeit abnimmt. *Er* steht nicht mehr wie ehedem. Der medizinische Fachbegriff dafür heißt *erektile Dysfunktion*.

Um es gleich zu sagen: Man kann fast immer etwas dagegen tun.

Doch der Reihe nach.

*Erektile Dysfunktion* ist ein Begriff, der auch andere Störungen wie vorzeitige Ejakulation umfasst. Meist dient er jedoch als Synonym für Erektionsschwäche. Diese ist viel weiter verbreitet als man glaubt, und sie kann die unterschiedlichsten Ursachen haben, von Partnerschaftsproblemen bis hin zu Erkrankungen der Prostata. Meist spielen mehrere Faktoren zusammen, physische und psychische, denn Körper und Geist beeinflussen sich gegenseitig. Krankheiten wie Arteriosklerose, Bluthochdruck, Diabetes mellitus, Herz-Kreislauf-Erkrankungen oder hormonelle Störungen sind selten allein verantwortlich für erektile Dysfunktion. Aber sie tragen fast immer dazu bei.

Erektionsstörungen verschwinden praktisch nie von allein. Hinzu kommt, dass der psychische Druck umso stärker wird, je länger die erektile Dysfunktion – die gemeinhin als Impotenz bezeichnet wird – anhält. Ich will hier gar nicht so sehr auf die medizinischen Details eingehen (dazu befragen Sie am besten Ihren Arzt), sondern mich darauf konzentrieren, was man gegen erektile Dysfunktion tun kann. Doch hilft es beim Verständnis, wenn wir wissen, was mit dem Körper des Mannes ab seinem fünften Lebensjahrzehnt passiert – und wie sich das auf den Sex auswirkt.

Die »Wechseljahre« des Mannes sind ein ganz natürlicher, aber auch sehr komplexer Vorgang. Der Körper verändert sich in diesem Alter auf vielfältige Weise. Der Testosteronspiegel, der schon lange im Sinken begriffen ist, nimmt kontinuierlich um etwa ein Prozent pro Jahr ab. Auch die äußere Erscheinung verändert sich: Die meisten Männer gehen, wenn sie älter werden, in die Breite. Sie legen an Gewicht zu, doch leider nicht an Muskelmasse, sondern an Fett.

Das droht auch Ihnen. Es sei denn, Sie trainieren regelmäßig oder sind von Ihrer genetischen Disposition her ein eher schlanker Typ, was Sie leider nicht beeinflussen können: Mick Jagger zum Beispiel hat eindeutig Glück, was seinen Körperbau betrifft. Und soweit ich weiß, tut er auch viel dafür, dass er so schlank bleibt.

**✳ TIPP:** Bitten Sie Ihren Arzt, Ihren Testosteronspiegel zu messen. Ist er, Ihrem Alter und Ihrer allgemeinen körperlichen Verfassung gemäß, zu niedrig, können Testosterongaben möglicherweise helfen, den Libidoverlust auszugleichen. Die Erektionsfähigkeit kann die Zufuhr von Testosteron allerdings nicht wiederherstellen. Dazu bedarf es anderer Mittel. Wir kommen gleich dazu.

Mitunter verkleinert sich in diesen Jahren auch der Penis. Der Orgasmus wird als weniger intensiv erlebt. Mit dem Rückgang von Potenz und Libido verbunden sind oft psychische Störungen und Versagensängste sowie eine Verminderung der »Samenqualität« (was allerdings nur dann von Bedeutung ist, wenn Sie noch ein Kind zeugen wollen). Nach dem Sex braucht der Mann längere Erholungsphasen. Allgemein haben ältere Männer weniger Lust auf Sex, oft sogar weniger als gleichaltrige Frauen – was sie natürlich nie zugeben würden, denn es könnte ihre Männlichkeit beeinträchtigen.

Wichtig ist: All diese Symptome sind keine Krankheiten, sondern Alterserscheinungen. Sie werden allerdings oft von Krankheiten begleitet. Ein Problem stellt dies besonders für beleibte Männer dar, denn bei ihnen machen sich die negativen körperlichen Veränderungen, die ins Haus stehen, besonders stark bemerkbar. Ein Maßband hilft bei der Selbsteinschätzung, es ist unbestechlich. Bei weniger als 94 Zentimetern Bauchumfang können Sie sich glücklich schätzen, bei mehr als 102 Zentimetern wird es kritisch. Ist dies der Fall, sollten Sie etwas dagegen tun. Ein guter Test besteht auch darin, dass Sie sich kerzengerade hinstellen und an sich hinunterschauen. Wenn Sie Ihren Penis nicht mehr sehen, weil er von Ihrem Bauch verdeckt wird, sind Sie eindeutig zu dick.

Regulieren Sie Ihren Bauchumfang, dies ist das A und O. Wie das geht, wissen Sie im Grunde selbst: Treiben Sie Sport, laufen oder schwimmen Sie, machen Sie Krafttraining oder fahren Sie Rad. Und zwar regelmäßig. Damit forcieren Sie die Fettverbrennung. Sit-ups sind ausgesprochen hilfreich, jedoch nicht unbedingt gut für den Rücken. Übungen, die Wirkung erzielen, kann Ihnen jeder Physiotherapeut empfehlen. Das alles ist anstrengend, gewiss. Aber es lohnt sich. Und wenn Sie erst mal damit angefangen haben, macht es sogar Spaß. Ich selbst kenne mehrere ältere Männer, die vom Sport nach kurzer Eingewöhnungszeit nicht mehr lassen konnten.

Achten sie außerdem auf eine gesunde, ausgewogene Ernährung und nehmen Sie abends keine Kohlehydrate mehr zu sich. Essen sie Obst und verringern Sie Ihren Alkoholkonsum. Wenn Sie Sport treiben, werden Sie feststellen, dass sich Ihr Verlangen nach Alkohol automatisch verringert.

Ganz wichtig: Wenn Sie rauchen, hören Sie auf damit!!! Oder reduzieren Sie zumindest Ihren Zigarettenkonsum. Rauchen macht impotent, auf Dauer jedenfalls. Von den vielen anderen negativen Auswirkungen ganz zu schweigen.

Das Problem bei diesen zweifellos nützlichen und allseits bekannten Ratschlägen ist, dass sie selten konsequent und dauerhaft umgesetzt werden. Die Entscheidung, endlich einmal das Richtige und Notwendige zu tun, verschieben viele Männer, die es eigentlich besser wissen, von einem auf den anderen Tag. Meist fehlt der zündende Funke.

*TIPP: Vielleicht hilft es, wenn Sie sich mit einem guten Freund oder mehreren Freunden zusammentun und sich die gleichen Ziele setzen. Trainieren Sie zusammen, essen und trinken Sie hinterher gemeinsam, und versuchen Sie, dabei Maß zu halten. Wettbewerb stärkt den Ehrgeiz.

Nichts gegen Ihren Hausarzt, aber er ist möglicherweise nicht die richtige Adresse für Ihre »männlichen« Probleme. Für diese gibt es eine eigene, noch recht junge medizinische Fachrichtung: den Andrologen oder Männerarzt. Er ist das Äquivalent zum Gynäkologen, dem Frauenarzt. Oft ist der Androloge zugleich Urologe, was zweifellos sinnvoll ist, er kann aber auch Allgemeinmediziner sein. Entscheidend ist die zusätzliche Facharzt-Ausbildung, die er absolviert hat.

Das Besondere am Andrologen: Er sieht seinen Patienten auf ganzheitliche Weise und ist in der Lage, die typischen Probleme, von denen Männer geplagt werden, miteinander in Verbindung zu bringen. Daraus entwickelt er eine Therapie, in die er durchaus auch Ärzte anderer Fachrichtungen einbinden kann. Vor allem aber besitzt ein Männerarzt detaillierte Kenntnisse speziell der männlichen Psyche. Er weiß (vielleicht sogar aus eigener Erfahrung), wie sehr Männer darunter leiden, wenn ihr bestes Stück nicht mehr steif wird. Und er weiß, wie dieser Schwäche zu begegnen ist – nicht nur rein medizinisch. Er hilft dabei, dass Männer im fortgeschrittenen Alter ein neues Bewusstsein ihrer selbst bekommen, dass sie ihre Defizite – wenn sie nicht mehr vollständig zu beheben sind – annehmen und das Beste daraus machen.

Männerärzte gibt es mittlerweile in jeder größeren Stadt. Ich kann betroffenen Männern nur sehr empfehlen, sich kundig zu machen und einen Termin zu vereinbaren.

Es mag Ihnen paradox vorkommen, aber das Rezept für ein besseres Sex Life ist verblüffend einfach: Durch Sex zum Sex. Oder auch: Der Appetit kommt beim Essen.

Ich nenne es den »Münchhausen-Effekt«. Sie erinnern sich: Der Baron zog sich an seinem eigenen Schopf aus dem Sumpf (behauptete er zumindest in einer seiner berühmten Geschichten). Für uns heißt das: Je sexuell aktiver Sie sind, desto mehr gewöhnt sich auch Ihr Körper daran, und desto mehr Fähigkeiten entwickelt er.

**TIPP:** Haben Sie so oft wie möglich Sex, auch wenn es mit der Erektion nicht mehr ganz so gut klappt wie früher. Das Wichtigste: Bleiben Sie in Übung! Jede Erektion trainiert die Fähigkeit, auch weiterhin Erektionen zu bekommen.

Probieren Sie neue Dinge aus, die Sie vielleicht erregen könnten. Sex hat viele Facetten. Experimentieren Sie! Ich garantiere Ihnen: Das macht Spaß, auch Ihrer Partnerin.

Wenn Sie keine Partnerin haben – masturbieren Sie. Wahrscheinlich tun Sie das ohnehin, aber probieren Sie einmal folgende Technik aus: Bewegen sie nicht die Hand, sondern das Becken. Lesen Sie das Kapitel über Beckenbodentraining in diesem Buch, dann wissen Sie, was ich damit bezwecken will und wozu das gut ist. Ein Drittel Ihres Penis' liegt tief verborgen in der Muskelschicht des Beckenbodens. Die will trainiert werden.

Gehen Sie langsam vor. Versuchen sie nicht, so schnell wie möglich zum Orgasmus zu kommen. Pausieren Sie kurz vor der Ejakulation, bis der Drang nachlässt, und machen Sie dann weiter. Der Lohn dieses Trainings wird eine höhere Standfestigkeit sein, und Sie werden intensivere Orgasmen erleben. Mehr darüber steht übrigens im *Kamasutra*, dem altindischen Liebeslehrbuch. Lesen Sie es, nicht nur in dieser Hinsicht ist es hochinteressant.

## DIE KLEINEN HELFERLEIN – VIAGRA & CO.

Bis vor fünfzehn Jahren ungefähr behandelte man Männer mit Erektionsstörungen vor allem psychotherapeutisch. Alles andere war unsicher, kompliziert, zum Teil auch schmerzhaft und gefährlich. Doch Anfang der 1990er Jahre machten Forscher des Pharmakonzerns Pfizer im englischen Sandwich per Zufall eine Entdeckung, die weitreichende Folgen nach sich zog. Bei einer Feldstudie, die eigentlich der Bekämpfung von Herzbeschwerden dienen sollte, stießen sie auf eine überraschende Nebenwirkung: Das Mittel, das sie testeten, steigerte die Potenz auf geradezu fantastische Weise.

Der Rest ist Geschichte.

1998 kam Viagra auf den Markt, einige Jahre später folgten Cialis und Levitra. 2012 wurde Stendra zugelassen, das schneller als Viagra wirken soll, 2014 schließlich Spedra. All diese Medikamente haben seitdem unzählige Männer – und Frauen! – glücklich gemacht. Nicht ganz klar ist vielen allerdings, wie die vermeintlichen Wundermittel eigentlich wirken. Ganz so einfach, wie manche glauben, ist es nämlich nicht mit der neugewonnenen Potenz.

Vereinfacht ausgedrückt, sorgen diese Medikamente für eine Muskelentspannung der Schwellkörper. Dadurch kann Blut in den Penis fließen, was eine Erektion zur Folge hat. Die Einnahme des Medikaments allein bewirkt allerdings gar nichts. Etwas ganz Entscheidendes muss hinzukommen: die Lust auf Sex und die Stimulation. Nur dann wirken diese Pillen. Kommt jedoch eine Stimulation hinzu, kann der Effekt gewaltig sein.

Aber ist das wirklich so einfach? Kann man die Mittel jedem Mann empfehlen?

Leider nein. Es gibt Gegenanzeigen wie etwa ein noch nicht lange zurückliegender Herzinfarkt, die Einnahme von Nitrospray, Herz- und Leberinsuffizienz oder Augenhintergrunderkrankungen. In diesen Fällen darf man die Medikamente auf keinen Fall nehmen. Bei koronarer Herzkrankheit stellen sie sogar ein ausgesprochen hohes Risiko dar. Ein Koitus (der ja immer eine gewisse körperliche Anstrengung erfordert) könnte den Kreislauf solcher Patienten so sehr beanspruchen, dass sie schlicht zusammenklappen. Es sind schon viele Männer während des Geschlechtsakts gestorben. Auch wenn dies vielleicht ein glücklicher Tod war – besser als *ein* Orgasmus ist ein zweiter Orgasmus, ein dritter, ein vierter. Und viele weitere. Wer keinen Treppenabsatz bewältigen kann, ohne aus der Puste zu kommen, sollte an Viagra gar nicht erst denken.

✳**TIPP:** Viagra & Co. sind hochwirksame Medikamente, die starke Nebenwirkungen auslösen können und eindeutig definierte Kontraindikationen besitzen, die Sie dem Beipackzettel entnehmen können. Die Tabletten sind aus gutem Grund nur auf Rezept erhältlich, allerdings auch ziemlich teuer.

Davon, sich die Medikamente vermeintlich leicht und kostengünstig übers Internet zu besorgen, ist gleichwohl dringend abzuraten. Fälschungen sind weitverbreitet, die Folgen können verheerend sein. In solchen Produkten (denen man nicht ansieht, dass sie gefälscht sind) wurden schon Kolibakterien, Pestizide und Blei gefunden. Das ist lebensgefährlich.

Immerhin lief im Juni 2013 der Patentschutz zumindest für Viagra aus, Cialis und Levitra werden folgen. Dies bedeutet, dass seitdem einige Generika auf dem Markt sind (sogar vom Viagra-Hersteller Pfizer selbst), die deutlich billiger sind als das Original.

Die »Potenzpillen«, wie sie im Volksmund heißen, haben einen Ruf wie Donnerhall, zu Recht. Oliver, dessen Geschichte ich weiter oben erzählt habe, hat mehrere dieser Medikamente ausprobiert, unter ärztlicher Aufsicht selbstverständlich, und sich schließlich für eines davon entschieden. Das nimmt er regelmäßig, und er ist glücklich damit. Die Erfolgsquote dieser Mittel ist außerordentlich hoch. Bei organischen Störungen, also zum Beispiel Diabetes mellitus oder einem operierten Prostatakarzinom, beträgt sie im Durchschnitt etwa sechzig Prozent, bei psychisch oder psychosomatisch bedingten Störungen liegt sie sogar bei achtzig Prozent.

Das ist fantastisch, früher gab es überhaupt nichts in der Art. Man sollte meinen, dass durch diese Medikamente die Jagd auf bedrohte Tierarten wie Nashörner oder Tiger zurückgegangen sei. Doch das ist leider keineswegs der Fall, sie werden nach wie vor gewildert, mehr denn je sogar. Stoffe, die von diesen Tieren gewonnen werden, dienen vor allem in asiatischen Ländern traditionell als Potenzmittel – obwohl sie nicht die geringste wissenschaftlich nachgewiesene Wirkung besitzen. Dass Viagra oder ein ähnlicher Wirkstoff bei Erektionsproblemen viel zuverlässiger hilft, hat sich noch längst nicht überall herumgesprochen. Aberglaube ist nach wie vor lebendig in vielen Weltgegenden.

Tabletten, die gegen erektile Dysfunktion wirken, zählen zur Gruppe der »Lifestyle-Medikamente«, das heißt, man setzt sie nicht genuin gegen Krankheiten ein, sondern zur Förderung des individuellen Wohlbefindens – wozu ein befriedigendes Sexualleben ja unbedingt gehört.

Man hat jedoch herausgefunden, dass die in ihnen enthaltenen Wirkstoffe möglicherweise noch gegen viele andere Beschwerden helfen könnten, gegen Jetlag zum Beispiel, Gedächtnisstörungen (Stichwort Alzheimer), Diabetes mellitus sowie gegen Schmerzen allgemein. Forscher der Bar-Ilan-Universität in Tel Aviv beobachteten mit Erstaunen, dass ein halbes Milligramm der Viagra-Substanz Sildenafil (das ist ein Hundertstel des Wirkstoffs, der in einer Viagra-Tablette enthalten ist) genügte, um Schnittblumen eine Woche länger frisch zu halten.

Damit nicht genug: Frauen wurden leichter schwanger, wenn sie Viagra eingenommen hatten, auch half es einigen von ihnen bei Orgasmusschwierigkeiten. Fast könnte man meinen, diese Medikamente entwickelten sich zur Allzweckwaffe der modernen medizinischen Therapie. Es wäre schön, wenn dies tatsächlich so wäre, wir werden sehen, wie es sich entwickelt.

Doch bleiben wir beim älteren Mann und seinen Problemen, eine Erektion zu bekommen. Ich schrieb am Anfang des Kapitels, dass man fast immer etwas gegen erektile Dysfunktion tun kann. Es gab schließlich auch mal eine Zeit vor Viagra. Bernie ist dafür ein gutes Beispiel.

Als er seinen 40. Geburtstag feierte, hatte er bereits einen langen Leidensweg hinter sich. Schon mit dreißig, also ungewöhnlich früh, hatte

Bernie die ersten Anzeichen einer erektilen Dysfunktion verspürt, die im Lauf der Jahre und Jahrzehnte immer schlimmer wurde. Das traf ihn besonders, weil er seit seiner frühen Jugend ein großer Frauenheld gewesen war – er und Oliver hätten einander die Hand reichen können.

Für Bernie war es immer ein Leichtes gewesen, mit Frauen in Kontakt zu kommen. Er war ein begnadeter Saxofonist und ging mit bekannten, teilweise sogar weltberühmten Rockbands auf Tournee, wenn sie einen Musiker wie ihn zur Unterstützung brauchten. Das war sehr oft der Fall. Die Jobs waren gut bezahlt, die meiste Zeit war er in ganz Europa unterwegs. Von den Groupies, die versuchten, an die Stars heranzukommen, fiel fast immer eines für Bernie ab. Es war eine wilde Zeit und ein sehr abwechslungsreiches Leben, in jeder Hinsicht.

Ich lernte ihn Anfang der 1990er Jahre kennen, als ich zusammen mit einer Freundin nach einem Rockkonzert der Red Hot Chili Peppers hinter die Bühne wollte, um die Gruppe aus der Nähe zu sehen. Die Musiker selbst trafen wir nicht, stattdessen aber Bernie. Er und meine Freundin verknallten sich heftig ineinander. Die Liebe hielt zwar nicht lange, doch zu mir fasste Bernie aus unerfindlichen Gründen sofort Vertrauen. Es entwickelte sich eine lose platonische Freundschaft zwischen uns, und im Lauf der Jahre erzählte er mir Dinge, wie man sie sonst nur seinem Psychoanalytiker beichtet. Aber den hatte Bernie nicht. Er hielt nichts von Freud und seiner Couch. So erfuhr ich von seinen Potenzschwierigkeiten.

Bernie weigerte sich, seine rasch fortschreitende erektile Dysfunktion zu akzeptieren, dazu machte ihm Sex viel zu viel Spaß. Aber Pillen wie Viagra gab es damals noch nicht. Also suchte er einen Urologen nach dem anderen auf und informierte sich detailliert über alle Methoden, die seiner Manneskraft vielleicht wieder auf die Sprünge helfen konnten. Es war ein breitgefächertes Arsenal, das auch heute noch zum Einsatz kommt, und zwar bei jenen Männern, welche die Lifestyle-Pillen gesundheitlich nicht vertragen.

Am bekanntesten unter diesen Methoden ist wohl die SKAT-Therapie (Schwellkörper-Autoinjektions-Therapie). Dabei wird eine Substanz, welche die Muskulatur entspannt, mit einer feinen Hohlnadel in der Nähe des Hodensacks in den Schwellkörper injiziert (nach einigem Üben kann der Patient das selber machen). Dadurch erweitern sich die Gefäße, und Blut strömt in den Penis ein. Allerdings: Auch wenn man dies nur an einem Gummipenis sieht, so läuft es einem doch kalt den Rücken herunter, der Penis ist schließlich eine der sensibelsten Regionen des Mannes überhaupt.

Nach zehn Minuten ungefähr sollte eine Erektion erfolgen. Die Erfolgsrate beträgt stattliche fünfundsiebzig Prozent. Mögliche Nebenwirkungen wie Blutergüsse an der Einstichstelle oder eine Entzündung der Schwellkörper sollen gleichwohl nicht verschwiegen werden. Und es ist gewiss nicht jedermanns Sache, sich eine Nadel in den Penis zu stechen. Auch Bernie mochte das ganz und gar nicht. Er brach den ersten zaghaften Versuch ab, als die Nadel seine Haut auch nur berührte. Er stand nicht auf Spritzen.

Die Alternativen, die sein Arzt ihm vorschlug, waren allerdings auch nicht besser. Ebenso erprobt wie unangenehm ist MUSE (Medicated Urethral System for Erection). Bei diesem Verfahren bringt man den durchblutungsfördernden Wirkstoff Prostaglandin mit Hilfe eines Applikators (also einer Art Sonde) in die Harnröhre ein, eine Injektion ist nicht notwendig. Danach massiert der Mann (oder seine Partnerin) den Penis einige Sekunden lang, damit die Substanz in den Blutkreislauf aufgenommen wird, worauf sich etwas regen sollte. Dreißig bis sechzig Minuten hält die Wirkung an. Die Prozedur ist etwas umständlich, aber immerhin zu fünfzig bis siebzig Prozent von Erfolg gekrönt. Doch ob der Applikator so viel angenehmer als die Nadel ist? Es gibt Männer, die schon der Gedanke an einen Katheter erschauern lässt.

Bernie sah davon ab, sich der MUSE-Prozedur auch nur probehalber zu unterziehen. Er mochte es nicht, wenn man in seinem Penis herumstocherte, auch wenn dieser davon möglicherweise steif wurde. Deshalb befasste er sich mit einer weiteren Methode, der Penispumpe.

Dieses ziemlich monströs aussehende Instrument ahmt den natürlichen Prozess der Erektion nach. Man führt den Penis in einen Plexiglaszylinder ein, über dessen offenes Ende mehrere straffe Gummibänder oder -ringe gespannt sind. Eine Handpumpe erzeugt ein Vakuum im Zylinder. Es bewirkt, dass Blut in den Penis strömt. Sobald die notwendige Steife erreicht ist, rollt man die Gummiringe auf die Peniswurzel, wodurch verhindert wird, dass das Blut zu schnell wieder abfließen kann. Bis zu dreißig Minuten kann die so erzeugte Erektion erhalten bleiben.

Ich frage mich allerdings: Wer hat nach einer solch aufwendigen Aktion noch Lust auf Sex? Es setzt schon eine sehr stabile Partnerschaft und Sinn für Tüftelei voraus, wenn hier noch so etwas wie Erotik entstehen soll. Oder man integriert den Einsatz dieser Gerätschaften ins Liebesspiel (Stichwort Doktorspiele). Für Bernie jedenfalls war auch das nichts. Er brach den Versuch ab. Beim Sex war er eher bodenständig.

Womit wir bei der letzten Möglichkeit wären, der Penisprothese. Hier wird dem Patienten ein hydraulisches Implantat eingesetzt. Vor dem Geschlechtsverkehr pumpt der Mann Flüssigkeit aus einem Reservoir, das in den Leistenbereich oder den Hoden eingesetzt ist, in Schläuche, welche in den Penis integriert sind. Mit der Pumpbewegung richtet sich der Penis langsam auf. Nach dem Geschlechtsverkehr kann die Flüssigkeit dann wieder abgelassen werden. Für impotente Ingenieure sicher eine feine Sache, für Künstler wie Bernie eher nicht.

Gemeinsam ist all diesen Varianten, dass sie nicht nur unangenehm und schmerzhaft, sondern auch umständlich und kompliziert zu handhaben sind, was die Lust nicht gerade fördert. Außerdem besteht die Gefahr, dass etwas schiefläuft, wenn man nicht sehr vertraut mit diesen Hilfsmitteln ist.

Wer weder Viagra noch eines der anderen Mittel verträgt, kann eventuell noch auf ein pflanzliches Mittel zurückgreifen, dessen Wirkung allerdings deutlich schwächer ist (sofern sie überhaupt eintritt). Die Rede ist von Yohimbin, einer Substanz aus der Rinde eines tropischen Baums. Vor der Einführung von Viagra war Yohimbin das meistverkaufte Mittel gegen Erektionsstörungen. Die Meinungen, inwieweit der Wirkstoff hilft, gehen allerdings sehr auseinander, und geringe Nebenwirkungen sind auch hier vorhanden.

**✱TIPP:** Wenn Sie Viagra, Cialis oder Levitra vertragen und sich die teuren Tabletten leisten können (die Krankenkasse zahlt leider nichts) – nehmen Sie sie! Sie sind das Mittel der Wahl. Greifen Sie nur im Notfall auf die oben beschriebenen mechanischen Hilfsmittel zurück. Holen Sie sich außerdem fachkundigen Rat bei einem Urologen oder Männerarzt.

Vor allem aber: Haben Sie Sex, auch wenn die Erektion nicht so gewaltig ist, wie Sie es sich wünschen. Standfestigkeit ist nicht alles, viele Frauen, zumal die etwas älteren, schätzen Raffinesse und Einfallsreichtum deutlich mehr. Das ist Ihr großer Vorteil. Nutzen Sie ihn!

Letzten Endes hatte Bernie Glück. Als Viagra auf den Markt kam, war er einer der Ersten, die das neue Medikament ausprobierten. Und tatsächlich: Es wirkte! Allerdings war er zu diesem Zeitpunkt bereits über seinen Zenit hinaus. Jüngere Musiker liefen ihm den Rang ab – nicht musikalisch, aber bei den Frauen. Außerdem kam er sich komisch dabei vor, als Endvierziger eine Zwanzigjährige anzubaggern. Es war ihm letztlich auch zu mühsam. Alles wiederholte sich. Seine oftmals erprobten Sprüche, mit denen er die jungen Frauen umgarnte und ins Bett zog, konnte er selbst nicht mehr hören. Wenn die anderen Bandmitglieder in der Hotelbar feierten, verzog er sich meist auf sein Zimmer, wo er mit einem Sixpack Budweiser allein vor dem Fernseher einschlief. Vier Jahre dauerte es, bis er endlich eine feste Partnerin fand, ausgerechnet in der langweiligen kleinen Stadt an der Donau, in der er aufgewachsen war. Er lernte sie kennen, als er zu Besuch bei seinen Eltern war. Manchmal holt uns eben die Vergangenheit gnadenlos ein.

Auf Tournee geht Bernie kaum noch, finanziell kann er es sich leisten, kürzerzutreten. Er liebt es, in Cowboystiefeln gemeinsam mit seiner in Reizwäsche gekleideten Freundin vor dem Fernseher zu sitzen und an ihr herumzuspielen, dabei amerikanische Serien zu schauen und ein Bier nach dem anderen zu trinken. Eine Klinikpackung Viagra liegt immer in Reichweite.

## EIN BISSCHEN ZÄRTLICHKEIT – SEX IM SENIORENHEIM

Als ich vor Jahren die Leitung eines Pflegeheims übernahm, wiesen mich die Mitarbeiter gleich auf Anton und Cosima hin. Er war achtzig, sie neunundsiebzig. Beide waren Außenseiter und galten als etwas verrückt. Während ich mich zum ersten Mal mit den beiden unterhielt, gewann ich jedoch einen ganz anderen Eindruck. Es war ein sehr erhellendes, anrührendes und lebensfrohes Gespräch, weswegen ich es ungefähr im Wortlaut wiedergebe.

Anton und Cosima hatten sich im Heim kennengelernt und ineinander verliebt. Während die meisten anderen Bewohner dort ihr Leben langsam ausklingen ließen, hatten sie das ihre nochmals neu begonnen. Beide waren seit Jahren verwitwet, und beide sahen es nicht ein, warum sie sich nicht nochmals in ein Abenteuer stürzen sollten.

»Es nützt doch keinem was«, sagte Cosima mit erfrischendem Pragmatismus, »wenn man den Rest seiner Tage in stiller Trauer verbringt und mit aller Lebensfreude abschließt. Und Anton ist schließlich ein stattlicher Mann, er hat mir gleich gefallen.«

Sie sah ihn bewundernd an. Ich muss sagen, ich verstand sie. Anton – hochgewachsen und mit vollem, silbergrauem Haar – war tatsächlich eine beeindruckende Erscheinung, selbst mit beinahe achtzig Jahren noch. In einem Historienfilm hätte er ohne Weiteres die Rolle eines römischen Senators spielen können. Auch Cosima sah man deutlich an, dass sie früher ausgesprochen hübsch gewesen war. Die beiden passten wirklich gut zueinander.

»Es geht ja nicht nur um das Sexuelle«, ergänzte Anton. »Sicher, wir sind auch körperlich zusammen, warum nicht? So intensiv jedenfalls, wie das in unserem Alter möglich ist.«

»Es hat lange gedauert, bis wir so weit waren«, erzählte Cosima. »Bestimmt ein halbes Jahr. Wir sind schließlich beide nicht von der schnellen Truppe.«

Sie lachte etwas verlegen.

»Aber wir machen auch sonst viel gemeinsam«, meinte Anton. »Wir gehen spazieren, wir gucken Fernsehen, und manchmal kocht Cosima was.«

»Aber nur, wenn du den Abwasch machst.«

»Wir reden auch viel. Das ist vielleicht die Hauptsache, das Reden. Viele von den anderen hier haben ja überhaupt niemanden, mit dem sie sich unterhalten können, so richtig, meine ich. So, dass es über die Oberfläche hinausgeht. Die Schwestern haben nie viel Zeit, und die anderen Alten haben meistens kein Interesse. Manche sind auch dement. Ich hoffe sehr, dass ich das niemals werde.«

»Na, im Moment bist du ja noch ganz gut beieinander«, sagte Cosima keck.

»Du aber auch«, gab Anton zurück. »Dein Mundwerk möcht' ich haben.«

»Viele von den Mitbewohnern hier sind neidisch auf uns, da bin ich sicher. Einsamkeit ist nichts Schönes.«

»Sie gucken so komisch. Immer noch.«

»Und tuscheln, wenn sie uns sehen. Manche jedenfalls.«

»Am Anfang waren auch die Schwestern skeptisch«, sagte Anton. »Die haben dem Braten nicht getraut. Eine wollte uns doch glatt verbieten, im selben Zimmer zu übernachten. Aber der hab' ich was erzählt!«

»Ja, da warst du richtig wütend«, bestätigte Cosima.

»Danach war jedenfalls Ruhe. Die hat nie wieder was gesagt. Auch keine von den anderen Schwestern. Wir sind doch hier nicht in einer Männerpension!«

»Jedenfalls ist jetzt alles geklärt«, meinte Cosima. »Wir warten nur noch drauf, dass ein größeres Apartment frei wird. Dann können wir zusammenziehen.«

Sie lächelte ihn glücklich an.

Eine meiner ersten Entscheidungen als Heimleiterin war es, den beiden ein großzügig geschnittenes gemeinsames Apartment zu besorgen. Es dauerte keine Woche, bis sie einzogen.

Wohl kaum ein Aspekt aus dem Themenkreis »Sex im Alter« ist mit so vielen Vorurteilen und Tabus, mit Heimlichtuerei, Unsicherheit und Aggressionen verbunden wie die Tatsache, dass auch Menschen im Seniorenheim den Wunsch nach sexueller Betätigung verspüren. Dabei sollte eines ganz klar sein: Sie haben ein Recht darauf, diesen Wunsch auch auszuleben!

Ich sage dies so deutlich, weil Pflegekräfte, Angehörige und Heimleitungen älteren Menschen genau dieses Recht vielfach absprechen. Auch Anton und Cosima wurde es nicht zugestanden. Die beiden mussten es sich erst erkämpfen.

Je älter ein Mensch ist, desto weniger akzeptiert seine Umgebung ihn als sexuell autonomes Wesen. Im Seniorenheim gilt dies noch einmal verstärkt. Alte Frauen werden als geschlechtslos wahrgenommen, Männer tendenziell ebenso. »Die haben es hinter sich«, heißt es häufig. Aber Tatsache ist: Auch im hohen Alter haben Menschen nach wie vor das Bedürfnis nach Liebe, Sex und Zärtlichkeit.

Dieses Bedürfnis unterscheidet sich in nichts von dem nach Essen und Trinken, es zählt zu den grundlegendsten Bedürfnissen des Menschen überhaupt. Ein einzelner Mensch kann vielleicht ohne Sex auskommen, die Menschheit nicht. Sie würde ohne Sex aussterben, die Natur macht keine Fehler. Wenn Sex im Alter nicht mehr gelebt werden sollte, unabhängig von der Fähigkeit zur Fortpflanzung, so hätte es die Natur ganz sicher so eingerichtet, dass die Lust versiegt.

Das hat sie aber nicht. Aus meiner langjährigen Tätigkeit als Pflege-
dienst- und Heimleiterin weiß ich, dass alte Menschen, auch wenn sie
im Heim leben, sehr oft den drängenden Wunsch verspüren, ihre früher gelebte Sexualität beizubehalten. Auf andere Weise vielleicht, nicht
mehr so oft und nicht mehr so leidenschaftlich. Doch dass die Sexualität
noch höchst lebendig ist, ist bei fast allen Älteren – ob Mann oder Frau –
nicht zu übersehen, wenn man sich auch nur ein bisschen auf sie einlässt
und ihr Vertrauen gewinnt.

Als ich vor einiger Zeit ein Kommunikationsseminar in einem Pflegeheim abhielt, bekam ich einen diskreten Hinweis von der Leiterin. Ich
solle doch einmal in Zimmer achtzehn vorbeischauen, bevor ich ging,
sagte sie. Dort benötige jemand meine Hilfe. Ich war nicht darauf gefasst,
dass dort eine Hundertjährige (!) von mir den korrekten Gebrauch eines
Vibrators gezeigt bekommen wollte. Natürlich tat ich es, und zwar sehr
gern. Sie strahlte, als ich mich von ihr verabschiedete.

Jahrzehntelange Konditionierung, überholte Moralvorstellungen
und eine sexualfeindliche Erziehung (die nach so langer Zeit, nach vielen Jahrzehnten, immer noch nachwirkt) führen dazu, dass auch die
Betroffenen selbst über dieses Thema meist konsequent schweigen. Sie
schämen sich, es ist ihnen peinlich, darüber zu reden. Sie wissen um
das Klischee (»Sex im Alter – das geht gar nicht!«) und erfüllen es ge-
treulich, ohne dies wirklich zu wollen. Sie passen sich an, sie geben auf.
Dies macht den Alltag für sie leichter angesichts der Ablehnung und der
hartnäckigen Widerstände, auf die sie mit ihren Wünschen meist stoßen. Am Ende, wenn sie es nur oft genug gehört haben, glauben sie selbst
daran, dass sie nicht mehr an sexueller Betätigung interessiert seien.

**٭TIPP (FÜR BETROFFENE):** Stehen Sie zu Ihren sexuellen Wünschen
und Bedürfnissen. Die Natur hat Sie mit der großartigen Fähigkeit
ausgestattet, sexuelle Lust genießen zu können. Das ist überhaupt nicht
peinlich, weder für Sie noch für andere. Auch wenn Sie nicht mehr den
straffen, knackigen Körper eines jüngeren Menschen besitzen: Sex ist

etwas Gutes! Jede Falte, jedes Körpermal, jede Speckrolle erzählt eine Geschichte. Sie sind ein Mensch mit Vergangenheit. Und das ist gut so. Es macht Sie interessant und attraktiv.

Vier Prozent aller Senioren in Deutschland leben im Pflegeheim oder in anderen Gemeinschaftseinrichtungen, werden also in der einen oder anderen Form betreut. Doch auch die Pflegekräfte umgehen das Thema »Sex im Alter« meist geflissentlich, vor allem, weil sie selbst nicht damit zurechtkommen. Sie reagieren oft irritiert bis angewidert, wenn sie beispielsweise ein älteres Paar, das sich gefunden hat, so wie Anton und Cosima, beim Sex »erwischen«, oder wenn sie einen Heimbewohner beim Masturbieren überraschen.

Ganz abgesehen davon wird die Privatsphäre älterer Menschen im Heim nicht immer angemessen respektiert. Das Personal drängt die Bewohner, weil sie körperlich schwach und manchmal hilflos sind, oft in die Kindchenrolle. Und Kindern gegenüber kann man sich – das denken viele Pflegekräfte unbewusst – mehr herausnehmen als gegenüber Erwachsenen. Sie fühlen sich mächtig, können verbieten und strafen. Meist ist das noch nicht einmal böse gemeint, es ist einfach menschlich. Bei meinen Seminaren, die ich regelmäßig in Seniorenheimen abhalte, stoße ich sehr oft auf diese Einstellung überforderter Pflegekräfte.

Manuela, achtundzwanzig, war eine von ihnen.

»Ich bin ja wirklich ein toleranter Mensch«, sagte sie, als ich mich das erste Mal mit ihr unterhielt. »Aber was sich manche von den Alten herausnehmen, geht auf keine Kuhhaut. Es sind immer nur Einzelne, die glauben, dass sie es auf ihre alten Tage nochmal richtig krachen lassen können. Männer natürlich. Bei denen hört das Triebhafte offenbar nie auf.«

Sie zündete sich eine Zigarette an. Dass das Rauchen im Heim verboten war, störte sie offenbar nicht.

»Nicht nur, dass sie manche von den Kolleginnen antatschen – nein, die versuchen, auch bei den alten Damen noch zu landen. Irgendwie unästhetisch, finde ich. Ich hau denen ja gnadenlos auf die Finger.«

Auf meine Bitte hin machte sie widerwillig die Zigarette aus. Sie warf mir einen missbilligenden Blick zu, redete aber ohne Unterlass weiter.

»Es sind immer nur Alleinstehende, die nicht wissen, wohin mit sich. Bei den Paaren geht's ja, die können sich benehmen, zumindest in der Öffentlichkeit. Aber diese einzelnen Männer geben einfach ein schlechtes Beispiel ab. Es hat schon Fälle gegeben, da hab ich sie beim Onanieren erwischt. Am liebsten hätte ich ihnen was hinter die Löffel gegeben, aber das darf man ja nicht, da hat man sofort ein Verfahren am Hals. Einer hat auch mal den *Playboy* gelesen, den hab ich ihm gleich weggenommen.«

Sie seufzte.

»Irgendwann sollte es wirklich mal gut sein mit dem Sex. Hat die Natur doch nicht umsonst so eingerichtet, das mit der Fortpflanzung und so. Wir sind ein seriöses, sauberes Seniorenheim und keine Juxbude.«

Manuela ist vielleicht ein extremes Beispiel, doch keineswegs ein untypisches. Es dauerte lange und brauchte mehrere Gespräche, bis ich sie davon überzeugt hatte, dass Heimbewohnern gegenüber ein respektvolleres Verhalten angemessen ist.

Dabei habe ich, bis zu einem gewissen Grad, durchaus Verständnis für Pflegerinnen wie Manuela. Ihre Arbeit wird in hohem Maß durch äußere Zwänge bestimmt: die streng standardisierte Versorgung von Heimbewohnern, den Personalmangel, die knappe Zeit, die notorische Überlastung, nicht zuletzt auch durch die eigenen persönlichen Schamgrenzen. Ein Eingehen auf individuelle sexuelle Bedürfnisse der Heimbewohner (und sei es auch nur, dass man darüber redet) ist unter diesen Umständen kaum möglich. Sexualität wird zum Luxus.

In manchen Senioreneinrichtungen ist es sogar unerwünscht, wenn ein Ehepartner, der nicht im Heim lebt, bei Besuchen mit dem anderen intim wird. Sogar in Gefängnissen ist man hier schon weiter …

Viele Alte haben ihren Partner verloren und kaum die Chance, einen neuen zu finden. Wenn dies wider Erwarten doch geschieht, ist es ein großes Glück, wie die Geschichte von Anton und Cosima zeigt. Die Not ist demzufolge groß. Sie äußert sich auf vielerlei Weise, in eindeutigen Avancen und Übergriffen dem Pflegepersonal und Mitbewohnern beziehungsweise Mitbewohnerinnen gegenüber, sowie im Anfassen des eigenen Körpers. Sexuell frustrierte Heimbewohner sind meist unzufrieden und verbittert, sie sind umtriebig und können nicht schlafen, schwanken zwischen Aggression und Depression – überwiegend Verhaltensweisen, die wir auch von jüngeren Menschen in ähnlichen Situationen kennen. Wenn Menschen keinen Sex haben, werden sie unleidlich. Und das ist noch die harmlose Variante.

Es gibt tatsächlich viele Pflegerinnen wie Manuela, in meinen Seminaren treffe ich immer wieder auf Menschen wie sie. Doch zum Glück beginnt sich auch hier langsam etwas zu ändern. Es ist bemerkenswert, dass – meiner Erfahrung nach – gerade ältere Pflegerinnen wesentlich offener mit der sensiblen Thematik umgehen. Pflegerinnen wie die dreiundvierzigjährige Margot zum Beispiel.

»Seit fünfundzwanzig Jahren arbeite ich nun schon in der Pflege«, erzählte sie mir in einer Seminarpause, »ich habe so ziemlich alles erlebt, was man in diesem Beruf erleben kann. Gutes und weniger Gutes. Anstrengend, vor allem körperlich, ist es fast immer. Doch ich liebe meinen Beruf, ich möchte nichts anderes machen.«

Sie lächelte. Es war schön zu spüren, wie sehr sie in ihrem Beruf aufging. Ich wünschte mir insgeheim, es gäbe mehr Pflegekräfte wie sie.

»Ich freue mich immer, wenn die alten Leute im Heim auch sexuell einen befriedigenden Lebensabend verbringen«, fuhr sie fort. »Die Regel ist das nicht. Viele sind vereinsamt, weil ihre Partner gestorben sind, und dass sie eine neue Beziehung eingehen, kommt nicht allzu häufig vor. Es ist schwierig, im Heim nochmal jemanden kennenzulernen. Nur wenige sind so fit, dass sie draußen auf die Pirsch gehen könnten.«

Ein Heimbewohner kam mit seinem Rollator vorbei und fragte, wo der Aufenthaltsraum sei. Margot wies ihm den Weg.

»Das fragt er jeden Tag«, sagte sie resigniert, nachdem der alte Mann sich entfernt hatte. »Alzheimer.«

Wir schwiegen einen Moment und kamen dann zurück zu unserem Thema.

»Mit Internet und so kennen sich nur wenige der Heimbewohner aus, fast alle sind damit völlig überfordert«, erklärte Margot. »Für die meisten ist der Zug ganz einfach abgefahren, was total schade ist. Aber manche kriegen es doch noch ganz gut auf die Reihe. Vor einem Jahr haben sich zwei Bewohner bei uns im Heim gefunden und doch glatt nochmal geheiratet. Ich war Trauzeugin. Wir haben uns alle für die beiden gefreut.«

Es gab also noch andere Paare wie Anton und Cosima.

»Manche Bewohner müssen aus gesundheitlichen Gründen im Heim wohnen, während ihr Partner weiter in der alten Wohnung lebt«, sagte Margot. »Wenn der zu Besuch kommt, kann es schon mal sein, dass sie auch sexuell was zusammen machen. Vermute ich jedenfalls, denn ich achte strikt darauf, dass die beiden nicht gestört werden. Ist ja schließlich ihre Privatsache. Wenn die Tür zu ist, bleibt sie zu. Das ist Prinzip bei uns. Es ist eine Frage des Respekts.«

Offenbar waren die Verhältnisse in diesem Heim vorbildhaft. Ja, wenn es doch überall so wäre!

»Wenn wir zufällig mitkriegen, dass einer unserer alten Männer masturbiert, was gar nicht so selten vorkommt, ziehen wir uns diskret zurück. Und wenn einer grabscht, versuchen wir, die Sache mit Humor abzubiegen, ohne den alten Herrn zu beleidigen oder zu beschämen. Manchmal allerdings geht's auch richtig zur Sache.«

Ich fragte Margot nach Beispielen.

»Kürzlich bekam einer unserer Bewohner Besuch«, antwortete sie. »Von seiner Nichte, wie er sagte. Er hängte ein Schild mit ›Bitte nicht stören‹ außen an die Klinke und schloss die Tür von innen ab, das war ungewöhnlich. Aber es ist ja sein gutes Recht. Ich bekam es zufällig mit, als die ›Nichte‹ nach einer Stunde wieder ging. Nun besitze ich ja eine gewisse Lebenserfahrung, und dass die Dame aus dem Milieu war, erkannte ich mit einem Blick. Ich habe nichts gesagt – warum auch? Es war völlig in Ordnung, was der alte Mann da gemacht hat, ich habe überhaupt nichts dagegen. Ich finde, Sex ist genauso für junge wie für alte Leute da. Und wenn kein fester Partner mehr vorhanden ist, kann man sich durchaus auch anders behelfen. Man lebt schließlich nur einmal.«

Margots Erzählung freute mich. Sie und ihre Kolleginnen machten instinktiv alles richtig – auch in ihrem eigenen Interesse. Denn Heimbewohner, die Erotik und Beziehungen »offiziell« zulassen dürfen, leben länger und benötigen weniger Medikamente, wie Untersuchungen ergeben haben. Sie sind selbstbewusster, umgänglicher und zufriedener. Lebendigkeit und Begehren bleiben so lange erhalten, wie sie für jemanden da sein können, oder auch nur Aufmerksamkeit erfahren. Solche Menschen strahlen oft von innen heraus und sind voller Energie, sie sind ausgeglichen, wirken jünger und fühlen sich anerkannt.

Den Pflegekräften erleichtert es die Arbeit zweifellos, wenn »ihre« Senioren so sind. Ob dies nicht eine Motivation dafür sein könnte, umzudenken und eine neue Richtung einzuschlagen?

**\*TIPP (FÜR PFLEGEKRÄFTE UND HEIMLEITUNGEN):** Gehen Sie nicht verkrampft, sondern mit Leichtigkeit, Humor und Charme an die Sache heran. Akzeptieren Sie die Sexualität Ihrer Schutzbefohlenen als ein Grundbedürfnis und als ein Grundrecht.

Respektieren Sie die Intimsphäre. Warten Sie auf das »Herein«, nachdem Sie angeklopft haben. Wenn das Schild »Bitte nicht stören« an der Klinke hängt – halten Sie sich daran. Unterstützen und ermutigen Sie Paare, die sich im Heim finden.

Helfen Sie, indem Sie auf Wunsch sexuelle Hilfsmittel besorgen und zur Verfügung stellen (Dildos, Gleitgel etc.), oder auch Bildmaterial (Pornohefte, Filme etc.). Es ist nichts Schlimmes dabei! Machen Sie sich klar: Vielleicht kommen Sie ja auch einmal in die Situation, abhängig von anderen zu sein.

Und wenn ein Senior Ihnen an den Busen fasst: Reagieren Sie nicht unwirsch oder böse, sondern überspielen Sie die heikle Situation auf elegante und humorvolle Weise. Lassen Sie sich nicht zum Objekt machen, sondern lösen Sie durch die Bestätigung des Wunsches diesen Konflikt auf. Sie könnten zum Beispiel sagen: »Sie haben aber Lust heute! Leider bin ich schon vergeben«, oder etwas Ähnliches. Begeben Sie sich auf die Ebene des anderen und akzeptieren Sie seine persönliche Welt. Versuchen Sie, tolerant zu sein.

Leider gibt es bisher in kaum einem Pflegeheim eine Sexualbeauftragte, die in der Lage wäre, mit dieser Thematik kompetent umzugehen und Lösungen für heikle Situationen herbeizuführen. Auch Schulungen sind noch die Ausnahme. Von allein werden Pflegekräfte aber nicht immer damit fertig, auch Kollegen und Vorgesetzte sind nicht unbedingt eine Hilfe. So helfen manchmal nur Intuition und Sensibilität, wie die Geschichte zeigt, die mir eine Pflegekraft in einem Seminar erzählte. Sie betreute einen Bewohner, der sehr unruhig war und abends nicht einschlafen konnte. Er war bereits seit einigen Jahren verwitwet und geistig verwirrt. Eines Abends, er kam wieder nicht zur Ruhe, brachte sie ihn wie üblich zu Bett und legte sich einfach neben ihn, ohne ihn zu berühren oder sonst in irgendeiner Form aktiv zu sein.

Der alte Herr schlief sofort ein.

Instinktiv hatte sie begriffen: Es war der Verlust seiner Ehefrau und damit der Gewohnheit, neben einem vertrauten Menschen zu liegen, der zu seiner Schlaflosigkeit geführt hatte. Es ging gar nicht um Sex oder Erotik, sondern »nur« um Nähe und Wärme.

Ich würde von Pflegekräften niemals verlangen, dass sie sich, wie diese aufmerksame, sensible und mutige Frau, zu Heimbewohnern ins Bett legen. Die kleine Episode aber zeigt, mit wie wenig Aufwand manchmal ein langjähriges, scheinbar tiefsitzendes Problem gelöst werden kann. Auch ich selbst wurde früher oft mit solchen Situationen konfrontiert. Zwei Episoden sind mir besonders im Gedächtnis geblieben. Zwar passierten sie mir im Krankenhaus und nicht im Altenheim, doch kann man beide Vorfälle auf jede Art von Senioreneinrichtung übertragen.

Beim ersten Mal war ich gerade mal achtzehn und hatte erst vor wenigen Monaten meine Ausbildung zur Krankenschwester begonnen. Zu meinen allmorgendlichen Aufgaben als Schwesternschülerin gehörte es, die bettlägerigen Patienten zu waschen. Ich machte also meinen Rundgang.

In einem der Zimmer lag ein älterer Patient, der mich ohnehin immer etwas merkwürdig ansah, doch hatte ich mir deswegen keine Gedanken gemacht. Ich bereitete ihn zur Wäsche vor. Damals entkleidete man die Patienten dazu noch vollständig. Heute ist das anders, da bedeckt man sie zumindest teilweise.

Er lag also nackt da, ich wusch ihn, auch im Schambereich, und plötzlich bemerkte ich, wie sich zwischen meinen Händen etwas regte. Es wuchs und wuchs, immer mehr. Der alte Mann bekam eine gewaltige Erektion.

Ich war völlig irritiert. In Panik warf ich die Decke über den Mann und verließ fluchtartig das Zimmer. Der Patient wurde an diesem Morgen von einer anderen Schwester gewaschen.

Der andere Vorfall ereignete sich ein paar Jahre später. Ich war Mitte zwanzig und schon deutlich erfahrener. Aber Patienten sind ja immer für Überraschungen gut.

Er hieß Karl-Heinz, das weiß ich noch. Er war Anfang achtzig, schon ziemlich hinfällig und brauchte Hilfe beim Duschen, damit er nicht stürzte und sich verletzte. Also setzte ich ihn auf den Stuhl, der in der Dusche stand, und wusch ihn mit einem Waschlappen.

Zwangsläufig musste ich mich dabei etwas vorbeugen, und der alte Mann lugte mir dabei doch glatt in den Ausschnitt. Ich bemerkte es zunächst nicht, nahm aber dann sein verschmitztes Lächeln und seinen starren Blick wahr, während er den Ausschnitt mit spitzen Fingern leicht aufzog.

Jetzt erst verstand ich, worum es ging. Ich richtete mich auf und knöpfte den obersten Knopf meines Dienstkittels zu. Der alte Mann schaute wie ein ertappter Schuljunge.

»Ich wollte doch nur mal gucken«, sagte er verlegen. »Wissen Sie, wie lange ich keinen Busen mehr gesehen habe?«

Wir mussten beide lachen. Es war trotz allem eine sehr entspannte Situation.

Das führt mich unmittelbar zu Erich. Er war einundachtzig und mit einem Großonkel von mir befreundet, den ich manchmal mit dem Auto durch die Gegend chauffierte. Mein Großonkel hatte seinen Führerschein schon vor Jahren freiwillig abgegeben, weil er manchmal mentale Aussetzer hatte. Wir besuchten Erich mehrfach, wobei sich die Gelegenheit ergab, dass ich auch allein mit ihm redete. Er fasste Vertrauen zu mir und erzählte mir seine Geschichte.

Seit er sich die Hüfte gebrochen und es Komplikationen gegeben hatte, war er bettlägerig. Zum Glück wohnte er in einem sehr guten und nicht gerade billigen Seniorenheim, in dem er rund um die Uhr freundlich und sehr professionell versorgt wurde. Er konnte sich wirklich nicht beklagen.

Aber etwas fehlte ihm. Erichs Frau war vor ein paar Jahren gestorben, und wenn sie auch in ihren letzten zehn oder fünfzehn Ehejahren nicht mehr miteinander geschlafen hatten (es war beiden physisch einfach zu anstrengend gewesen), so hatten sie sich doch stets eine gewisse körperliche Nähe und Zärtlichkeit bewahrt. Sie hatten sich häufig geküsst und sich gegenseitig gestreichelt, was zweifellos eine sexuelle Komponente besaß. Es war wie eine Erinnerung an das, was einmal gewesen war. Früher hatten sie drei oder vier Mal pro Woche miteinander geschlafen, mit abnehmender Tendenz über die Jahre hinweg. Davon wollten sie so viel wie möglich ins hohe Alter retten, das hatten sie einander versprochen.

Seit Erich allein war, vermisste er diesen Austausch schmerzlich. Er hatte lange überlegt, ob er sich noch einmal eine neue Partnerin suchen sollte, doch ehe er das Thema in Angriff nehmen konnte, kam ihm die Sache mit der Hüfte dazwischen. Damit war die Angelegenheit erledigt. Dennoch war er nach wie vor ein Mann mit sexuellen Bedürfnissen. Er befriedigte sich zwar ab und zu selbst, doch das war nicht das Gelbe vom Ei. Nicht für Erich. Pornos fand er abstoßend, so etwas hatte ihn noch nie erregt.

Was er sich vorstellen konnte, war, dass eine nette Frau, die gerne auch jünger sein durfte, ihn gelegentlich besuchte und sie ein bisschen Spaß miteinander hatten. Dass er sie anfasste und dass sie ihn berührte. Es ging ihm gar nicht darum, dass sie miteinander schliefen, das funktionierte bei ihm sowieso nicht mehr, aber so ein hübscher, warmer, nackter Frauenkörper, der sich an ihn schmiegte, von dem träumte er. Im Grunde ging es nur um Zärtlichkeit. Die vermisste er sehr.

Er würde ja dafür bezahlen, sagte er, das wäre kein Problem. Seinen Stolz hatte er schon lange abgelegt, dazu sah er seine Situation zu realistisch. Er wusste allerdings nicht, wie er sein Vorhaben verwirklichen sollte. »Wenn man so wie ich ans Bett gefesselt ist, dann ist man schon ziemlich hilflos«, sagte er. »Kein Vergleich zu früher, als mich nichts umwerfen konnte und ich fast immer bekam, was ich wollte. Die Schwestern zu fragen, habe ich mich nicht getraut. Ich habe das Gefühl, sie wären entsetzt, weil sie doch ziemlich strenge Moralvorstellungen haben.«

Das Heim hatte einen konfessionellen Träger, was die Sache noch schwieriger machte, als sie ohnehin schon war. Auch wollte Erich nicht als der lüsterne, sexbesessene Alte gelten, über den sich die Pflegekräfte heimlich amüsierten und den sie verachteten. Außerdem würden sie so einen Besuch ohnehin unterbinden. Erich war ziemlich verzweifelt.

Vielleicht helfen ein paar Zahlen, das Ausmaß des Problems besser zu verstehen: Von derzeit siebzehn Millionen Menschen über fünfundsechzig Jahren in Deutschland sind etwa 2,5 Millionen pflegebedürftig, ein Drittel davon wird in Heimen versorgt. Ebenfalls ein Drittel der über Siebzigjährigen hat noch regelmäßig Sex. Das heißt im Umkehrschluss: Zwei Drittel der über Siebzigjährigen haben *keinen* Sex. Fast die Hälfte der Frauen und deutlich mehr als die Hälfte der Männer jenseits der sechzig befriedigen sich selbst. Wir können sicher sein: Wenn sie die Gelegenheit dazu hätten, würden sie einen Partner beziehungsweise eine Partnerin vorziehen.

Dies führt uns genau zum Punkt: Wenn kein Partner da ist, muss man eben einen beschaffen. Es ist mir klar, dass ich mit diesem Vorschlag bei vielen Menschen anecke, und zwar aus »moralischen« Gründen. Doch betrachten wir die Sache einmal genauer.

Millionen, ja Milliarden von Männern gingen und gehen zu Prostituierten, man spricht nicht umsonst vom »ältesten Gewerbe der Welt«. Nun gibt es eine Menge zu sagen gegen das System der Prostitution im Allgemeinen und seine unschönen Erscheinungsformen im Besonderen. Darum geht es hier aber nicht. Entscheidend ist, dass viele ältere Männer und Frauen keinen Partner mehr haben. Sie sind verwitwet oder geschieden oder leben getrennt. Und sie sind körperlich nicht mehr sehr beweglich, möglicherweise sogar gebrechlich. Sie leben im Heim, sind vielleicht pflegebedürftig.

Vor allem aber sind sie einsam.

Gleichwohl besitzen sie noch sexuelle Wünsche und Bedürfnisse. Die können sehr konkret sein. Im Heim findet sich jedoch meist niemand, mit dem sie eine neue Beziehung eingehen könnten.

Jeder Mensch, so meine Meinung, besitzt das Recht, sich seine körperlichen Bedürfnisse zu erfüllen, solange er damit niemand anderem schadet. Gut, Frauen können Dildos und Vibratoren benutzen, Männer – ebenso wie Frauen – können sich mit der Hand selbst befriedigen. Aber der Weisheit letzter Schluss ist das nicht. Keine noch so raffinierte Technik, keine noch so ausgefallene Fantasie ersetzt die Berührungen und Liebkosungen eines lebendigen Menschen.

Gewiss: Kein Zusammensein auf Zeit, das man sich für Geld erkauft, kann eine Beziehung ersetzen, die auf gegenseitiger Sympathie und Zuneigung, vielleicht sogar auf Liebe beruht. Doch was ist, wenn die Hoffnung darauf aussichtslos erscheint in Anbetracht der mittlerweile sehr begrenzten restlichen Lebenserwartung? Verzicht ist nicht jedermanns Sache. Viele wollen das Leben auskosten bis zum Letzten.

Ich finde: Das sollen sie! Aber wie?

Nun kann man es vielleicht arrangieren, dass ein Senior im Heim Besuch von einer Prostituierten bekommt. Viele Heimleitungen werden jedoch etwas dagegen haben und die Absicht unterbinden.

Doch es existiert eine Lösung.

Seit einigen Jahren gibt es den Beruf der Sexualbegleiterin, manche nennen sie auch Sexualassistentin. Es ist ein Beruf, der genau aus den Problemen heraus entstanden ist, die ich oben so ausführlich geschildert habe. Eine Sexualbegleiterin ist keine Prostituierte, wiewohl die Grenzen – das liegt in der Natur der Sache – fließend sind. Sie ist vielmehr besonders geschult in Bezug auf die sexuellen Bedürfnisse älterer Menschen, und zwar von Männern wie von Frauen. Sie kennt die Handicaps, die Scheu und die Scham, die alten Menschen eigen sind. Meist ist sie ausgebildete Masseurin, im besten Fall Sexualtherapeutin. Es gibt aber auch Prostituierte, die sich auf genau diese Aufgabe spezialisiert haben.

Wenn eine Sexualbegleiterin die Menschen besucht, die zu treffen sie engagiert wurde, wird sie zuerst mit ihnen reden, um herauszufinden, wohin die Wünsche gehen. Sie wird eine erotische, sinnliche und entspannte Atmosphäre herstellen, mit Kerzen und wohlriechenden Düften etwa, und sie wird ihre Kleider ablegen. Danach wird sie es zu körperlichem Kontakt kommen lassen, sie wird streicheln, küssen und umarmen. Ganz wichtig sind Zärtlichkeit und Einfühlungsvermögen. Wie weit sie dabei geht, wird sie nicht verraten, wahrscheinlich macht sie es von der Situation und ihrem Gegenüber abhängig. Für die eine Sexualbegleiterin ist Geschlechtsverkehr ein absolutes Tabu, für andere nicht. Es liegt allein in ihrem Ermessen. Mit hoher Wahrscheinlichkeit aber wird sie einen Menschen zurücklassen, der zumindest für eine gewisse Zeit glücklich ist.

Welche Heimleitung, und sei sie noch so konservativ, würde dieses Ergebnis nicht begrüßen? Ich finde, dass dies in vielen Fällen eine sehr probate und humane Lösung dafür ist, älteren Menschen in ihren letzten Lebensjahren von Zeit zu Zeit ein kleines bisschen körperliches Glück und Befriedigung zu schenken. Überdies dürfte die Hilfe einer Sexualbegleiterin die einzige Möglichkeit für bettlägerige oder gar gelähmte Heimbewohner sein, in ihrem Zustand überhaupt noch Sex zu haben. Vielen Heimbewohnern wird dieses Angebot vielleicht schon genügen, anderen gewiss nicht. Frauen wäre mit einem männlichen Sexualbegleiter oder -assistenten gewiss besser geholfen, aber soweit ich weiß, gibt es den noch nicht.

Erichs Geschichte fand denn auch ein gutes Ende. Sein Freund, also mein Großonkel, erkannte seine Not. Da er ein zupackender, entschlussfreudiger Mann war, machte er sich im Internet kundig und engagierte kurzerhand eine attraktive Sexualbegleiterin, die Erich von nun an einmal im Monat besuchte. Ein schöneres Geschenk hätte er ihm vermutlich nicht machen können.

Von einer Gruppe haben wir in diesem Zusammenhang bisher noch gar nicht gesprochen: den Angehörigen. Sie schweigen das peinliche Thema in den allermeisten Fällen tot. Opa und Oma haben noch sexuelle Bedürfnisse? Gott bewahre!

Man kann es verstehen: Kein Kind möchte sich die eigenen Eltern vorstellen, wie sie Sex miteinander haben. Dies ist eines der mächtigsten Tabuthemen überhaupt, das Inzestverbot spielt hier mit hinein. Aber ist es andererseits nicht ein ganz besonderer Ausdruck von Mitgefühl, Liebe und Verbundenheit, wenn nahe Verwandte sich um Dinge kümmern, die ihnen eigentlich hochgradig unangenehm und peinlich sind? Wenn sie, zum Beispiel, dafür sorgen, dass eine Sexualbegleiterin ins Pflegeheim kommt, und wenn sie diese für ihre Dienste bezahlen? Es wäre bereits ein guter Anfang, wenn die Angehörigen nur mit der Heimleitung sprechen würden, um gemeinsam eine Lösung für offenkundige Probleme zu finden.

Ich übertreibe wohl nicht, wenn ich sage, dass viele alte Menschen im Heim quasi entmündigt sind, auch und gerade, was ihre Sexualität angeht. Ausgesprochen schlimm finde ich es daher, wenn Angehörige bestimmen wollen, dass ihre Eltern oder Großeltern keinen Sex haben dürfen. Dies kommt meiner Erfahrung nach öfter vor, als man denkt. Das Druckmittel ist meist das Geld, mit dem Sex Toys, erotische Zeitschriften oder auch eine Sexualbegleiterin bezahlt werden müssen. Da stellen sich Angehörige oft quer. Wer sich so verhält, dem möchte ich eine Frage stellen: Würden Sie es sich von Ihren eigenen Kindern verbieten lassen, sich sexuell zu betätigen? Die Antwort mag sich jeder selber geben.

Noch schwieriger wird es allerdings, wenn die Eltern und Großeltern, um die es geht, mit ihren Kindern beziehungsweise Enkeln im selben Haus wohnen. Hier liegt die Schwelle, welche die Angehörigen überwinden müssen, noch ein gutes Stück höher. Es mag auch organisatorisch schwieriger sein, da oft noch kleine Kinder mit zur Familie gehören. Die sollen ja nichts mitbekommen.

**✳ TIPP (FÜR ANGEHÖRIGE):** Springen Sie über Ihren Schatten und beschäftigen Sie sich mit dem Thema, auch wenn es Ihnen unangenehm ist. Akzeptieren Sie, dass Ihre Eltern oder Großeltern, die jetzt im Heim leben, sexuelle Wünsche und Bedürfnisse haben – genau wie Sie selbst.

Stellen Sie sich vor, Sie wären in ihrer Situation und auf die Hilfe anderer angewiesen. Fänden Sie es gut, wenn man Sie in Ihrer Not alleinließe?

## KÄUFLICHE LIEBE – DER LETZTE AUSWEG?

Seit dem Tod seiner Frau vor vier Jahren war Alfred ziemlich einsam. Er war zweiundsiebzig, seine beiden Kinder wohnten weit weg, und er sah sie nur noch selten. Sie hatten inzwischen selbst Familien und führten ihr eigenes Leben.

Alfred war noch ganz fit, seine Aktivitäten waren breit gefächert. Eine neue Partnerin hätte er schon gerne gehabt. Seine verstorbene Frau hätte bestimmt nichts dagegen, davon war er überzeugt. Aber wie sollte er eine neue Partnerin finden?

Alfred war ehrenamtlich als Kassenwart in seinem Sportverein tätig, aber dort lernte er natürlich keine Frauen kennen. Er hatte es übers Internet probiert und ging auch manchmal in die Stadt, eigentlich nur ein Marktflecken von überschaubarer Größe im Oberbergischen, und setzte sich am Kirchplatz ins einzige Café des Ortes. Dort kam ich eines Tages mit ihm ins Gespräch, als ich auf Besuch in meiner alten Heimat war.

Alfred war zwar alt, gehörte aber noch lange nicht zum alten Eisen, versicherte er mir. Deshalb dürfe eine neue Partnerin auch deutlich jünger sein als er, fünfzehn oder zwanzig Jahre vielleicht.

Nun ist dies ein alter Männertraum, der nicht sehr häufig in Erfüllung geht. Auch Alfred hatte keinen Erfolg bei seiner Suche, wie ich nach einiger Zeit erfuhr, nachdem wir uns per Zufall wieder über den Weg gelaufen waren. Er hatte inzwischen Vertrauen zu mir gefasst. Seit einiger Zeit, gestand er mir, ging er daher regelmäßig in ein Bordell in der Kreisstadt, wo ihn keiner kannte.

Alles sei dort sehr geschmackvoll und gepflegt, berichtete Alfred, die Damen seien überaus freundlich und zugänglich – wie das in einem Bordell eben so ist. Alfred probierte verschiedene Prostituierte aus und blieb schließlich bei einer von ihnen hängen. Fortan ging er immer wieder zu ihr und wurde Stammgast. Seine Favoritin war nicht mehr ganz jung und entsprach vom Äußeren her genau dem Typ, den er mochte: lange schwarze Haare, große ausdrucksvolle Augen und nicht gerade schlank.

Vor allem aber nahm sie sich Zeit, denn bei Männern in Alfreds Alter geht alles nicht mehr so einfach und schnell. Er brauchte das ganze Drumherum, auch wenn er wusste, das alles nur Getue war. Die von ihm ausgewählte Dame hatte schnell begriffen, worauf es Alfred ankam, und gab vor, sich für ihn zu interessieren. Die beiden redeten miteinander und tranken ein Glas Sekt, bevor sie zur Sache kamen. Diese Inszenierung war für ihn äußerst wichtig. Er musste sich wohlfühlen, sonst lief gar nichts bei ihm. Das Geld spielte nicht wirklich eine Rolle, Alfred bekam eine gute Pension.

»Ich brauche Unterstützung, Medikamente, meine ich«, erzählte er mir frank und frei. »In meinem Alter ist das ganz normal. Mein Arzt hat mir Viagra verschrieben, das wirkt tatsächlich. Es ist wie in alten Zeiten für mich. Mit meiner Frau, wenn ich mal ehrlich bin, lief ja auch nicht mehr so viel in den letzten Jahren, und das lag nicht unbedingt allein an ihr.«

Alfred erzählte mir, er gehe zwar gerne ins Bordell, doch sei er weit davon entfernt, sich etwas vorzumachen. Er war Pragmatiker und sah die ganze Sache ziemlich nüchtern. Nicht von ungefähr hatte er früher als Statiker gearbeitet.

»Natürlich weiß ich, dass das alles ein Geschäft ist und dass nach mir gleich der Nächste kommt. Aber das blende ich aus«, meinte er. »Ich will es auch gar nicht so genau wissen. Im Grunde gehe ich nur aus Not dorthin, aber es ist besser als nichts. Denn es sich selbst nur mit der Hand zu machen, bringt es auf Dauer auch nicht. Aber«, und jetzt strahlten seine Augen, »vielleicht lerne ich ja doch noch mal eine Frau kennen, mit der ich eine normale Beziehung führen kann.«

Ich kann ihm da nur Glück wünschen. Zwar verhält sich Alfred, indem er zu Prostituierten geht, gemäß einer langen Tradition, die Jahrtausende zurückreicht, doch nicht jede Kultur gestand auch älteren Männern die Befriedigung ihrer sexuellen Wünsche zu.

Im Römischen Reich etwa betrachtete man einen sechzigjährigen Mann bereits als Greis. Dies hatte Auswirkungen auf das Verhalten, das die Umwelt von ihm erwartete. Während es für junge Männer als normal, üblich und sogar gesund angesehen wurde, Prostituierte zu besuchen, galt für ältere Männer das Gegenteil. Dabei war Sex gegen Geld eine der wenigen Gelegenheiten für Männer, sich abzureagieren, denn die Ehe war nur dazu da, legitime Nachkommen zu zeugen. Mit Lust und Genuss hatte sie nichts zu tun.

Alterssexualität war ein großes Tabu in der römischen Gesellschaft, zumindest galt dies für die Oberschicht. Männer ab ungefähr sechzig hatten über ihren Trieben zu stehen und sich ganz auf ihren Intellekt zu konzentrieren. Die geistige Existenz stand vom Ansehen her turmhoch über dem rein körperlichen Dasein. Cicero beschreibt das sehr anschaulich in seinem Werk *Cato major de senectute* (*Über das Alter*), das ich bereits im Einleitungskapitel erwähnt habe.

Zum Glück haben sich die Zeiten inzwischen geändert. Mit sechzig Jahren betrachtet sich ein Mann heutzutage ganz und gar nicht als alt, und er sieht auch nicht ein, weshalb er auf Sex verzichten sollte. Warum auch? Doch fehlt, je älter er wird, oft die Gelegenheit. Wer als älterer Mann verwitwet, geschieden oder ohnehin alleinlebend ist, hat es wesentlich schwerer, eine Partnerin zu finden, vor allem, wenn sie auch noch deutlich jünger und, natürlich, attraktiv sein soll.

Der Ausweg für viele Männer: Sie gehen ins Bordell oder zahlen auf andere Weise für Sex. Laut einer Untersuchung aus dem Jahr 1994 gehen achtzehn Prozent der männlichen Bevölkerung in Deutschland regelmäßig zu Prostituierten.

In Deutschland wird das ziemlich liberal gehandhabt. Seit Anfang 2002 können Prostituierte ihren Lohn gerichtlich einklagen, sie sind, wenn sie es wollen, sozialversichert (allerdings nehmen nur die wenigsten Prostituierten dieses Angebot in Anspruch), und sie müssen Einkommensteuer zahlen. Auch die »Förderung der Prostitution« (gemeint ist Zuhälterei) ist seitdem straffrei, sofern kein Zwang auf die Prostituierten ausgeübt wird, während in anderen Ländern recht rigide Vorschriften herrschen, um das Milieu auszutrocknen. Doch das wird kaum funktionieren: Prostitution hat es schon immer gegeben und wird es immer geben. Sie ist aus keiner Gesellschaft wegzudenken und hat sich auch historisch gegen alle Verbote stets behauptet.

Ich will damit nicht der Prostitution das Wort reden, zu schlimm sind zum Teil die Umstände, unter denen Frauen sie ausüben. Allerdings stört mich die Doppelmoral, die oft damit einhergeht. Denn schon immer waren viele von denen, die mit lautstarker Empörung gegen Prostituierte und Bordelle zu Felde zogen, deren treueste und beste Kunden.

Doch davon abgesehen: Niemand kann genau sagen, wo Prostitution eigentlich beginnt und was genau darunter zu verstehen ist. Auch wenn es sich nicht explizit um Prostitution handelt, so haben Männer doch seit jeher für Sex bezahlt. Regelmäßige Geschenke zum Beispiel können durchaus eine Entlohnung für sexuelle Gefälligkeiten sein, müssen es aber nicht. Und wie verhält es sich, wenn ein wohlhabender älterer Mann eine junge Frau aushält, der er durchaus in Liebe verbunden ist? Wie viele Ehen fußen einzig und allein auf den Pfeilern Vermögen, Status oder Herkunft? Die uns heute als selbstverständlich erscheinende Liebesheirat ist, das sollten wir nicht vergessen, historisch gesehen eine relativ neue Errungenschaft. Jean-Jacques Rousseau erhob sie erstmals 1761 in seinem Roman *Julie oder Die neue Héloïse* als Forderung, die deutschen Romantiker übernahmen die Idee mit Begeisterung.

Mit Liebe hat Prostitution natürlich nichts zu tun, sie ist ein Geschäft. Jeder Mann, der sich darauf einlässt, weiß das oder sollte es zumindest wissen. Es bringt nichts, hier die Moralkeule zu schwingen, dies wäre zu einfach. Wenn ein älterer Mann ins Bordell geht, weil er keine Partnerin hat oder findet, dann ist das allein seine Entscheidung. Millionen anderer Männer haben das Gleiche vor ihm gemacht, und Millionen werden nach ihm kommen. Der beste Ausweg ist die käufliche Liebe vielleicht nicht, doch mit Sicherheit ein gangbarer. Und in einem Punkt bin ich mir ganz sicher: Jeder dieser Männer hätte, wenn er es sich aussuchen könnte, lieber eine »richtige« Partnerin als eine Prostituierte.

Nachdem mir Alfred so offen von sich erzählt hatte, war ich neugierig, auch die »andere Seite« kennenzulernen, also die Prostituierte, bei der er Stammgast war. Er selbst vermittelte mir ein Treffen mit ihr. Monique, wie sie sich nannte, war knapp vierzig und eine sehr aparte, gepflegte Erscheinung. Auf der Straße hätte ihr keiner ihren Beruf angesehen.

Nachdem wir uns ausgiebig beschnuppert hatten, nahm sie kein Blatt vor den Mund.

»Ich arbeite seit über zwölf Jahren als Prostituierte, nicht auf dem Straßenstrich, sondern nur in wirklich guten Läden«, erzählte sie mit erfrischender Offenheit. »Geregelte Arbeitszeit, saubere Umgebung, nette Kolleginnen. Erfahrung habe ich genug, das können Sie mir glauben. Ich habe schon so gut wie alles gesehen und erlebt, was es in diesem Milieu so gibt.«

Dann kam die Überraschung.

»Meine liebsten Kunden sind ältere Männer«, sagte Monique, »so ab sechzig. Der Älteste ist fast achtzig, kaum zu glauben! Die können sich benehmen, haben meistens Stil und kennen sich aus. Ich hab einige Stammkunden in dem Alter, die kommen immer wieder. Viele sind echte Gentlemen. Einer bringt mir sogar immer Blumen mit, das hab ich sonst noch nie erlebt.«

Ich war zu diskret um nachzufragen, ob es Alfred war, den sie damit meinte. Ich war auch so schon ziemlich verblüfft.

»Der Sex mit den alten Herren ist echt easy, richtig angenehm«, fuhr Monique unbekümmert fort. »Bevor es zur Sache geht, reden wir meistens, das gehört für die irgendwie dazu. Nichts Bedeutendes, einfach so, um miteinander warm zu werden. Natürlich können die nicht mehr so wie junge Männer, es dauert immer eine Weile, bis sie so weit sind, und oft klappt's auch überhaupt nicht, obwohl die meisten ihre Potenzpillen nehmen. Im Alter ist das eben so. Aber ich geb mir immer richtig Mühe, damit sie auf ihre Kosten kommen. Oft ist es nur Handarbeit, aber warum nicht? Das ist nun mal mein Job.«

Monique besaß offenbar eine ausgeprägte Berufsethik. Sie wollte eine reelle Gegenleistung bieten für das Geld, das sie kassierte. Es war ihr ein Bedürfnis.

»Mit den Alten gibt's auch nie Diskussionen, ob sie nun ein Kondom nehmen oder nicht, so wie bei den Jungen ganz oft«, sagte Monique. »Das ist für die ganz selbstverständlich. Es gibt auch welche, die wollen einfach nur reden und ein bisschen Zärtlichkeit. Sie möchten, dass ich sie in den Arm nehme und streichle, auch untenrum. Richtig Sex ist das eigentlich nicht, aber für die schon. Mir soll's recht sein, ich mache alles. Die meisten sind, glaube ich, ziemlich einsam, die sind verwitwet oder mit der Frau läuft gar nichts mehr. Da kommen sie halt zu mir. Für mich ist das, wenn man's genau nimmt, ein ziemlich leichter Job. Vor allem menschlich sind die Alten unheimlich okay, richtig sympathisch. Ich wollt, es gäbe mehr von denen.«

**∗TIPP:** Besser Sex gegen Geld als gar keinen Sex. Wenn Sie sich dazu entschlossen haben – tun Sie es! Ein schlechtes Gewissen müssen Sie nicht haben, solange Sie sich der Dame gegenüber, die Sie ausgesucht haben, fair verhalten. Seien Sie nicht herablassend oder verächtlich, sondern höflich und zuvorkommend, und bezahlen Sie anstandslos den Betrag, den Sie vereinbart haben. Vielleicht wollen Sie ja wiederkommen? Sie wären nicht der Erste.

Doch Prostitution ist nicht immer nur eine Angelegenheit von Männern. Es gibt auch Frauen, die für Sex bezahlen.

In meinem Berliner Frauennetzwerk lernte ich Frieda kennen. Sie besaß ein erstaunliches Selbstbewusstsein, man merkte, dass sie weit in der Welt herumgekommen war. Hübsch im landläufigen Sinne war sie nicht, aber das spielte auch gar keine Rolle, denn jeder, dem sie begegnete, war sogleich fasziniert von ihrem übersprudelnden, einnehmenden Wesen. Sie verdiente ihr Geld mit Webdesign, was nicht übermäßig viel abwarf, doch immerhin so viel, dass sie leidlich davon leben konnte. Am Rande einer Veranstaltung kamen wir ins Gespräch und auch sogleich aufs Thema: Sex gegen Geld. Ich hatte schon von ihren unkonventionellen Urlaubsneigungen gehört, sie machte gar kein Hehl daraus.

»Ich bin schon immer gern gereist«, erzählte Frieda, »doch vor drei Jahren habe ich ein ganz neues Urlaubsziel entdeckt: Kenia. Von meinem Mann bin ich seit Langem geschieden, und einen Freund habe ich auch nicht, leider, muss ich sagen. Ich bin neunundfünfzig, und in meinem Alter ist es nicht mehr so einfach, jemanden zu finden, mit dem man auch im Bett Spaß haben kann. Ein paar Versuche habe ich gemacht, doch die Herren können meistens nicht mehr so, wie ich's gerne hätte. Und nur spazieren gehen, das ist nicht ganz mein Ding. So alt fühl mich noch nicht. Immerhin jogge ich dreimal die Woche und gehe ins Fitnessstudio.«

Sie besaß tatsächlich einen ziemlich drahtigen Körper. Man sah, dass sie viel dafür tat, ihr Äußeres in Form zu halten.

»Nach Kenia fuhr ich eigentlich wegen der Strände und der Serengeti. Ich wollte die Tierwelt Afrikas kennenlernen. Stattdessen entdeckte ich die Männerwelt.«

Sie lachte, um ihre Verlegenheit zu überspielen, trank einen Schluck ihres Latte Macchiato und wischte sich sorgfältig den Schaum vom Mund. Dann redete sie weiter.

»Ich weiß nicht, ob es ein Zufall war, dass ich Murunga traf. Wahrscheinlich nicht, aber es ist auch egal. Er war am Strand, und im Gegensatz zu den anderen Einheimischen dort wollte er mir nichts verkaufen. Keine gefälschten Uhren, keine T-Shirts. Er war jung, so Mitte zwanzig, und mindestens eins neunzig groß. Ein Bild von einem Mann! Blitzweiße Zähne und ein pechschwarzer Körper, gut ausgebildete Muskeln, und sehr gepflegt. Er war Massai und sprach ein bisschen Englisch, genug jedenfalls, dass wir uns verständigen konnten.«

Sie holte ein Foto aus ihrer Handtasche und zeigte es mir. Murunga, der da – nur mit einer knappen Badehose bekleidet – vor einer Palmenkulisse in die Kamera lachte, sah tatsächlich aus wie ein Hollywoodstar.

»Aber viel reden mussten wir ohnehin nicht«, erzählte Frieda. »Es funkte gleich. Er machte mir Komplimente, wie ich sie lange nicht mehr gehört hatte. Nach einigen Drinks an der Hotelbar, die ich bezahlte, landeten wir noch am selben Abend im Bett. Dass es im Hotel keine Schwierigkeiten gab, hätte mich eigentlich stutzig machen müssen, doch so weit dachte ich damals noch nicht. Ich war ganz berauscht und wie von Sinnen.«

Sie schaute ein wenig verträumt, als ob die Szene vor ihrem inneren Auge Gestalt annähme.

»Dieser ersten Nacht folgten weitere«, fuhr sie fort. »Irgendwann begriff ich, dass solche Arrangements in den Hotels dort ganz normal sind und natürlich auch bezahlt werden müssen. Letztendlich von mir. Aber sei's drum!«

Sie zog an ihrer Zigarette und fuhr dann fort: »Murunga erzählte mir, dass er mit seiner Sippe im Hochland lebte. Seine Familie musste mit sehr wenig Geld auskommen, nach unseren europäischen Maßstäben jedenfalls, und sie war dringend auf das angewiesen, was Murunga verdiente. Irgendwie war es selbstverständlich, dass ich ihm Geld gab. Er verbrachte schließlich seine Zeit mit mir – die ich sehr genoss, wie ich hinzufügen möchte. Ich habe selten einen so tollen Liebhaber wie ihn gehabt. Eigentlich noch nie, wenn ich es recht bedenke.«

Es klang fast zu schön, um wahr zu sein.

»Ich blieb vierzehn Tage«, erzählte Frieda weiter. »Irgendwann gestand mir Murunga auf mein Drängen hin, dass ich nicht die einzige Frau in seinem Leben war. Es gab noch andere Touristinnen. Mit ihnen verdiente er sein Geld. Merkwürdigerweise machte es mir nichts aus. Ich bin realistisch und weiß, dass ich nicht die Traumfrau bin. Nicht mehr jedenfalls. Immerhin besaß Murunga Prinzipien: Es gab immer nur eine Frau aus Europa, mit der er zusammen war, niemals zwei oder mehr gleichzeitig. Dies war etwas, das ich akzeptieren konnte.«

Es war ein bemerkenswert nüchterner Pragmatismus, den Frieda an den Tag legte.

»Ich war nicht so dumm, dass ich mich in ihn verliebte«, sagte sie. »Dafür waren die Unterschiede doch zu groß. Aber im folgenden Jahr, eigentlich war es sogar schon nach sechs Monaten, fuhr ich wieder hin. Das hatten wir so ausgemacht. Und wieder verbrachten wir eine tolle Zeit miteinander. Es war fast noch intensiver als beim ersten Mal. Er wusste, wie er mich erregen konnte, er hatte es sich genau gemerkt. Finanziell war es keine große Sache für mich, für ihn hingegen schon. Das ist auch völlig in Ordnung so. Wir haben beide was davon.«

»Seht ihr euch denn immer noch?«, fragte ich.

»Ja sicher«, erwiderte Frieda. »Zweimal im Jahr, für vierzehn Tage oder drei Wochen. Ansprüche stellt keiner von uns beiden. Natürlich ist mir klar, dass es sich um ein Geschäft handelt. Ich verdränge das aber und genieße die Zeit.«

Womit sie, wie ich finde, recht hat. Auch ältere Frauen haben Bedürfnisse, die sie ausleben möchten. Sie sprechen seltener darüber als Männer, und ihre Wünsche sind auch nicht so präsent im öffentlichen Bewusstsein – aber sie sind vorhanden.

Was Männern stets als Ausweg offensteht, bleibt Frauen größtenteils verwehrt: die käufliche Liebe. Bordelle, in die Frauen gehen könnten, gibt es nicht. In Berlin gab es mal eines, aber es musste wegen mangelnden Interesses bald wieder schließen.

Zwar kann man sich als Frau auch Männer mieten, doch das gestaltet sich nicht einfach. Die Szene ist klein und verschwiegen und besitzt nicht immer jenes Niveau, das Frauen sich erhoffen. Nicht, dass sich hier nur Gigolos und Heiratsschwindler tummeln, doch bleibt allzu oft ein schales Gefühl zurück, wie mir eine Klientin erzählte, die diese Möglichkeit der Lustbefriedigung ausprobiert hatte. Gewiss spielt auch die Konvention eine Rolle: Frauen tun so etwas nicht, besagt sie, und tatsächlich war es stets nur eine verschwindend kleine, selbstbewusste Minderheit von Frauen, die sich die Freiheit herausnahm, Männer für Sex zu bezahlen.

Natürlich ist mir klar, dass Gleichberechtigung in Bezug auf käufliche Liebe auf absehbare Zeit nur ein frommer Wunsch sein kann. Verhältnisse, in denen reiche reifere Frauen junge attraktive »Latin Lovers« aushalten, kommen nur im Kino vor (und diese Geschichten gehen selten gut aus). Zwar hat es sich längst durchgesetzt, dass der Kellner nicht gleich die Augenbrauen hochzieht, wenn im Restaurant oder Café Frauen in Männerbegleitung die Rechnung übernehmen, und auch die sogenannten »Damenkarten« (das sind die ohne Preise) sind abgeschafft. Doch das heißt noch lange nicht, dass die Emanzipation auch den sexuellen Bereich erobert hat.

Besonders für Frauen, die nicht dem herrschenden Schönheitsideal entsprechen und deren Alter über jener Schwelle liegt, an der selbst die attraktiven »silbernen Jahre« zu Ende gehen, gestaltet sich die Sache daher schwierig. Und das hat nicht unbedingt etwas mit Geld zu tun, sondern mit tief verwurzelten Vorurteilen, die seit über zweieinhalbtausend Jahren im Abendland die Mehrheitsmeinung bilden (in anderen Kulturen sieht es meist noch schlimmer aus).

Ein Quickie gegen Geld ist für Frauen nicht drin, ganz selten jedenfalls. Eine Partnersuche ist meist langwierig und oft frustrierend. Was also soll man raten?

**✳TIPP:** Gehen Sie als Frau bei der Partnersuche offensiv vor. Viele Männer sind oft schüchterner, als sie nach außen hin tun. Sie lieben es, wenn eine Frau die Initiative ergreift. Sagen Sie deutlich, was Sie wollen, sobald das Eis gebrochen ist. Verpacken Sie es vielleicht humorvoll, aber machen Sie klar, dass Sie es ernst meinen.

Viele junge Männer stehen auf ältere Frauen. Auch wenn sie vielleicht einen Mutterkomplex haben: Stören muss Sie das nicht. Sie wollen schließlich keine tiefgründigen Gespräche auf der Couch, sondern tollen Sex. Und davon haben Sie garantiert mehr Ahnung als die jungen Hüpfer. Bringen Sie es ihnen bei!

Bliebe noch Jamaika. Oder Schwarzafrika. Oder die ägyptischen Badeorte am Roten Meer. Dort gelten auch nicht so schlanke, nicht mehr junge Frauen aus Europa als attraktiv. Vor allem aber als solvent (auch wenn dies nach hiesigen Maßstäben vielleicht gar nicht zutrifft). In den vergangenen Jahren hat sich in diesen Regionen insgeheim ein bemerkenswerter Sextourismus von Frauen entwickelt, der jenem in Thailand, wo – so das Klischee – sich beleibte deutsche Männer gegen Zahlung eines Obolus von attraktiven jungen Frauen begehrt fühlen dürfen, nicht nachsteht.

Frieda ist nicht die einzige Touristin, die mit einer ganz bestimmten Zielsetzung in Länder wie Kenia fährt. Selbstverständlich zahlt sie ihrem Liebhaber nur eine »Unterstützung«, von der ganze Großfamilien leben. Das verschafft ein gutes Gewissen. Vielleicht ist diese Illusion auch notwendig, damit die Frauen nicht vor sich selbst das Gesicht verlieren, denn wie viel schöner ist es doch zu glauben, dass man um seiner selbst willen umworben wird. Aber es geht hier gleichwohl um ein ganz profanes Geschäft: Liebe auf Zeit und gegen Geld, so heißt der Deal.

Ich will das nicht verurteilen. Auch kulturelle Befindlichkeiten mögen eine Rolle spielen, und in einer moralischen Grauzone spielen sich derlei Arrangements ohnehin ab. Wie so häufig: Jeder muss das für sich selbst entscheiden.

*Guter Sex ist
kein Mysterium

# SEX TOYS — SPIELZEUG FÜR ERWACHSENE

Kinder lieben Spielzeuge, Erwachsene noch mehr. Jedenfalls die, die nicht für Kinder geeignet sind. Viele Paare besitzen eine geheime Kiste, die sie nur zu bestimmten Anlässen öffnen. Sie enthält Sex Toys. Darunter versteht man Dinge, die das Sexleben ungemein bereichern können: Augenbinden und Dildos etwa, aber auch das weite Feld der Sado-Maso-Accessoires. Wer mit diesen Gegenständen nicht vertraut ist, für den lohnt es sich vielleicht, sich näher mit ihnen zu beschäftigen. Ob er sie dann auch benutzt, ist eine ganz andere Frage. Doch zumindest kann man dadurch auf Ideen kommen.

Sex Toys können gerade Paaren, bei denen die sexuellen Aktivitäten zur Routine verkommen oder womöglich ganz eingeschlafen sind, einen neuen Schub geben. Sie machen das Sexleben auf einmal wieder interessant. Ich verrate kein Geheimnis, wenn ich sage, dass das neuerliche Erblühen von Manfreds und Helgas sexueller Beziehung zu einem guten Teil damit zu tun hatte, dass beide die weite Welt der Sexspielzeuge für sich entdeckten. Und damit sind sie nicht die Einzigen.

Die Leute denken immer, als Sex Coach hätte ich einen Schrank voller Sexspielzeug. Ich muss gestehen: Sie haben recht. Schon aus beruflichen Gründen bin ich sehr gut mit diesen Dingen ausgestattet. Aber ich benutze die Sachen auch selbst, zumindest teste ich sie, bevor sie in die Schublade wandern. Wie könnte ich den Teilnehmerinnen meiner Seminare, Workshops und Einzelcoachings (nicht nur Frauen übrigens: auch Männer gehören zu meinen Klienten) sonst erzählen und zum Teil auch demonstrieren, welche Toys sich wofür eignen und wie sie zu benutzen sind?

Fangen wir nicht im Schrank, sondern im Gemüsefach meines Kühlschranks an. Dort lagert stets eine kleine Auswahl an marktfrischem Gemüse wie Gurken, Maiskolben, Zucchini und Avocados, die allerdings nur mit übergezogenem Kondom benutzt werden sollten.

In der obersten Kommodenschublade befinden sich griffbreit jene Sex Toys, die am häufigsten gebraucht werden: Dildos aller Formen und Farben, aus verschiedensten Materialien. Das kann Glas oder Metall sein, Kunststoff, Latex, Vinyl oder Holz. Die Oberfläche ist mal glatt, mal geriffelt, gerippt oder genoppt, und manchmal auch naturbelassen, so wie das Material es eben hergibt.

Dildos sind die ältesten Sexspielzeuge überhaupt, vor Jahrtausenden schon wurden sie benutzt. Ihre Formen sind vielfältig, manchmal ähneln sie einem Penis bis ins kleinste Detail, dann wieder sind sie einem Delfin nachempfunden oder Früchten (jenen in meinem Gemüsefach). Manche Dildos haben auch eine Doppelfunktion, sie sind vaginal und anal gleichzeitig zu gebrauchen, was gewiss auch seine Reize besitzt. Ist

ein Dildo an der Spitze angewinkelt, so ist er besonders gut dazu geeignet, den G-Punkt zu stimulieren. Probieren Sie es einfach mal aus.

Skeptisch bin ich gegenüber Vibratoren, und zwar aus folgendem Grund: Ein Mann kann mit seinem Penis niemals jene Vibrationen erzeugen wie ein Elektrogerät. Gewöhnt sich eine Frau nun zu sehr an das Gefühl, das ein Vibrator ihr vermittelt, so wird sie es schwer haben, beim realen Geschlechtsverkehr zum Orgasmus zu kommen, da ihr einfach etwas fehlt, was kein Mann ihr geben kann. Ihr Gehirn »lernt«, was ihr Lust bereitet, sie spricht schließlich nur noch darauf an.

Insbesondere dann, wenn die Erektionsfähigkeit des Mannes nicht mehr ganz auf der Höhe ist (was praktisch bei allen älteren Männern der Fall ist) und er seine Partnerin nicht immer mit den Händen oder der Zunge verwöhnen will, können Dildos unschätzbare Dienste leisten. Eine Kombination (also Hand, Zunge und Dildo) ist ebenfalls sehr reizvoll.

Eine Schublade weiter unten in meiner Kommode haben Spielzeuge wie Labienspange, Gewichte (die an den äußeren Schamlippen oder am Hodensack befestigt werden), verstellbare Brustwarzenklammern, Beckenbodentrainer und Vaginalkugeln (auch »Liebeskugeln« genannt) ihren Platz. Diese Toys brauche ich nicht so häufig, doch das ist wohl eher eine Frage der persönlichen Präferenz.

Die unterste Schublade schließlich ist prall gefüllt mit SM-Spielzeug: verschiedene Peitschen, Handfesseln (nur gepolsterte, am besten die aus weichem Leder), Bondageseile, Halsbänder, Knebel und allerlei Gerätschaften mehr. Auch für Männer ist gesorgt: Cockringe in verschiedenen Stärken, die das Blut im erigierten Penis halten, sind mitunter von unschätzbarem Vorteil.

Dies sind übrigens noch längst nicht alle Toys, die es gibt, doch eine weitere Aufzählung würde den Rahmen sprengen. Gehen Sie doch einfach mal in einen gut sortierten Erotikladen und stöbern Sie. Man wird Ihnen auch gerne demonstrieren, wie die verschiedenen Accessoires angewendet werden.

Nun kenne ich allerdings niemanden, der sämtliche hier aufgeführten Sex Toys auch tatsächlich regelmäßig benutzt. Es ist trotzdem ganz sinnvoll, eine kleine oder größere Auswahl parat zu haben, denn man kann wunderbar mit ihnen experimentieren, nicht nur in einsamen Stunden (die man durchaus zelebrieren sollte), sondern auch zu zweit. So manche Beziehung hat, wie mir Klientinnen immer wieder erzählen, durch Sex Toys einen neuen Kick bekommen. Man muss nur den Mut besitzen, sich ein kleines bisschen gehen zu lassen, alles Weitere ergibt sich dann von selbst.

Ich sage immer: Die Chance, dass man mit neuen Ideen eine offene Tür beim Partner einrennt, beträgt mindestens fünfzig zu fünfzig. Und das, finde ich, ist doch eine ziemlich gute Quote.

**\*TIPP:** Mit zunehmendem Alter wird die Vaginalhaut immer dünner, trockener und anfälliger für Verletzungen. Ein Risiko besteht nicht, wenn Sex Toys mit ausreichend Gleitgel verwendet werden und sie nicht zu hart sind. Und noch etwas (aber das versteht sich ja wohl von selbst): Gehen Sie geduldig, sanft und sachte vor. Wenn Ihrem Partner gefällt, was Sie machen, können Sie immer noch steigern.

## BESSERER SEX DURCH BECKENBODENTRAINING

Bevor Frieda zum ersten Mal nach Kenia fuhr, war ihr nicht klar gewesen, dass ihr etwas fehlte. Ich rede nicht vom Sex, den vermisste sie sogar äußerst schmerzlich. Nach ihrer Scheidung hatte sie jahrelang enthaltsam gelebt. Nicht, weil sie keinen Partner gefunden hätte, aber sie hatte von Männern schlicht und einfach die Nase voll. Dennoch fehlten ihr die körperliche Nähe, die spielerische Erotik, die sexuelle Lust und Leidenschaft. Sie war damals aber auch gar nicht bereit dafür, denn sie war von einer emotionalen Verschlossenheit beherrscht, die es ihr unmöglich machte, eine neue Beziehung zu beginnen und die, man muss das leider so deutlich sagen, die Männer abschreckte.

Mehrmals versuchte Frieda, aus dieser selbstgestellten Falle wieder herauszukommen. Sie verabredete sich mit Männern, ging mit ihnen auch ins Bett. Spaß bereitete ihr das nicht, keiner der Kandidaten genügte ihren Ansprüchen, die sie dank ihrer überbordenden Fantasie in unerreichbare Höhen geschraubt hatte. Nach der ersten oder zweiten Nacht war immer Schluss, was nicht unbedingt an den Männern lag. Frieda konnte sich einfach nicht gehen lassen, sie hatte sich mit einem veritablen Panzer umgeben, den kein Mann durchdringen konnte.

Die Begegnung mit Murunga war in mehrfacher Hinsicht eine Offenbarung für sie. Plötzlich fühlte sie sich begehrt und akzeptiert, und zum ersten Mal seit vielen Jahren erfuhr sie auch körperliche Befriedigung. Mit einem Satz: Sie fühlte sich als *Frau*.

Was ihr jahrelang entgangen war: Sie besaß einen *Unterleib*. Und sie *spürte* ihn, mit all ihren Fasern und Sinnen. Die Wochen mit Murunga hatten sie nicht nur emotional geöffnet, die Begegnung hatte etwas mit ihrem Körper und mit ihrer Seele angestellt. Sie fühlte sich endlich wieder als eine ganzheitliche Persönlichkeit.

Nach ihrer Rückkehr machte sie sich im Internet kundig und sprach mit ihrer Ärztin. Sie wollte dieses tolle Gefühl erhalten, auch ohne Murunga, den sie erst in einem knappen halben Jahr wiedersehen würde. Er hatte die Messlatte extrem hoch gelegt, und Frieda hasste Kompromisse. Sie erfuhr, dass ein erfülltes Sexualleben zum Großteil von einer Muskelgruppe abhängt, die den meisten Menschen weitgehend unbekannt ist. Sie ist, sozusagen, ein weißer Fleck in unserem Körper. Vor allem Männer unterschätzen die Bedeutung dieser Muskeln.

Die Rede ist vom Beckenboden. Ihn hatte Murunga bei Frieda unbewusst aktiviert.

Denn guter Sex braucht einen gut funktionierenden Beckenboden. Er bildet unsere Körpermitte, sein Zustand hat vielerlei Auswirkungen auf unsere Gesundheit sowie auf unser allgemeines Wohlbefinden. Vor allem aber ist er von entscheidender Bedeutung für die Sexualität. Dies gilt ganz besonders für ältere Menschen, denn der Beckenboden wird schlaff, wenn er nicht trainiert wird. Und das hat äußerst unschöne Folgen.

Der Aufbau des Beckenbodens ist ziemlich kompliziert. Wir können ihn uns als ein schüsselförmiges Gebilde aus Knochen, Sehnen, Muskeln sowie Blut- und Nervengeflechten vorstellen. Er bildet das Fundament unseres Körpers, auf ihm ruhen sämtliche inneren Organe. Aus drei Muskelschichten aufgebaut, steht der Beckenboden in direkter Verbindung mit vielen anderen Muskeln und wirkt sich über das Zwerchfell auf die Atmung aus. Eine straffe, aufrechte Haltung hängt ebenfalls wesentlich vom Beckenboden ab. Bei Schwangerschaft und Geburt spielt er sogar eine ganz entscheidende Rolle. Er ist zudem für das Öffnen und Schließen von Blase und Darm verantwortlich – und genau darin liegt für viele Menschen das Problem. Ist der Beckenbodenmuskel schlaff und nicht mehr elastisch, kann es zu Harn- und Stuhlinkontinenz kommen. Statistisch gesehen haben mehr als die Hälfte der über Sechzigjährigen Beckenbodenprobleme – und zwar genau solche, über die man gewöhnlich nicht spricht.

Das ist mehr als lästig, vor allem aber muss es gar nicht sein. Es gibt Übungen, die den Beckenboden in Form halten – sofern man sie regelmäßig durchführt. Dies gilt für Männer wie für Frauen.

✳TIPP: Setzen Sie sich aufrecht und breitbeinig auf einen stabilen Stuhl und legen Sie die eine Hand vorne auf Ihr Schambein, die andere hinten auf Ihr Steißbein. Konzentrieren Sie sich auf jenen Teil Ihres Körpers, der innen zwischen Ihren Händen liegt. Das ist Ihr Beckenboden. Versuchen Sie, ihn zu entspannen. Lassen Sie sich Zeit dabei. Atmen Sie tief und ruhig aus und ein. Versuchen Sie sich vorzustellen, dass Sie nur aus Ihrem Beckenboden bestehen.

Nun konzentrieren Sie sich auf Ihre Körperöffnungen: After, Vagina beziehungsweise Penis, und Harnröhre. Versuchen Sie, diese zu

»spüren« und sie zu bewegen: anspannen, lösen, anspannen, lösen. Diese Abfolge ist ganz wichtig. Auch wenn Sie meinen, dass gar nichts passiert: Mit dieser Übung trainieren Sie Ihren Beckenboden. Schon die bloße gedankliche Vorstellung besitzt – das ist nachweisbar – einen spürbaren Trainingseffekt.

Das Angenehme an diesen Übungen ist, dass sie nicht viel Zeit beanspruchen und leicht in den Alltag zu integrieren sind. Denken Sie so oft wie möglich an Ihren Beckenboden, nehmen Sie ihn als einen Teil Ihrer selbst an. Bereits dies hat – es ist kaum zu glauben – auf Dauer einen positiven Effekt.

Gerade nach einer Geburt, bei der die Muskeln stark geweitet werden und dadurch zunächst erschlaffen, ist es für eine Frau wichtig, solche Übungen regelmäßig durchzuführen. Auch Männer sind gefährdet: Jahrelanges Sitzen am Schreibtisch, wie es für viele Berufe typisch ist, führt, zumal in Verbindung mit Übergewicht, zu einer schleichenden Verhärtung der Beckenbodenmuskulatur – mit Folgen wie Rücken- und Gelenkproblemen, Hämorrhoiden, Prostatabeschwerden und Schlimmerem.

Auch hier ist Training angesagt. Über kurz oder lang wird sich, bei entsprechendem Durchhaltevermögen, der erwünschte Effekt einstellen, dass die Muskeln besser durchblutet und aufs Neue straff und elastisch werden. Treibt man zusätzlich noch Sport wie Laufen, Golf oder Schwimmen, oder geht man tanzen, wird der positive Effekt verstärkt.

Frieda ging zum Physiotherapeuten und ließ sich Beckenboden-Übungen beibringen, die sie nun mit eiserner Disziplin jeden Morgen absolvierte. Außerdem begann sie, Sport zu treiben. Ihrem Körper sah man das bald an. Sie zeigte mir Fotos von sich, die ein paar Jahre früher aufgenommen worden waren. Es war unglaublich: Jetzt war sie älter, sah aber deutlich jünger aus. Es war, als hätte sie in einem Jungbrunnen gebadet.

Es gibt noch eine zweite Möglichkeit für Frauen, den Beckenboden zu trainieren: die Liebeskugel. Ich besitze auch so eine. Sie besteht aus Rhodonit, einem rosa gemaserten Edelstein, und hat einen Durchmesser von vierzig Millimetern, ist also ein bisschen kleiner als ein Hühnerei. Die Größe ist nicht zufällig gewählt, sie entspricht der Dicke eines durchschnittlichen erigierten Penis. Wie diesen führt man sie in die Vagina ein, nur ein dünnes Silberkettchen lugt heraus. Allein das Eigengewicht der Kugel, so um die hundertdreißig Gramm, führt dazu, dass die Beckenbodenmuskeln beim Gehen trainiert werden.

Andere dieser Kugeln, die in Sex-Toy-Läden und im Internet als »Beckenbodentrainer« angeboten werden, bestehen aus Hartplastik, Silikon oder Edelstahl und haben in ihrem hohlen Innenraum eine zweite Kugel, die beim Gehen gegen die Innenwände der sie umgebenden großen Kugel schlägt. Auf diese Weise soll die Muskulatur stimuliert werden. Wenn Sie also bei einer Frau beim Gehen ein rhythmisches Klacken vernehmen, obwohl sie keine High Heels trägt, können Sie sich denken, woher es rührt …

Allerdings ist Vorsicht angebracht: Zwar werden die Muskeln tatsächlich gekräftigt, doch führt die Liebeskugel nicht dazu, dass sich die Trägerin ihres Beckenbodens auch bewusst wird. Es ist eine rein mechanische Trainingsmethode, bei der der Gegensatz von Spannung und Entspannung fehlt, von Ying und Yang, wenn man so will. Ein wirklicher Ersatz fürs Beckenbodentraining sind Liebeskugeln also nicht. Sie können sie ergänzend einsetzen, wenn Sie sie vertragen und Spaß an ihnen haben. Doch ich empfehle, die Kugeln nicht länger als ein paar Minuten täglich einzusetzen, sonst besteht die Gefahr, dass der Beckenboden verkrampft.

Von entscheidender Bedeutung ist der Beckenboden für unsere Sexualität, dies gilt für Frauen wie für Männer gleichermaßen. Viele Jahrhunderte lang wurden Körperlichkeit und Sexualität im Abendland durch das Christentum tabuisiert. Das Bewusstsein dafür, dass wir einen Beckenboden haben und welche Funktion er besitzt, ist dabei nach und nach verloren gegangen. Dabei beeinflusst die Beschaffenheit des Beckenbodens ganz wesentlich die Fähigkeit, Erektionen und Orgasmen zu bekommen.

Verkürzt könnte man sagen: Ohne gut trainierten Beckenboden kein Orgasmus.

Dies hat damit zu tun, dass der Beckenboden wichtige Sexualorgane umschließt. Bei der Frau sind es die weibliche Prostata und die Vagina, beim Mann Prostata und Penis. Wussten Sie, meine Herren, dass ein Drittel Ihres Penis tief in der Muskelschicht des Beckenbodens steckt? Halten Sie beim Wasserlassen einfach mal den Strahl an: Wenn Ihr Beckenboden gut trainiert ist, gelingt dies ohne Weiteres. Für Frauen gilt das ebenso. Im Gegensatz zu Männern kann bei ihnen jener Muskel, der hierfür verantwortlich ist, auch vaginal erfühlt werden. Probieren Sie's aus!

Vor allem Frauen ziehen oft den Bauch ein, um schlanker zu wirken, oder sie tragen entsprechend enge Kleidung, vielleicht sogar Korsetts. Die sehen zwar sexy aus, sollten jedoch intimen Stunden vorbehalten bleiben. Vor allem aber sollte man sie nur eine begrenzte Zeit anbehalten. Denn durch die enge Schnürung werden die Hüftgelenke und der Beckenboden steif, die Atmung wird flach – ein typisches Stresssymptom übrigens. Dies führt dazu, dass die Beckenbodenmuskeln verspannt und unbeweglich werden. Mehr noch: Sämtliche Sexualorgane und damit das gesamte Lustzentrum werden geringer durchblutet. Die sexuelle Empfindsamkeit bleibt auf der Strecke, meist stellt sie sich gar nicht erst ein. Und das alles für die Schönheit…? Mir wäre es das nicht wert.

Doch es gibt etwas, das auf alle Fälle bei Problemen mit dem Beckenboden hilft: Sex. Und zwar in so aktiver Form wie möglich. Und so oft wie möglich. Die Penetration und das Wechselspiel von Spannung und Entspannung, das ein Orgasmus mit sich bringt, belebt die gesamte Beckenbodenmuskulatur und mit ihr die Empfindungsfähigkeit. Auch dies gilt für Frauen wie für Männer gleichermaßen.

Ich rede hier übrigens nicht nur von Sex in trauter Zweisamkeit, sondern auch von der Masturbation. Bei ihr ist es ebenfalls wichtig, dass man das Becken so stark und intensiv wie möglich bewegt. Mehr dazu im Kapitel über Masturbation.

Für Männer hat ein schwacher Beckenboden oft eine besonders unangenehme Nebenwirkung: Impotenz. Sie bekommen nur noch schwer Erektionen. Nicht umsonst heißen die Beckenbodenmuskeln auch »Potenzmuskeln«. Hinzu kommen Prostatabeschwerden oder auch vorzeitige Ejakulation. Kein Mann ist gewillt, dies hinzunehmen, Potenz ist schließlich ein zentraler Bestandteil seines Selbstverständnisses. »Die Impotenz ist die Grundlage des Passionsweges der männlichen Sexualität«, hat Walter Benjamin dies etwas pathetisch, aber treffend in Worte gefasst, als er über Baudelaire schrieb (in seinen fragmentarischen, »Zentralpark« genannten Notizen).

Was also tun?

Auch Männer kommen in einem solchen Fall um regelmäßige Übungen nicht herum. Es schadet nicht, bereits mit ihnen anzufangen, bevor Probleme auftreten, also schon in jungen Jahren. Immerhin ist jeder dritte Mann über fünfzig von Potenzproblemen in der einen oder anderen Weise betroffen. Achtzig Prozent der Männer, die ihre erektilen Schwierigkeiten mit Übungen zur Stärkung des Beckenbodens angingen, konnten einer Studie der Kölner Universitätsklinik zufolge Verbesserungen erreichen. Das ist eine ähnlich gute Erfolgsquote, wie sie auch Viagra aufzuweisen hat. Untersuchungen von Wissenschaftlern der University of the West of England in Bristol haben diese Ergebnisse weitgehend bestätigt.

Eine genaue Darstellung der Übungen, mit denen insbesondere Männer ihren Beckenboden und damit ihre erektilen Fähigkeiten verbessern können, würde den Rahmen dieses Buches sprengen. Es gibt Fachliteratur darüber. Zudem bedürfen diese Übungen zumeist der Anleitung eines darauf spezialisierten Physiotherapeuten, damit sie die erwünschte Wirkung zeigen. Mein Rat also: Suchen Sie sich – so wie Frieda – einen kompetenten Therapeuten, der Ihnen die Übungen beibringt. Auf Dauer werden Sie sie dann auch alleine durchführen können.

## DER WEG ZUM PERFEKTEN ORGASMUS

Als Friedrich (der einsame, verkrachte Lebenskünstler) und Elfriede (die Frau vom Berliner Bürgeramt, die früh in Rente ging) zueinanderfanden, waren sie beide Anfang sechzig und hatten, aus unterschiedlichen Gründen, schon lange keinen Sex mehr gehabt. Sie mussten es erst wieder lernen – was ihnen mit Bravour gelang. Zugutekamen ihnen dabei ihre Fantasie, ihre Intuition sowie ihr Vertrauen in das, was ihre Körper wollten und brauchten. Beide wussten: Der Weg zum perfekten Orgasmus ist mitunter lang und hält viele Umwege bereit. Aber das ist ja gerade das Reizvolle daran. Und wie so oft im Leben, ist die Vorbereitung alles.

Da Friedrich ohnehin einen Hang zur Theatralik besaß, genoss er diese Inszenierung, der er sich jedes Mal mit Hingabe widmete, ungemein. Bei Elfriede rannte er damit offene Türen ein. Ich versichere Ihnen: Wozu *er* in der Lage war, das können *Sie* ebenfalls. Es ist gar nicht so schwer, wenn Sie ein paar Grundregeln beachten.

Lassen Sie den Alltag mit seinem Stress und den Sorgen zurück, so weit es irgend geht. Geben Sie Ihrem Sex einen festen Termin, bei dem Sie ungestört sind. Der Klingelton des Telefons ist selbstverständlich abgestellt. Wenn die beste Freundin anruft: Das hat Zeit bis morgen. Nehmen Sie ein Duftbad und gönnen Sie sich eine entspannende Massage. Legen Sie Parfum auf. Bringen Sie sich in Stimmung! Freuen Sie sich auf das, was Sie erwartet. Schaffen Sie eine anregende Atmosphäre mit vielen Kerzen, leiser Musik, gutem Wein und aufregender Kleidung. Nicht vergessen: Auch die Raumtemperatur muss stimmen. Es sollte warm sein. Irgendwann wollen Sie doch Ihre Kleidung ablegen, oder?

Lassen Sie bei alldem Ihrer Fantasie freien Lauf. Bauen Sie Überraschungen ein: Etwas, das Ihr Partner oder Ihre Partnerin gerade *nicht* erwartet. Vielleicht ein Aphrodisiakum, ein neues, bisher unbekanntes Stück Reizwäsche, eine Feder, eine Augenbinde für ihn oder sie. Öffnen Sie Ihre »Spielzeugkiste« und legen Sie all jene Sex Toys zurecht, die Sie vielleicht brauchen könnten. Nicht zuletzt: Auch die Kondome nicht vergessen, schon wegen Safer Sex (es sei denn, Sie sind ein monogam lebendes Paar).

Gewiss, nicht immer lässt sich eine solche »große Oper« in all ihren aufwendigen Einzelheiten zelebrieren. Sie bleibt bestimmten, außergewöhnlichen Situationen vorbehalten – es sei denn, Sie verfügen über jede Menge Zeit (viel Geld ist gar nicht unbedingt erforderlich). Ich möchte Ihnen nur zeigen, wohin die Reise gehen kann.

Versuchen Sie, sich herauszunehmen aus dem Ablauf Ihrer täglichen Routine. Betrachten Sie Sex als etwas, das Sie sich verdient haben. Geben Sie ihm einen besonderen Stellenwert, inszenieren Sie ihn. Sie werden ihn dann auch ganz anders genießen.

Doch nun zum Punkt. Begeben wir uns, gemeinsam mit Friedrich und Elfriede, auf die Suche nach dem perfekten Orgasmus. Fangen wir mit dem Küssen an.

Der Mundbereich besitzt sehr viele empfindliche Tastrezeptoren. Diese reagieren beim Küssen stark und senden Signale an Gehirn und Körper, die als Lust und Glück empfunden werden und das Gehirn emotional ansprechen. Das Herz schlägt schneller, die Atmung beschleunigt sich und wird flacher, die Durchblutung in den Geschlechtsorganen wird gesteigert. Die Klitoris und die Schamlippen schwellen an, die Scheide weitet sich und wird feucht, der Mann bekommt (hoffentlich) eine Erektion. Da Frauen jenseits der Wechseljahre oft unter Scheidentrockenheit leiden, ist ausgiebiges Küssen also die perfekte Vorbereitung auf den Geschlechtsverkehr.

Doch wie küsst man »richtig«?

Die Zunge ist ein ungemein flexibler, empfindsamer Muskel, den Sie auf vielerlei Weise einsetzen können. Es ist erstaunlich, wie gering die Zahl der Menschen ist, die wirklich gut küssen können. Dabei ist Küssen doch – zumindest in unserem Kulturkreis – der »Scharfmacher« Nummer eins! Diese Erkenntnis gehört zur sexuellen Initiation. Und noch etwas: Gut küssen lernt man nur durch Küssen.

Offenbar hatten sowohl Friedrich als auch Elfriede häufig geküsst in ihrem Leben, denn sie fanden beide sofort Gefallen daran. Fast hätte man sie für Teenager halten können, so intensiv knutschten sie herum. Ich freue mich besonders, wenn gerade ältere Menschen heftig und ausdauernd küssen – das zeigt mir, dass sie jung geblieben sind.

Aber noch einmal: Wie küsst man »richtig«?

Es ist im Grunde gar nicht schwierig, erfordert jedoch Aufmerksamkeit und Konzentration. Spielen Sie zärtlich mit den Lippen und der Zunge. Konzentrieren Sie sich beim Küssen nur darauf. Erkunden Sie die Mundhöhle Millimeter für Millimeter. Bleiben Sie ruhig auch mal passiv, überlassen Ihrem Partner die Führung und genießen Sie die sich steigernde Erregung, bevor Sie ihm oder ihr wieder entgegenkommen.

Regeln? Es gibt keine. Sie können heftig und leidenschaftlich küssen, aber auch zurückhaltend, sanft und punktuell. Dann kann jede Berührung mit der Zungenspitze einer kleinen Explosion gleichkommen. Irgendwann, wenn Sie erregt sind, werden Sie ohnehin nicht mehr an sich halten können.

Nach dem Küssen, oder auch schon währenddessen, geht es meistens rasch »zur Sache«. Männer haben den durchaus nachvollziehbaren Drang, Frauen schnell – viel zu schnell – an den Busen zu fassen. Lassen Sie sich Zeit damit! Der Busen zählt zu den sensibelsten Körperteilen einer Frau und will entsprechend sorgsam behandelt werden. Manche Frauen kommen allein durch die Stimulierung der Brustwarzen zum Orgasmus. Hier eröffnet sich ein weites Feld von Möglichkeiten, sich gegenseitig zu erregen.

Friedrich fand Elfriedes Busen schön. Er schaute ihn gerne an, obwohl die einundsechzig Jahre, die Elfriede mittlerweile zählte, natürlich ihre Spuren hinterlassen hatten. Dies wird auch bei Ihnen so sein, so wie bei jeder Frau, die ein gewisses Alter erreicht hat. Die Schwerkraft fordert ihren Tribut, die Festigkeit von Haut und Muskeln geht im Lauf der Zeit zurück. Die Knackigkeit der frühen Jahre ist irgendwann Vergangenheit. Das heißt jedoch nicht, dass die Sensibilität und die erotische Anmutung des Busens dadurch verloren gehen. Auch der Anblick und die Berührung eines Busens, der – sagen wir es offen – »hängt« und alles andere als faltenfrei ist, kann einen Mann erregen. Die Frau wiederum nimmt diese Erregung ihres Partners als stimulierend wahr und wird dadurch selbst erregt.

Ich weiß natürlich nicht im Einzelnen, was Friedrich mit Elfriedes Busen anstellte, so genau haben die beiden es mir – bei aller Offenheit – nun doch nicht erzählt. Aber ich habe dennoch ein paar Tipps für Sie, liebe Männer.

Heben Sie den Busen Ihrer Partnerin mit der Hand leicht an, jedoch ohne die Brustwarze zu berühren. Dann lassen Sie ihn wieder los, lassen Sie ihn sanft nach unten gleiten. Oder umfassen Sie den Busen und halten Sie den Druck einen Moment. Berühren Sie die Brustwarzen zunächst nur wie zufällig. Das ist sehr erregend. Ihre Partnerin wird Ihnen beizeiten entgegenkommen oder Ihre Hand dorthin führen. Dann können Sie Ihrem Drang nachgeben und tun, was immer Ihnen beiden Spaß macht. Wenn Sie die Brust küssen, saugen Sie sich nicht fest. Bleiben Sie auch hier abwechslungsreich und setzen Sie Ihre Zunge ein.

All dies funktioniert übrigens auch andersherum – nicht immer, aber manchmal. Es gibt Männer, die an den Brustwarzen ebenso empfindlich und erregbar sind wie Frauen. Testen Sie es aus!

Sind Sie schon im Bett gelandet? Moment, noch haben wir keinen Orgasmus, wir sind erst auf dem Weg dahin. Lassen wir also Friedrich und

Elfriede einen Augenblick allein und fragen wir uns, womit wir es hier überhaupt zu tun haben.

Orgasmus – was ist das überhaupt?

Viele ältere Menschen haben den Orgasmus ja schon abgeschrieben, das weiß ich aus unzähligen Gesprächen. Jahre- oder gar jahrzehntelanger sexueller Stillstand in einer festgefahrenen Beziehung, fehlende Partner und gesundheitliche Einschränkungen sowie ein damit einhergehendes Desinteresse an Sexualität allgemein sind die häufigsten Gründe dafür. Doch das muss nicht sein. Es ist Zeit, dass wir den Orgasmus zum Thema machen – auch und gerade, wenn wir von der Generation 50+ sprechen.

Über wenige Dinge beim Sex wird so viel geredet wie über den Orgasmus: Wie und wie oft man ihn bekommen kann, warum man ihn nicht bekommt, was man tun kann, um ihn zu erreichen, ob es verschiedene Formen des Orgasmus gibt und so fort.

Fest steht: Er ist ein ekstatisches, ja spirituelles Erlebnis, jeder Mensch erlebt ihn anders. Für die meisten Menschen ist er der Höhepunkt ihrer sexuellen Betätigung. Dennoch ist er ein merkwürdiges Phänomen. Früher in der medizinischen Literatur als »hysterischer Krampf« beschrieben, poetisch auch als »kleiner Tod« bezeichnet, war er mit wissenschaftlichen Kategorien nie so recht zu fassen. Warum gibt es ihn überhaupt? Ist er überhaupt notwendig für die Fortpflanzung?

Nein, das ist er nicht. Unzählige Frauen haben Kinder empfangen und geboren, ohne dass sie je einen Orgasmus hatten – und auch die Männer nicht. Viele Männer sondern vor der Ejakulation, die mit dem Orgasmus einhergeht, sogenannte »Liebestropfen« ab, die Sperma enthalten, und »kommen« dann doch nicht. Die Fortpflanzung funktioniert also sehr wohl ohne Orgasmus.

Gleichwohl ist der Orgasmus das Herzstück der sexuellen Lust, ihr magisches Zentrum – zumindest beim Menschen. Ob auch Tiere Orgasmen haben, ist nach wie vor umstritten. Nur bei den Bonobos, einer Affenart, scheint dies gesichert zu sein. Sie sind nahezu ununterbrochen dabei, sich hingebungsvoll und geradezu manisch zu paaren (was auch

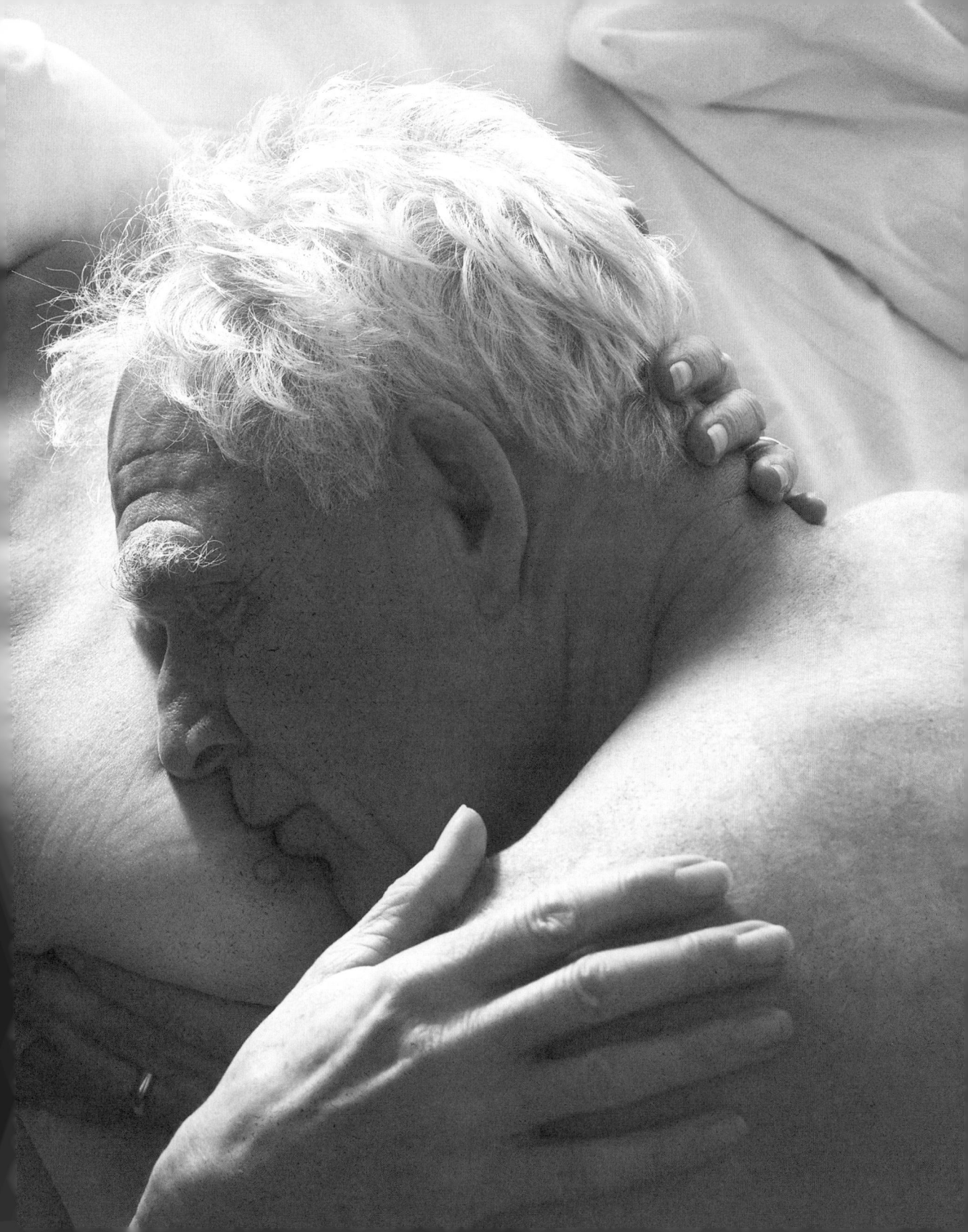

eine soziale Funktion zu haben scheint). Man kann dies, mit ein wenig Geduld, in jedem Zoo beobachten.

Ungeachtet der religiösen Doktrin, dass Sex allein dazu dient, sich fortzupflanzen – was stets auch ein probates Instrument von Herrschaft und Kontrolle war –, hatten die Menschen schon immer Sex überwiegend aus der puren Lust heraus. Ihr hauptsächlicher Antrieb war und ist es, einen Orgasmus zu bekommen. Dafür scheuen sie weder Anstrengungen noch Risiken, manche Menschen bringen sich deshalb sogar in Lebensgefahr.

Es heißt, der schönste Tod sei es, während eines Orgasmus zu sterben. Es gibt etliche Bücher und Filme, die das thematisieren. Als ehemalige Krankenschwester und Pflegedienstleiterin weiß ich, dass dies nicht unbedingt einer überhitzten Fantasie entspringt, denn ich habe solche Fälle tatsächlich erlebt. Ein Orgasmus strengt körperlich sehr an, und dieser Anstrengung ist nicht jeder gewachsen. Mit der Einführung von Viagra und vergleichbaren Medikamenten ist übrigens die Zahl dieser Art von Todesfällen sprunghaft angestiegen.

Es sind nur wenige Augenblicke neurologischer Entspannung, nüchtern ausgedrückt, für die man so viel auf sich nimmt. Ein Orgasmus bringt ungemein tiefe und intensive Gefühle hervor, er ist einer der seltenen Momente, in denen auch der rationalste, scheinbar emotionsloseste Mensch völlig die Kontrolle über sich selbst verliert. Ein Orgasmus befriedigt und verwirrt zugleich, und zwar in höchstem Maße. Kaum jemand kann dies hinterher in Worte fassen, nur wenigen genialen Dichtern gelang es ansatzweise. Ein Orgasmus ist unberechenbar und keineswegs leicht erreichbar, schon gar nicht im fortgeschrittenen Alter, wenn das physische Vermögen zwangsläufig immer mehr nachlässt.

Doch es gibt eine gute Nachricht.

Das Gehirn lässt uns in der Regel nicht im Stich. Es hat gespeichert, wie ein Orgasmus zu erreichen ist. Und es lernt selbst im Alter ständig dazu – neue Praktiken, geänderte Vorlieben und jene kleinen Nuancen, die manchmal entscheidend dafür sind, dass man auch bei verminderter körperlicher Leistungsfähigkeit den höchsten Grad der Lust erreicht. Denn die Art, zum Orgasmus zu kommen, bleibt niemals über lange Zeit gleich, obgleich man das selbst vielleicht nicht unbedingt wahrnimmt.

Im Bett ist der Orgasmus für viele das große Thema, nicht selten auch ein Streitpunkt. »Du bist zu schnell gekommen, ich hatte keinen Orgasmus«, lautet ein typischer Vorwurf, den Frauen oft an Männer richten. Da mag nicht selten etwas dran sein. Viele Männer sind einfach zu egoistisch im Bett, auch ich habe in meinem Leben diese Erfahrung gemacht. Denn auf den Orgasmus folgt in der Regel übergangslos die große Ermattung. Der Mann ist dann zu nichts mehr fähig, die Frau bleibt frustriert zurück.

Schenken kann man den Orgasmus nicht, man kann seinen Partner beziehungsweise seine Partnerin jedoch dabei unterstützen, einen zu bekommen. Wie? Indem man aufmerksam und neugierig ist, Reaktionen beobachtet und diese verstärkt. Zu kurz soll schließlich keiner kommen. Das größte Geschenk an den Partner ist die eigene Zufriedenheit, die eigene Lust, der eigene Spaß am gemeinsamen Tun. Dies überträgt sich zwangsläufig auf den anderen und führt erst so zu einem erfüllten Miteinander.

Der Orgasmus zählt zu den authentischsten und stärksten emotionalen Empfindungen überhaupt. Er äußert sich auf vielerlei Weise, zum Beispiel durch Stöhnen und Schreien oder durch ein verzerrtes Gesicht. Manche Männer sind irritiert, wenn ihre Partnerin nach dem Orgasmus zu weinen anfängt. Doch das ist völlig normal. Auch, wenn sie scheinbar hysterisch lacht. Solche spontanen Äußerungen sind ein positives Zeichen von Entspannung, von emotionaler Ergriffenheit und von Glücksgefühlen. Männer hingegen fallen, nachdem sie ihren Höhepunkt erreicht haben, oft von einer Minute auf die andere in Tiefschlaf.

Doch bleiben wir zunächst bei der Frau. Von der Vagina geht beim Orgasmus ein wallendes, nicht steuerbares Schütteln aus, das sich zu Kon-

traktionen des gesamten Körpers auswächst. Es wiederholt sich meist mehrmals. Diese eng aufeinanderfolgenden Kontraktionen breiten sich bis in die Finger- und Zehenspitzen aus. Die Empfindungen dabei können stechend, fließend, diffus, sprühend oder explodierend sein – wie gesagt, jeder Orgasmus ist anders, und jede Frau erlebt ihn individuell. Das Bewusstsein ist für diese Zeit ausgeschaltet, man ist nicht ansprechbar und befindet sich in einer anderen Welt.

Gesteuert werden diese Empfindungen vom Gehirn über die Nervenbahnen. Deswegen spricht man auch vom Gehirn als unserem größten Sexualorgan. Im Elektroenzephalogramm (EEG), das die Gehirnströme unbestechlich misst, ist im Übrigen kein Unterschied zwischen Orgasmus und spiritueller Ekstase erkennbar. Dies erklärt vielleicht, warum viele religiöse Ekstatiker so desinteressiert an jedweder Art von Fleischeslust waren, ja, sie sogar glühend bekämpft und damit viel Unheil angerichtet haben.

Doch bleiben wir beim Orgasmus. Wie erreiche ich ihn?

Am bekanntesten bei der Frau ist wohl der klitorale Orgasmus. Er kann lokal, das heißt, ohne Eindringen des Penis (oder eines Dildos) ausgelöst werden, allein durch Reizung der Klitoris. Leider ist er nur selten nachhaltig befriedigend. Um das zu verstehen, müssen wir uns ein wenig mit der weiblichen Anatomie beschäftigen.

Die Klitoris – umgangssprachlich auch Kitzler genannt – besteht aus einem Gewebe, das bei Erregung anschwillt. Penis und Klitoris haben übrigens denselben anatomischen Ursprung. Erst in der sechsten bis achten Schwangerschaftswoche entscheidet sich durch die Hormonlage des Fötus, ob aus dem Gewebe später ein Penis oder eine Klitoris wird.

Die Klitoris ist etwa so groß wie eine kleine Birne. Was viele nicht wissen: Der größte Teil des Organs liegt im Körperinneren, es besteht aus zwei Schenkeln sowie den entsprechenden Schwellkörpern. Nur die außen liegende Klitorisperle – die oft fälschlicherweise für die ganze Klitoris gehalten wird – ist sichtbar.

Die Klitorisperle ist hochempfindlich und schnell überreizt. Zum Vergleich: Die Eichel eines Penis besitzt zweitausend Nervenenden, die Klitorisperle hingegen achttausend. Deshalb sollte man niemals zu Beginn des Liebesspiels die Klitoris direkt reizen. Indirekte Stimulation jedoch, also eine Stimulation neben der Perle oder an den Schamlippen, baut eine Erregung auf, welche die Frau oft schier verrückt werden lässt. Ist sie erst einmal so weit, dann ist die Voraussetzung für den perfekten Orgasmus geschaffen. Nun können Sie auch die Klitorisperle direkt berühren, mit dem Finger oder der Zunge.

Doch Vorsicht: Ein Zuviel kann die ganze Lust schlagartig beenden. Was die eine Frau ungemein erregt, törnt die andere ab. Manche Frauen lieben es, hart angefasst zu werden, andere stehen mehr auf weiche, sensible Berührungen. Beides ist in Ordnung. Was bei Ihrer Partnerin zutrifft – finden Sie es heraus! Es gibt weniges im Leben, das mehr Spaß macht. Nehmen Sie sich die Zeit, Ihre Partnerin (beziehungsweise sich selbst, wenn Sie masturbieren) im Vorspiel so lange zu erregen, bis die

Schenkel der Klitoris, die innen hinter den Schamlippen liegen, anschwellen. Dadurch wird das Eindringen des Penis (beziehungsweise des Dildos) erleichtert. Woran Sie merken, dass es so weit ist? Am Grad der Erregung und an der zunehmenden Feuchtigkeit. Ein bisschen Erfahrung gehört also schon dazu.

Jetzt ist der Zeitpunkt fürs Eindringen gekommen. Jedoch ist es eher selten, dass beim »normalen« Akt die Klitoris bis zum Orgasmus stimuliert werden kann, und zwar aus rein anatomischen Gründen. Das hat mit der Lage der Klitorisperle zu tun. Sie ist von Frau zu Frau verschieden. Je näher sie am Vaginaleingang positioniert ist, desto eher kann diese Stimulation gelingen. Wechselnde Stellungen und Variationen des Eindringwinkels können dabei helfen. Im Kapitel »Die weite Welt der Stellungen« werde ich dies ausführlich behandeln.

Hier sind übrigens Männer im Vorteil, die ein bisschen Bauch haben (und fast alle älteren Männer haben einen kleinen oder auch größeren Bauch). Durch diese »Polsterung« können sie auch eine etwas entfernter liegende Klitorisperle gut erreichen.

Eine klitorale Erregung kann man übrigens nicht nur durch eine zunächst indirekte Berührung auslösen, sondern auch durch die Stimulation von anderen Körperstellen, zum Beispiel den Achselhöhlen oder dem Nacken, der Wirbelsäule, einem Zeh oder Finger, vor allem aber den Brustwarzen. Eine Berührung an einer oder mehrerer dieser Stellen löst einen spürbaren Impuls aus, der wie ein elektrischer Schlag sein kann. Auch, wenn wir etwas sehen oder hören, das wir erregend finden, kann die Klitoris sofort reagieren, bis hin zum klitoralen Orgasmus. Selbst gedanklich und im Traum ist dies möglich!

Doch auch hier gilt: Keine Frau reagiert wie die andere, jede springt auf andere Reize an. Deswegen gibt es auch keine Rezepte, die auf jede Frau zutreffen und die immer funktionieren. Misstrauen Sie allen Ratgebern, die Ihnen so etwas verkaufen wollen! Ein guter Liebhaber zeichnet sich dadurch aus, dass er mit Geduld und Einfühlungsvermögen herausfindet, wie die Frau, mit der er zusammen ist, »tickt«. Und das kann dauern. Ist das schlimm? Nein. Im Gegenteil: Wenige Dinge machen schließlich so viel Spaß und sind so erregend wie das gemeinsame Erkunden der gegenseitigen Neigungen. Gerade ältere Menschen besitzen die Geduld und Gelassenheit, es langsam angehen zu lassen, und werden dafür reich belohnt.

Und genau hier kommen auch wieder Friedrich und Elfriede ins Spiel. Denn der kultivierte und sensible Friedrich erwies sich tatsächlich als ein ebenso geduldiger wie raffinierter Liebhaber, der Elfriedes Körper Zentimeter für Zentimeter erkundete, sich jede einzelne Stelle merkte, an der sie reagierte, und sie schier verrückt machte mit seinen Küssen und Berührungen. Hilfreich dabei war, dass Friedrich reiche Erfahrungen in seinem früheren Liebesleben gesammelt und auch viel gelesen hatte. Über den G-Punkt zum Beispiel.

Um den G-Punkt ranken sich viele Mythen. Manche Wissenschaftler bestreiten, dass es ihn überhaupt gibt, nicht in jedem Anatomie-Lehrbuch ist er zu finden. Aber seien Sie versichert: Es gibt ihn! Machen Sie die Probe, indem Sie einen Finger in die Vagina einführen. Hinter dem Schambein werden Sie eine haselnussgroße, leicht raue Stelle ertasten, die ein wenig erhaben ist.

Das ist Ihr G-Punkt.

Sie können ihn sogar sehen. Gehen Sie in die Hocke und halten Sie einen Spiegel unter sich, vielleicht leuchten Sie auch mit einer Taschenlampe. Üben Sie ein wenig Druck aus. Mit etwas Glück werden Sie erkennen können, wie die Stelle, auf die es ankommt, hervortritt.

Ihr G-Punkt kann Ihnen wundervolle Orgasmen bescheren, und zwar unabhängig von allen anderen Arten des Orgasmus, die sonst noch möglich sind. Den klitoralen Orgasmus hatten wir ja bereits. Der G-Punkt-Orgasmus ist von den Empfindungen her ganz anders. Um ihn zu bekommen, empfiehlt sich eine Stellung von hinten oder eine direkte manuelle Stimulation. Ihr G-Punkt mag das, im Gegensatz zur Klitoris!

Ich darf Ihnen verraten: Es wird Ihnen gefallen. Sie werden höchstes Lustempfinden dabei verspüren. Die Empfindung dieser Stelle ist recht subtil. Wie in der gesamten Vagina, die kaum Schmerzrezeptoren besitzt, ist auch dieser Bereich nur wenig schmerzempfindlich. Gleichwohl werden Sie bei der Stimulation des G-Punkts ein leichtes Stechen spüren, das jedoch nicht unangenehm ist, sondern nach mehr verlangt.

Gleich hinter dem G-Punkt ist die weibliche Prostata zu finden. Wie beim Mann liegt sie um die Harnröhre herum, zwischen der vorderen Vaginalwand und dem G-Punkt. Die Prostata der Frau ist eine Drüse, die ihre Flüssigkeit in die Harnröhre abgibt. »Was für eine Flüssigkeit?«, werden Sie vielleicht fragen. Überraschung: Auch Frauen ejakulieren! Und nicht zu knapp!

Ejakulieren fühlt sich ähnlich an wie urinieren. Dies ist der Grund, weswegen sich viele (auch und vor allem ältere) Frauen verkrampfen und die Ejakulation und damit den Orgasmus unterdrücken. Es ist ihnen schlichtweg peinlich. Doch dafür gibt es keinen Grund, denn die Flüssigkeit ist *kein Urin*! Nur ein Drittel aller Frauen ejakulieren, aber wirklich *jede* Frau besitzt die Fähigkeit dazu. Viele Frauen stoßen diese Flüssigkeit aus, ohne es zu bemerken, da die Menge des Ejakulats zu klein ist. Manchmal aber ist es auch so viel, dass ein veritabler See im Bett entsteht. Die Flüssigkeit kann einfach herauslaufen oder auch regelrecht spritzen.

Friedrich sprach die Sache an, nachdem sie wieder einmal miteinander geschlafen hatten und eng aneinandergekuschelt im Bett lagen. Es war genau der richtige Zeitpunkt. Elfriede war es schon immer unangenehm gewesen, dass sie eine feuchte Stelle im Bett hinterließ, sie hatte nie wirklich damit umzugehen gewusst. Es war das erste Mal, dass ihr jemand sagte, worum es sich dabei handelte, und dass es etwas Positives war. Ein Zeichen ihrer Lust, die sie mit ihren einundsechzig Jahren nach wie vor hatte!

Und das wiederum ist keineswegs selbstverständlich, wie ich in meinen Seminaren von Frauen dieses Alters immer wieder höre.

Haben Sie also keine Schuldgefühle und seien Sie nicht besorgt, wenn

Sie merken, dass Sie, wenn Sie erregt sind, eine Flüssigkeit absondern. Wenn es spritzt – umso besser! Es ist ein Zeichen Ihrer Erregung. Die Flüssigkeit ist völlig geruchlos. Wenn Ihr Partner irritiert ist – erklären Sie es ihm! Auch Männer lernen gern dazu. Lassen Sie's laufen, lassen Sie's spritzen! Es trägt mit dazu bei, dass Sie einen wirklich tollen Orgasmus bekommen.

Kommen wir nun zum »Höhepunkt des Höhepunkts« – zum vaginalen (oder auch uterinen) Orgasmus. Er ist nichts weniger als ein Erdbeben! Es findet in Ihrer Gebärmutter statt, der Penis löst es durch tiefe Penetrationen aus, bei denen er an den Muttermund stößt. Die dadurch hervorgerufenen Erschütterungen der Gebärmutter übertragen sich auf das hochempfindliche, von feinen Nerven durchzogene Bauchfell, das die Impulse in den gesamten Körper weiterleitet. Kurz vor dem Höhepunkt ist oft zwanzig bis dreißig Sekunden lang die Atmung unterbrochen, ein Phänomen, das Tiefseetaucher als »Apnoe-Reflex« kennen.

Ein vaginaler Orgasmus ist jedoch nicht das, was die meisten Frauen meinen, wenn sie von Orgasmus reden. Unter Orgasmus verstehen sie in der Regel den klitoralen Orgasmus, der ja höchst angenehm und auch, wenn man die richtige Technik beherrscht, leicht zu erreichen ist, aber doch nicht wirklich ans »Eingemachte« geht.

Ich nenne es das »Ups-Gefühl«: Ganz nett, aber auf keinen Fall zu vergleichen mit einem vaginalen Orgasmus. Dieser ruft extrem intensive Emotionen hervor, ist zutiefst befriedigend, und man zehrt noch lange Zeit von ihm. Man kann ihn, wenn gerade kein Partner vorhanden ist, durchaus auch allein erleben. Man braucht allerdings einen Dildo dafür. Mehr darüber im Kapitel über Sexspielzeug.

Das Schöne ist: Alle Arten des Orgasmus kann man voneinander losgelöst, nacheinander oder auch gleichzeitig genießen. Es macht, das kann ich Ihnen versichern, ungeheuren Spaß, die verschiedenen Spielarten auszuprobieren und so das Sexleben interessant und abwechslungsreich zu gestalten.

Genau das taten Friedrich und Elfriede. Natürlich war Friedrich bei Weitem nicht mehr so standfest wie in jungen Jahren, doch zum einen unterstützten ihn die kleinen blauen Helferpillen, von denen er immer eine Packung mit sich führte, zum anderen fanden weder er noch Elfriede etwas dabei, einen Dildo, die Zunge oder zwei Finger (manchmal auch alles gleichzeitig) zu benutzen, um ihr einen Orgasmus nach dem anderen zu bescheren.

Doch auch Friedrich selbst kam nicht zu kurz. Der Orgasmus des Mannes unterscheidet sich deutlich vom weiblichen Orgasmus, ist deshalb aber nicht weniger intensiv und erfüllend. Für viele Männer »zählt« Sex nicht, wenn sie nicht zum Orgasmus kommen. Er scheint der Heilige Gral für sie zu sein. Ich finde das schade, denn Männer, die allein auf ihren eigenen Orgasmus fixiert sind, verpassen einiges – ganz zu schweigen davon, dass sie ihre Partnerin meist frustriert zurücklassen.

Im Gegensatz zur Frau, die mehrere Orgasmen hintereinander bekommen und sich über längere Zeit, im Extremfall bis zu einer Stunde, wie auf einem Hochplateau bewegen kann, steigt die Orgasmuskurve des Mannes steil an und fällt dann, nach dem Orgasmus, rasch ab. Männer »kommen« schneller und sind auch schneller »fertig«. Gleichwohl gibt es Techniken, mit denen ein Mann mehrere »trockene« Orgasmen hintereinander erreichen kann, die dem »richtigen« Orgasmus in keiner Weise nachstehen, ja, ihn in mancher Weise sogar übertreffen.

Beim »trockenen« Orgasmus ejakuliert der Mann nicht, jedenfalls nicht in der gewohnten Weise. Gleichwohl ist das Empfinden ähnlich intensiv wie beim »richtigen« Orgasmus, womöglich noch intensiver. Der Samen wird dabei teilweise absorbiert und geht nach innen in die Blase. Man nennt das auch »Injakulation«. Wenn der Mann diesen Effekt erreichen will, besteht die Kunst darin, die Muskeln im Beckenboden kurz vor der Ejakulation zusammenzuziehen und jedwede Stimulation einzustellen. Dies ist eine Technik, die gelernt sein will. Doch mit einiger Übung bekommen Sie das hin.

**＊TIPP:** Spannen Sie die Muskeln rund um den After an und ziehen Sie sie hoch, ohne dabei zu verkrampfen. Stellen Sie sich vor, Sie würden Luft in den Darm einsaugen. Halten Sie die Spannung so lange, bis der Drang zu ejakulieren aufgehört hat. Dann fahren Sie fort im Liebesspiel. Sie können dies wiederholen, so oft Sie wollen. Das Schöne daran: Ihre Erektion bleibt erhalten.

Einige Techniken – die Sie entweder selbst anwenden oder ihre Partnerin – können dabei unterstützend wirken:

- Drücken Sie den Penis unterhalb der Eichel zusammen (aber nicht zu fest!).
- Zwischen Hodenansatz und Anus liegt der aus dem Taoismus bekannte Jen-Mo-Punkt. Drücken Sie auch ihn.

Männer können auf diese Weise – ebenso wie Frauen – multiple Orgasmen erleben. Ich habe etliche Männer, die damit Erfahrung haben, danach befragt, ihre Antworten stimmten überein: »Trockene« Orgasmen dauern länger und sind intensiver als ein gewohnt kurzer Orgasmus mit Ejakulation. Doch das ist, natürlich, Gewöhnungssache.

Aber auch, wenn Sie keinen »trockenen« Orgasmus erreichen: Halten Sie mehrmals inne, bevor Sie ejakulieren, dann wird Ihr »richtiger« Orgasmus am Ende deutlich länger und intensiver sein, als wenn Sie, wie gewohnt, direkt auf ihn zusteuern. Natürlich, muss ich hinzufügen, ist das alles nichts für Achtzehnjährige, sondern für eher reife Männer mit Erfahrung, die ihren Körper genau kennen. Für Männer wie Friedrich zum Beispiel. Aber genau für die – und für Frauen gleichen Alters – ist dieses Buch ja geschrieben.

Eine ganz entscheidende Rolle dabei, zum Orgasmus zu kommen, spielen die Stoßtechniken beim Sexualakt, womit ich nicht nur den »konventionellen« Geschlechtsverkehr meine. Alle folgenden Ausführungen gelten genauso, wenn die Hände oder ein Dildo, bei der Selbstbefriedigung etwa, zum Einsatz kommen.

Das Wort »Stoßtechniken« hört sich zunächst einmal sehr mechanisch an, doch wenn Sie die Probe aufs Exempel machen, werden Sie feststellen, wie viel Spaß das Ausprobieren bereiten kann. Denn mit einem einfachen »vor – zurück« ist es nicht getan. Unsere Anatomie ist komplizierter. Es ist die Abwechslung, die den Reiz ausmacht.

Probieren Sie einen Rhythmus zwischen langen und kurzen Stößen. Die kurzen wirklich nur so weit, dass der Penis oder Dildo nicht weiter als bis zum Scheideneingang vordringt. Danach tiefe Stöße. Es kommt dabei nicht auf die Geschwindigkeit oder Heftigkeit an. Machen Sie es genussvoll und langsam, und zwar in folgendem Rhythmus: neunmal kurz, einmal tief, dann achtmal kurz und zweimal tief, dann sieben zu drei, sechs zu vier und so weiter. Und danach das Ganze rückwärts.

Dieses Vorgehen erfordert die volle Aufmerksamkeit des Mannes, denn es kann schnell passieren, dass der Penis ganz herausrutscht und beim wiederholten Eindringen nicht gleich den richtigen Weg findet. Wenn er abknickt, ist das für den Mann äußerst schmerzhaft und unterbricht den Fluss. Dann ist die Luft erst mal raus.

»Zählen beim Sex?«, werden Sie fragen. »Das soll Spaß machen?« Probieren Sie es aus! Sie werden erstaunt sein, welchen Lustgewinn Sie daraus ziehen werden. Es sind uralte chinesische Techniken, die zumindest im Westen nicht unbedingt geläufig sind. Sie sind Bestandteil des Taoismus, einer Philosophie oder Religion, die vor etwa zweieinhalb Jahrtausenden in China entstand und in mancherlei Ausformungen bis heute überdauert hat.

Den Taoisten zufolge besitzen die Vagina und der Penis zahlreiche Reflexzonen, ähnlich wie Füße und Hände. Ihnen gemäß sind die Eichel und der Muttermund – die sich übrigens auch im Aussehen sehr ähneln – dem Herzen zugeordnet. Sind Sie also tief eingedrungen, stößt die Eichel an den Muttermund. Ein Kreis schließt sich. Wenn Sie in dieser Haltung verweilen und sich leicht seitlich oder kreisend bewegen, führt das zu einer tiefen emotionalen Verbindung zwischen Mann und Frau.

Meine Herren, wenn Sie einen Orgasmus hatten und Ihre Partnerin nicht, so lassen Sie sich nicht gleich fallen. Lassen Sie Ihren Penis da, wo er ist. Kleine Bewegungen, die Sie dann machen, können Ihre Partnerin noch (oder noch einmal) zum Höhepunkt bringen. Bleiben Sie so lange in der Stellung, bis der Penis abgeschwollen ist und von selbst aus der Vagina herausrutscht.

Zum Vergleich: Stellen Sie sich vor, Sie liegen in einer Hängematte und dösen. Im Halbschlaf nehmen Sie ein leichtes Schwanken wahr. Sie haben das Gefühl, dass sich die ganze Welt auf eine ebenso sanfte wie stetige Weise bewegt. So ähnlich nimmt auch Ihre Partnerin Ihre kleinen Bewegungen wahr. In den meisten Fällen wird sie das weiter erregen, und es besteht eine gute Chance, dass sie vielleicht doch noch zum Orgasmus kommt, wenn sie es bisher nicht geschafft hat.

Jetzt haben Sie alles richtig gemacht. Sie haben Spaß am Sex und genießen ihn wirklich, doch der Orgasmus will und will nicht kommen. Was tun?

Wenn Sie kurz vor dem Orgasmus sind und nicht über die Schwelle kommen, gibt es einige kleine Tricks. Lassen Sie stimulierende Gedanken und Fantasien zu, die Sie beflügeln, auch wenn diese nichts mit Ihrem gegenwärtigen Partner zu tun haben. Das ist kein »mentaler Betrug«, wie immer wieder behauptet wird, sondern hilft Ihnen, zum Orgasmus zu kommen. Was ist daran schlecht?

Lenken Sie die Atmung während des nahenden Orgasmus bewusst in den Unterbauch. Das entspannt und durchblutet den Beckenboden. Bewegen Sie Ihr Becken dem Partner entgegen, lassen Sie es kreisen, drehen Sie es. Ein überraschender Klaps auf den Po entkrampft: perfekt, wenn das Ihr Partner übernimmt. Oder kneifen Sie sich selbst an einer anderen Stelle, um sich vom Zwang, unbedingt »kommen« zu müssen, freizumachen. Tippen Sie leicht auf die Klitorisperle. Oder machen Sie Dirty Talking. Auf deutsch: Reden Sie richtig versaut! Das enthemmt und steigert ganz oft die Lust. Trauen Sie sich einfach, was haben Sie zu verlieren?

Dass ein Paar von Anfang an beim Sex perfekt harmoniert, kommt nicht allzu häufig vor. Meist bedarf es einer Phase der Annäherung, des Tastens und des Ausprobierens – was natürlich ungemein spannend sein kann. Nicht zuletzt: Gemeinsam lernt sich's besser (auch und vor allem beim Sex).

Friedrich und Elfriede hatten das Glück, dass es ihnen leichtfiel, ihre sexuellen Schwingungen zu synchronisieren. Sie besaßen in etwa die gleichen Vorlieben, sie waren beide fähig, zum Orgasmus zu kommen (Elfriede sogar mehrmals hintereinander), und sie waren sensibel genug, um die Bedürfnisse des anderen gleichsam erahnen zu können. Einen Orgasmus vorzutäuschen, um Friedrich ein gutes Gefühl zu vermitteln, hatte Elfriede nicht nötig. Dabei kommt das öfter vor, als man glaubt. Etliche Seminarteilnehmerinnen haben es mir bestätigt. Und sie waren keineswegs glücklich damit.

Eine Frau kann einen Orgasmus mit einigem Geschick vortäuschen. Ein Mann hat da schon größere Probleme: Schließlich ist die vollendete Ejakulation ein unumstößlicher »Beweis« für den Orgasmus, den er gerade gehabt hat – ob dieser nun toll war oder nicht. Allerdings merkt die Frau nicht immer, ob der Mann tatsächlich ejakuliert hat, und vielleicht macht sie sich auch gern etwas vor. Es ist ein vermintes Feld, auf dem vor allem eines klar ist: Wo die Frau einen Orgasmus vortäuscht, stimmt etwas nicht mit dem gemeinsamen Sex.

Berühmt ist die Szene aus dem Film *Harry & Sally* von 1989, in der Meg Ryan in einem New Yorker Restaurant in aller Öffentlichkeit täuschend echt einen Orgasmus simuliert. Das ist tatsächlich ungemein lustig, ein Klassiker, der in die Filmgeschichte eingegangen ist. Immer wieder gibt es Umfragen, in denen mitgeteilt wird, wie viele Frauen schon mal einen Orgasmus »gespielt« haben. Die Zahlen schwanken, aber es waren nicht wenige Frauen. Sie taten dies vermutlich meist um des lieben Friedens willen. Denn in der Regel dient ein Orgasmus des Partners als Nachweis einer erfolgreichen sexuellen Betätigung. Dafür, dass man »gut im Bett« war.

Wir sollten davon wegkommen. Sex ist keine Leistungsshow. Wer allzu sehr auf den Orgasmus fixiert ist, setzt sich enorm unter Druck und wird sich emotional kaum mit dem Partner verbinden können. Spaß an Erotik und Sex kann man auch ohne Orgasmus haben. Vielleicht kommt er ja dann von allein. Ich will dem Orgasmus damit keineswegs die Bedeutung absprechen. Ein Orgasmus ist fraglos der Höhepunkt und die Erfüllung jeder sexuellen Betätigung, bei mir selbst ist es nicht anders. Doch zwanglos miteinander zu spielen und die eigene Aufmerksamkeit auf den anderen zu lenken, schafft ein Feld, in dem Energie fließen kann.

Seien Sie neugierig auf Ihren Partner, beobachten Sie ihn oder sie: Wie ist die Reaktion auf mein Streicheln, meine Küsse, meine Berührungen? Beschleunigt sich der Atem? Ist ein Stöhnen oder ein anderer Laut zu hören, der verrät, wie sehr der Partner die Liebkosung genießt? Dies ist die direkte, unverstellte Reaktion auf Ihr Tun. Sie regt an, in dieser Richtung weiterzumachen, oder gibt den zarten Hinweis, vielleicht doch etwas anderes zu testen.

Täuschen Sie keinen Orgasmus vor. Versuchen Sie gemeinsam, auf entspannte und spielerische Weise zum Höhepunkt zu kommen. Probieren Sie neue Techniken aus, weichen Sie vom Weg ab. Experimentieren Sie, holen Sie sich Anregungen für Ihr Sex Life. Oft führen gerade unerforschte Nebenpfade zum ersehnten Ziel.

Dass ein Paar beim Liebesakt gleichzeitig zum Orgasmus kommt, ist zwar ungemein befriedigend, aber doch die ganz große Ausnahme. Rechnen Sie nicht damit! Wenn einer nach dem anderen »kommt«, ist das völlig in Ordnung. Außerdem ist es eines der emotional tiefsten und intimsten Erlebnisse, unmittelbarer Zeuge, ja Mithelfer des Moments zu sein, wenn der Partner einen Orgasmus erlebt. Dies verbindet ungemein.

Dennoch meinen viele Menschen, nur das gemeinsame »Kommen« sei die Erfüllung. Daraus entsteht Frustration: Beide Partner geraten in Stress, können sich nicht entspannen und auf den Partner einlassen. Am Ende »kommt« womöglich keiner.

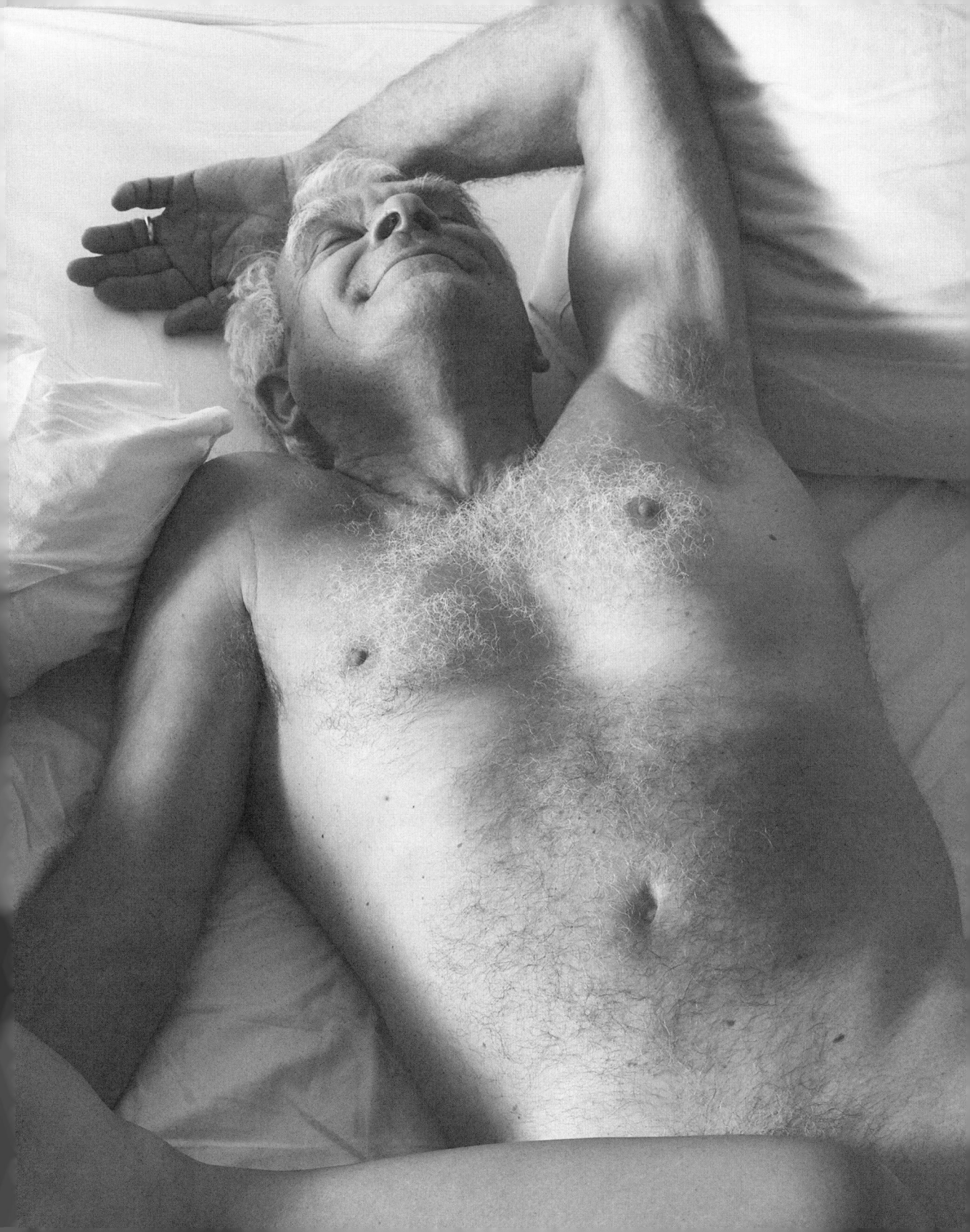

Ein gleichzeitiger Orgasmus ist ein wunderbares Erlebnis, ohne Frage. Männer können einen großen Beitrag leisten, indem sie trainieren, sich zurückzuhalten, bis die Frau kurz vor ihrem Höhepunkt ist. Die Techniken, mit denen dies möglich ist, habe ich bereits beschrieben. Danach werden sie sogar mit einem deutlich gewaltigeren und längeren Orgasmus belohnt.

*TIPP: Für einen erfüllenden Orgasmus sind einige Voraussetzungen ungemein hilfreich, wenn nicht gar essenziell:

- Sie haben Spaß an Sex und purer Lust.
- Sie besitzen die Bereitschaft, auch mal die Kontrolle abzugeben. Sich hinzugeben heißt schließlich nicht, sich aufzugeben!
- Sie vertrauen sich und Ihrem Partner.
- Sie sind so weit wie möglich entspannt. Man könnte auch sagen: Sie sind in Stimmung für Sex. Sind Sie es nicht, dann lassen Sie es lieber für dieses Mal bleiben. Manchmal kommt der Appetit aber auch beim Essen.
- Sie haben ein gesundes Körperbewusstsein und kennen Ihren Körper. Sie wissen, was Sie wollen und wie Sie es am liebsten haben. Wenn nicht, dann sind Sie begierig, es herauszufinden.
- Sie können mit Ihrem Partner darüber reden. Und nicht vergessen: Beim Sex ist alles erlaubt, was beiden Partnern Spaß macht, sie antörnt und letztlich zur Erfüllung führt.

Überrascht es Sie zu hören, dass die meisten dieser Voraussetzungen vor allem auf ältere Menschen zutreffen? Auf Menschen also, die Geduld, Reife und Erfahrung besitzen?

# SEX MIT SICH SELBST – MASTURBATION

$N$un findet nicht jeder, der Lust auf Sex hat, auch gleich einen Partner. Viel mehr Menschen, als man denkt, sind einsam.

Zu ihnen gehörte auch Frieda. Während der langen Monate, in denen sie nicht mit Murunga in Kenia zusammen war, hatte sie dennoch Sex, fast täglich, oft sogar mehrmals. Nicht mit anderen Männern, die hätten ihren hohen Ansprüchen nicht genügt. Nein, sie hatte Sex mit sich selbst.

In Klartext: Sie masturbierte.

Das, was Frieda mir ganz unbefangen erzählte, ist vielen Menschen peinlich. Sie reden nicht darüber. Aber seien Sie unbesorgt: Fast alle Männer und Frauen tun es, meist von früher Jugend an und unabhängig davon, ob sie einen Partner haben oder nicht. Dabei ist Selbstbefriedigung keine Ersatzhandlung. Sie ist vielmehr eine unabdingbare Voraussetzung für guten gemeinsamen Sex. Woody Allen hat das einmal sehr schön in Worte gefasst: »Ich bin ein so fantastischer Liebhaber, weil ich täglich mit mir selber trainiere.«

Recht hat er. Und noch etwas: Ihr Körper gehört Ihnen allein. Hier hat Moral keinen Platz. Selbstbefriedigung – und zwar in jedem Alter – ist längst zu einer allgemein akzeptierten und praktizierten Form sexueller Lusterfüllung geworden, ob nun allein, zu zweit oder zu mehreren. Der sexuelle Ländercode führt »Handarbeit« übrigens als »schwedisch«. Man kann sogar Witze darüber machen, was stets ein Indiz dafür ist, dass etwas in der Mitte der Gesellschaft angekommen ist. »Onanie ist Sex mit jemandem, den man wirklich liebt« – dieser wohl bekannteste Ausspruch zum Thema stammt wiederum von Woody Allen.

Ein Mann geht von klein auf völlig natürlich und unbefangen mit seinem Geschlechtsteil um. Ein großer Teil befindet sich gut wahrnehmbar außerhalb des Körpers und wird schon gleich nach der Geburt bewundert. Bereits der kleine Junge nimmt seinen Penis täglich mehrfach in die Hand – beim Pinkeln – und wird es sein Leben lang tun.

Früher prophezeite man Jungen in der Pubertät die gruseligsten Dinge, wenn sie sich des Nachts unter der Bettdecke mit sich selbst beschäftigten. Als schicksalhaftes Menetekel anschaulich an die Wand gemalt wurden ihnen neben Lepra, Krebs und Wahnsinn vor allem Rückenmarkschwund, Gehirnerweichung und das allmähliche Abfaulen des Gliedes. Doch die Zeiten, in denen man Jungen dafür bestrafte, dass sie masturbierten, sind zum Glück vorbei. Heute weiß man: Masturbation ist enorm wichtig für die Entwicklung des Jungen zum Mann. Bei Mädchen respektive Frauen waren die vermeintlichen Folgen übermäßiger Masturbation übrigens nie ein solches Thema wie bei Jungen, vielleicht, weil diese durch den Abfluss körpereigener Säfte schnell ermüden. Dies war einer gesellschaftlich erwünschten produktiven Tätigkeit zweifellos abträglich. So viel zum ideologischen Hintergrund.

Wie ein Mann sich selbst befriedigt, brauche ich wohl nicht zu erklären, diese Technik beherrscht jeder. Außerdem sei angemerkt, dass es jenseits der notorischen Gummipuppe (die ja eher ein Exot ist) inzwischen viele Spielzeuge und Hilfsmittel speziell für Männer gibt.

Bei Frauen verhält es sich mit der Masturbation schon aus anatomischen Gründen anders als bei Männern. Ihr Geschlechtsteil liegt größtenteils innen, es ist von außen nur teilweise sichtbar. Früher schickte es sich für Mädchen nicht, sich anzufassen. Allenfalls bekamen sie beigebracht, wie man sich richtig wäscht.

Heute ist das alles offener geworden. Trotzdem treffe ich in meinen Seminaren häufig auf Frauen über fünfzig, die sich noch nie selbst berührt haben, sogar solche, die bereits Kinder geboren haben. Sie wissen nicht, wie sie wirklich »da unten« aussehen, geschweige denn, dass sie die Funktionen ihres Geschlechtsapparats genau kennen oder je bewusst ausprobiert hätten. Sie haben keine Ahnung, wo und wie sie am meisten erregbar sind und was ihnen am meisten Spaß macht. Ich muss da oft regelrechte Aufbauarbeit leisten.

Doch besser spät als nie!

Der erste Schritt zum Glück ist, dass Sie sich selbst besser kennenlernen. Wie gelingt Ihnen das? Indem Sie masturbieren! Denn je besser Sie über sich selbst Bescheid wissen, über Ihre Wünsche und Vorlieben, desto größer ist die Chance, dass Sie auch guten Sex mit einem Partner haben. Ein neuer Mann in Ihrem Bett kann nicht von vornherein wissen, was genau Sie wollen und brauchen. Wenn er ein aufmerksamer Liebhaber ist, wird er sich neugierig an Sie herantasten und herausfinden, wie er Sie glücklich machen kann. Die besten Liebhaber machen das übrigens nonverbal.

**✳ TIPP:** Hilfreich für wirklich guten gemeinsamen Sex ist es, wenn beide Partner öfter masturbieren. Denn was man über sich selbst weiß, kann man auch kommunizieren. Bringen Sie Ihrem Partner möglichst viel darüber bei, wie Sie »ticken«. Und, ganz wichtig: Tun Sie es einfühlsam und diskret, ohne seinen Stolz zu verletzen. Auf spielerische Art, nicht als Handlungsanweisung. Die tötet nämlich jede Lust. Seien Sie nicht mechanisch, sondern sinnlich. Das ist ein riesengroßer Unterschied.

Wirklich egoistisch sind nur wenige Männer. Grundsätzlich will ein Mann seine Partnerin glücklich machen, sonst wäre er nicht mit ihr zusammen. Er will, dass Sie einen Orgasmus bekommen (oder auch zwei oder drei), und er wird Ihre Anregungen gerne aufnehmen – vorausgesetzt, Sie vermitteln ihm Ihre Wünsche so, dass er sie verstehen, annehmen und umsetzen kann. Je genauer, desto besser. Das unauffällige Führen seiner Hand wirkt manchmal Wunder.

Wie masturbiert man eigentlich? Gewiss, klappen wird es immer irgendwie. Doch wie kann man es sich besonders schön gestalten?

Bereiten Sie sich vor, damit Sie die Situation auch wirklich genießen können. Schaffen Sie durch ein paar ganz einfache Dinge eine angenehme Atmosphäre für Ihr Date mit sich selbst: Sorgen Sie für Ungestörtheit, nehmen Sie ein Bad, legen Sie eine ruhige Musik auf, die Ihnen gefällt (es muss keineswegs der gestaltlos wabernde Klangteppich sein, auf den man in Wellness- und Massagestudios so oft trifft), und beleuchten Sie den Raum gedämpft, am besten mit Kerzen.

Legen Sie sich auf Ihr Bett oder Sofa, am besten mit Kissen abgepolstert, in einer halb sitzenden und halb liegenden Position. Vor sich, zwischen Ihren Knien, platzieren Sie einen Spiegel, sodass Sie Ihre Scham gut sehen können (lehnen Sie den Spiegel gegen ein Kissen, sodass er nicht umfällt). Wenn der Spiegel einen Vergrößerungseffekt besitzt, umso besser. Alles Folgende gilt natürlich sinngemäß auch für Männer.

Betasten Sie nun Ihren Körper überall, streicheln Sie ihn. Langsam, von Kopf bis Fuß. Finden Sie Ihre erogenen Zonen, besonders die hochempfindsamen Stellen. Das können mitunter ganz andere sein, als Sie vermuten. Verweilen Sie dort. Ertasten Sie Ihre Vulva Millimeter für Millimeter. Sehen Sie sich die Details in Ruhe an. Ihre Vulva ist so unverwechselbar wie Ihr Gesicht. Spüren Sie, welche Stellen Sie besonders erregen, welche anschwellen und feucht werden. Probieren Sie abwechselnd Druck und Reibung aus. Schließen Sie die Augen oder setzen Sie eine Gesichtsmaske auf, dann sind Sie weniger abgelenkt und können sich besser auf Ihr Kopfkino konzentrieren.

Genießen Sie die aufsteigende Lust und lassen Sie sich hineinfallen. Ihre Hand wird irgendwann jenen Weg finden, der Sie zum Orgasmus bringt. Denken Sie über nichts nach. Alles, was Sie jetzt tun, ist in Ordnung. Ein leichtes Tippen mit einem Finger auf die Klitorisperle oder ein sanfter Klaps mit der Hand auf die Vulva können sehr erregend sein.

Stimulieren Sie die Klitorisperle zunächst nur indirekt. Die Schamlippen werden anschwellen (dahinter liegen die Schwellkörper der Klitoris), der Vaginaleingang öffnet sich. Im weiteren Verlauf können Sie die Schwellung bis zum Anus spüren. Die Stelle am hinteren Scheideneingang ist besonders empfindlich. Verweilen Sie dort ein bisschen, mit winzigen Bewegungen und leichtem Drücken.

Dann tasten Sie weiter in den Vaginaleingang hinein. Unterdrücken Sie erst einmal Ihren Impuls, schneller werden zu wollen, und genießen

Sie den sich steigernden Erregungszustand. Massieren Sie die Vaginalwände in allen Richtungen. Dabei können Sie auch Ihren G-Punkt entdecken.

Wenn sich das Gefühl einstellt, dass Sie »gefüllt« werden wollen, ist der Zeitpunkt gekommen, an dem Sie mit der Hand oder auch mit einem Dildo eindringen können. Wechseln Sie ab zwischen leichtem und tiefem Eindringen. Wenn der Dildo, Ihr Finger oder Ihre Hand halb oder ganz eingeführt sind, testen Sie verschiedene Bewegungen: seitlich, vor und zurück, kreisend und drehend. Verändern Sie dabei die Eindringtiefe nicht. Rein – raus mit seitlichem Winkel ist erregender als nur vor und zurück, da der Vaginaleingang deutlich empfindsamer ist als die Vaginalwand, die nur wenige Rezeptoren besitzt. Daher ist Druck wesentlich effektvoller. Zudem stimulieren Sie auf diese Weise auch die Schwellkörper der Klitoris hinter den großen Schamlippen.

Lassen Sie Ihren erotischen Vorstellungen freien Lauf und spielen Sie mit sich. Sie müssen niemandem gefallen, alles ist erlaubt. Großflächige Berührungen sind angenehmer und führen meist eher zum Ziel als kleine punktuelle. Auch Streicheln will gelernt sein: Sie sollten sich nicht fühlen wie ein Hund, der nebenbei getätschelt wird. Also üben Sie auch das Streicheln.

Ganz wichtig: Werden Sie mit Ihrem ganzen Körper aktiv. Bewegen Sie das Becken, kommen Sie sich selbst entgegen und halten Sie die Hand dabei still. Das fühlt sich anders an, als wenn Sie sich nur mit der Hand stimulieren, und trainiert nebenbei auf natürliche Weise die Beckenbodenmuskulatur.

Dies gilt insbesondere auch für Männer, die bei der Masturbation tatsächlich meist nur die Hand bewegen und nicht das Becken. Und nicht zuletzt: Alles, was ich hier beschreibe, ist auch eine Handlungsanregung für Sie, meine Herren, wenn Sie Ihre Partnerin verwöhnen! Ob Sie dann einen Dildo, Ihre Finger, Ihre Zunge oder Ihren Penis benutzen, sei Ihnen und Ihrer Fantasie überlassen.

Frieda erlebte übrigens ein veritables Happy End – nicht mit dem Kenianer Murunga, diese Beziehung auf Zeit hatte keine Zukunft. Außerdem sahen sie sich viel zu selten. Aber sie lernte einen anderen Mann kennen, wie sie mir vor Kurzem begeistert erzählte. Er war ein Arzt aus Tansania, der tatsächlich eine gewisse Ähnlichkeit mit Murunga besaß. Sie hatte mit ihm in einer vorwiegend von Schwarzen besuchten Diskothek in Berlin angebandelt. Auch er war groß, schlank und gutaussehend, seine Fröhlichkeit war ansteckend. Er war Ende dreißig und damit deutlich jünger als Frieda, arbeitete in einem großen Berliner Krankenhaus, war aber ziemlich einsam. Es war praktisch unausweichlich, dass er und Frieda von der ersten Stunde an zusammenblieben. Schon nach kurzer Zeit nahmen sie sich eine gemeinsame Wohnung.

Frieda fuhr nie wieder nach Kenia, schrieb Murunga aber einen langen, liebevollen Brief, in dem sie ihm die Situation erklärte und ihm schilderte, was vorgefallen war. Sie dankte ihm für die Erfahrung, die sie mit ihm hatte machen dürfen, und das meinte sie ernst. Doch diese Phase ihres Lebens war vorbei. Sie war nun auch in Berlin glücklich. Als ich sie und ihren neuen Freund vor einiger Zeit sah, gingen sie eng umschlungen an der Spree entlang.

## DIE WEITE WELT DER STELLUNGEN

*U*nd nun zum Sport! Sie ahnen wohl schon, wovon ich rede: Es geht um Stellungen – jene Stellungen, die man beim Sex einnimmt.

Doch wo ein Wille ist, ist nicht immer auch ein Weg. Bei alterstypischen Einschränkungen und Krankheiten können manche Stellungen unangenehm sein, manche sind vielleicht sogar überhaupt nicht mehr möglich. Dies ist eine zwangsläufige Folge des Alterungsprozesses.

Auch Friedrich und Elfriede machten diese Erfahrung. Mit Anfang sechzig begannen sie die ersten Zipperlein zu plagen. Bluthochdruck

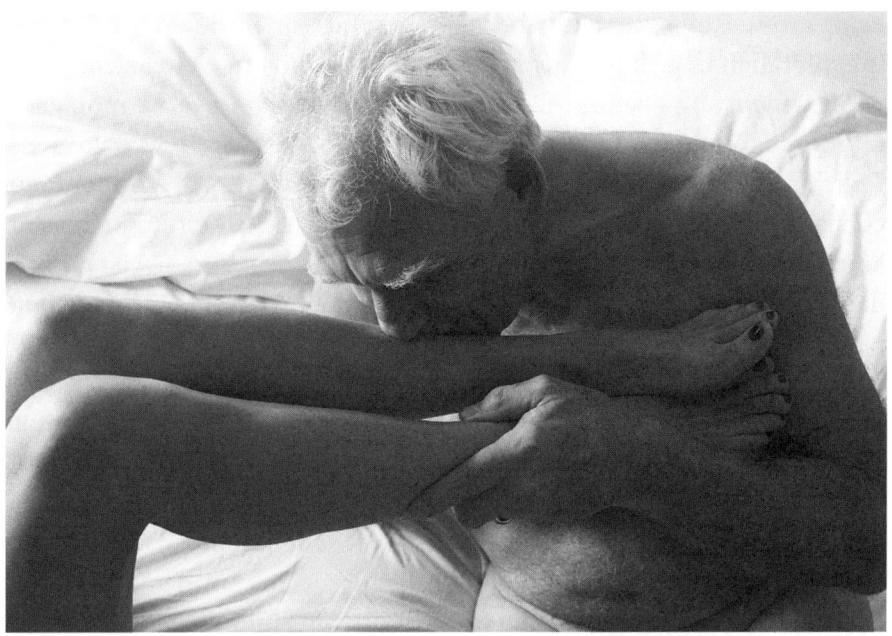

und Arthrose kündigten sich an. Es war eine schleichende, zunächst kaum merkliche Veränderung. Gewiss, Friedrich und Elfriede waren nicht krank, gesundheitlich ging es beiden eigentlich recht gut. Aber sie merkten, dass sie nicht mehr so gelenkig wie früher waren, dass ihre Ausdauer nachließ, dass sie schneller außer Puste gerieten und dass manche Bewegungen ihnen eine bisher nicht gekannte Mühe bereiteten. Nicht nur beim Sex, sondern auch bei alltäglichen Verrichtungen, beim Tragen der Einkaufstüten etwa, beim Radfahren, beim Treppensteigen oder beim Spazierengehen.

Den Sex genossen sie trotzdem. Doch versuchten sie verständlicherweise, jene Stellungen herauszufinden, die für sie am bequemsten waren, und bestimmte Praktiken zu vermeiden.

Sex im fortgeschrittenen Alter ist nicht besser und nicht schlechter als in jüngeren Jahren, sondern *anders*. Praktiken, die vielleicht jahrzehntelang keine große Rolle gespielt haben, geraten nun ins Blickfeld und vermitteln plötzlich ungeahnte Lust. Das sexuelle Spektrum weitet sich.

An Bedeutung gewinnt fast immer ein ausgedehntes und möglichst raffiniertes Vorspiel. Friedrich und Elfriede beherrschten es bald meisterlich – auch, weil sie sich Zeit dafür ließen. Frauen wie Männer brauchen, wie bereits gesagt, mit den Jahren meist mehr Zeit und eine stärkere Stimulation, um »auf Touren« zu kommen. Das Vorspiel ist perfekt dafür geeignet. Und es bietet eine Vielzahl an Variationsmöglichkeiten. Langweilig wird es mit Sicherheit nie.

Berühren und massieren, küssen und streicheln Sie. Lecken Sie Ihren Partner oder Ihre Partnerin an den verschiedensten Körperstellen. Drücken Sie, reiben Sie, und zwar abwechselnd. Ziehen Sie an den Haaren – nicht ganz fest, aber spürbar. Ein leichtes Kneifen oder Knabbern wird meist als angenehm empfunden, ein kleiner Klaps auf den Po mit der flachen Hand lässt die Erregung oft sofort in die Höhe schießen.

Probieren Sie es aus! Seien Sie spielerisch!

Und nicht zu zaghaft: Fassen Sie, zum Beispiel, den Penis Ihres Partners an, mit durchaus festem Griff. Er mag das. Wahrscheinlich wird er sehr schnell wachsen. Versuchen Sie, den Körper Ihres Partners mit Neugier zu entdecken – so, als hätten Sie ihn noch nie zuvor gesehen oder gespürt. Stellen Sie sich das einfach mal vor! Erinnern Sie sich an Dinge, die in Vergessenheit geraten sind und die Ihnen früher einmal gefallen haben.

Erkunden Sie den Körper, der sich Ihnen darbietet, in allen Falten und Winkeln, ertasten Sie ihn, und achten Sie auf die Reaktionen: Hören Sie ein »Hmmm«, ein Stöhnen, oder spüren Sie Abwehr? Dreht Ihr Partner ein Körperteil zu Ihnen hin oder von Ihnen weg? Dies alles sind Zeichen, die gedeutet werden wollen, das ist Ihr Radar.

Betrachten Sie den Körper, der sich dicht an Ihren eigenen schmiegt, als ein Instrument, auf dem Sie spielen können. Vielleicht ist es verstimmt, mag sein, doch das kriegen Sie wieder hin. Und, ganz wichtig, meine Herren: Eine Frau besitzt mehr als zwei oder drei erogene Zonen. Also bitte nicht gleich an Busen oder Po oder gar in den Schritt fassen. Sie haben alle Zeit der Welt!

So, nun also die Stellungen! Immer geht es bei ihrer Einschätzung auch darum, ob und wie sehr sie fürs fortgeschrittene Lebensalter geeignet sind und welche von ihnen sich anbieten, wenn alterstypische Einschränkungen die Akteure plagen, Herz-Kreislauferkrankungen und Gelenkschmerzen zum Beispiel (sie zählen zu den häufigsten Beschwerden). Und das ist, machen wir uns nichts vor, fast immer der Fall. Im Übrigen dienen die folgenden Beschreibungen nicht dazu, dass Sie sie akribisch genau nachstellen, sie sind vielmehr Vorschläge, die Sie ganz nach Lust und Laune abwandeln können.

Also: Experimentieren Sie! Machen Sie ausschließlich das, was Ihnen Spaß macht.


## MISSIONARSSTELLUNG

Dies ist der Klassiker in unseren Breiten: Frau unten, Mann oben. Für einen Mann mit Arthrose ist die »Missionarsstellung« höchst angenehm. Leidet er unter Bluthochdruck, hingegen gar nicht. Denn die Stellung strengt an. Hat die Frau hingegen Arthrose (eine geläufige Verschleißerscheinung im Alter), wird sie die Missionarsstellung als unangenehm empfinden, denn sie muss dabei ihre Beine weit spreizen – und das tut weh.

Auch wenn das Gehirn im Erregungszustand Endorphine – also die sogenannten »Glückshormone« – ausschüttet, die das Schmerzempfinden reduzieren, sollte man vorsichtig sein. Bei Gelenkschmerzen generell nicht zu empfehlen sind Stellungen, bei denen die Gelenke stark an- oder abgewinkelt werden müssen.

## WIENER AUSTER

Dies ist in erhöhtem Maße bei der »Wiener Auster« der Fall. Im Prinzip ähnelt sie der »Missionarsstellung«, allerdings verschränkt die Frau hier die Beine hinter dem Kopf des Mannes. Bei Gelenkschmerzen ist diese Stellung, so reizvoll sie auch sein mag, ein klares No-Go.

## REITERSTELLUNG

Gleiches gilt für die beliebte »Reiterstellung«: Mann unten, Frau oben. Für den Mann ist sie, wenn er sich nicht mehr recht bewegen kann, eine feine Sache. Er muss nicht viel tun, er wird quasi »bedient«. Die Frau hingegen muss schon sehr gelenkig sein. Mit Gelenkschmerzen ist diese Stellung schlicht unmöglich, auch wenn sie generell höchst genussvoll für die Frau ist.

## SCHAUKEL

Das ist auch der Fall bei der sogenannten »Schaukel«, nicht zu verwechseln mit der »Liebesschaukel«, einem Gerät, das zu den Sexspielzeugen zählt, doch wegen seiner aufwendigen Installation und seines Platzbedarfs vor allem in Swingerclubs und professionellen Studios anzutreffen ist.

Im Grunde ist die Schaukel eine umgekehrte Reiterstellung: Die Frau sitzt obenauf mit dem Rücken zum Gesicht des Mannes, wobei sie sich auf seine angewinkelten Oberschenkel stützt und sich an seinen Fußgelenken festhält. Unter Gelenkschmerzen darf die Frau hier auf keinen Fall leiden, ebenso wenig unter Bluthochdruck, sonst hält sie das nicht lange durch.

## KATZ & MAUS

Eine für beide Partner recht bequeme Abwandlung der »Reiterstellung« ist »Katz & Maus«. Die Frau liegt ausgestreckt auf ihrem Partner, ihre Knie befinden sich zu beiden Seiten seiner Schenkel. Dabei stützt sie sich mit den Händen neben seinen Armen ab. Da der Mann wenig Bewegungsfreiheit hat, bietet sich diese Stellung vorzugsweise an, wenn er müde ist oder einmal die passive Rolle übernehmen möchte.

Diese Stellung ist wenig belastend für die Gelenke. Sie ist unkompliziert, schön für das Nachspiel oder einfach nur zum Kuscheln geeignet.

## SCHUBKARRE

Die »Schubkarre« sieht anstrengend aus, ist es aber nicht unbedingt – zumindest nicht für die Frau. Sie liegt bei dieser Stellung auf dem Rücken, der Mann kniet vor ihr zwischen ihren Beinen und zieht sie an ihren Hüften zu sich hoch. Sie kann sich dabei bequem auf ihren Schultern und Armen abstützen.

Eine Decke oder ein großes Kissen unter dem Becken macht es für die Frau deutlich bequemer. Sie hat dann die Hände frei, um sich zusätzlich selbst zu befriedigen, während er in sie eindringt. Allerdings: Für den Mann ist diese Stellung körperlich anstrengend und sehr belastend für die Knie.

## HÜNDCHENSTELLUNG

Bei dieser Stellung kniet der Mann hinter der Frau, die sich ihm auf allen vieren von hinten darbietet. Dabei werden die Gelenke beider Partner ziemlich stark belastet. Die Stellung ermöglicht aber auch ein sehr tiefes Eindringen in die Frau und stimuliert ihren G-Punkt. Für sie verspricht dies höchsten Genuss.

Angegriffene Gelenke verzeihen die »Hündchenstellung« allerdings nicht. Weiche Kissen unter den Knien können Gelenkschmerzen zumindest mildern.

## TISCHGEBET

Überaus lustvoll und erregend ist das »Tischgebet«: Die Frau liegt auf dem Tisch, die Beine auf den Schultern des Mannes, der Mann steht vor ihr und stößt. Nicht umsonst wird diese Variante gern in Filmen verwendet, wenn es besonders wild und leidenschaftlich zugehen soll (zum Beispiel in *Wenn der Postmann zweimal klingelt*, 1981, mit Jack Nicholson und Jessica Lange). Im allgemeinen wird dabei alles, was auf dem Tisch liegt, mit einer einzigen Armbewegung abgeräumt, bevor es dann heftig zur Sache geht.

Auch wenn beide Partner unter Arthrose leiden – diese Stellung können sie unbesorgt einnehmen. Für die Frau ist sie durchaus entspannt, zumal, wenn ein weiches Kissen unter ihrem Po liegt, das ihn ein wenig anhebt. Auch der Rücken sollte weich gebettet sein. Ihre Beine lässt sie baumeln. Der Mann muss nur stehen können – im doppelten Wortsinn.

Für Bluthochdruckpatienten macht das die Sache aber schwierig, denn eine gute Kondition, sprich Ausdauer, sollte man für diese Stellung schon besitzen.

## ORGELPFEIFE

Eine verschärfte Variante des »Tischgebets« ist die »Orgelpfeife«. Hierbei streckt die Frau die Beine in die Höhe und legt sie mit den Fußgelenken auf den Schultern des Mannes ab – was auch ganz entspannt sein kann, aber doch ein wenig mehr Gelenkigkeit erfordert als das »Tischgebet«.

## NEW YORKER

Warum diese Stellung so heißt, erschließt sich mir nicht, aber vielleicht bin ich mit den New Yorker Sitten ja auch nicht hinreichend vertraut. Jedenfalls handelt es sich um eine Kombination von »Missionarsstellung« und »Tischgebet«. Die Frau sitzt auf der Tischkante, der Mann steht vor ihr, beide können einander anschauen.

Diese Stellung ist schonend für die Gelenke und überaus innig, da beide Partner sich gegenseitig im Blick haben. Man muss sich nicht extra auf- oder abstützen, sondern sich nur gegenseitig festhalten. Es ist die geeignete Stellung für einen Quickie, also eine sogenannte »schnelle Nummer«, und kann zum Beispiel improvisiert am Küchentisch eine aufregende Sache sein.

* * *

Kommen wir nun zu den entspannteren, »leichten« Positionen, die für so ziemlich jeden, der noch einigermaßen beweglich ist, machbar sind. Sie sind keinesfalls weniger befriedigend als die bisher beschriebenen Stellungen, auch nicht »besser« oder »schlechter« (Kategorien, die in diesem Zusammenhang ohnehin nichts verloren haben), sondern lediglich *anders*.

## SEITENSTELLUNG

Der Mann liegt auf der linken oder rechten Seite, die Frau im rechten Winkel zu ihm auf dem Rücken. Die Beine hat sie über seinem Po hinter ihm beziehungsweise auf seiner Hüfte abgestellt.

Hier liegen beide Partner, es werden keine Gelenke verdreht, beide haben Bewegungsfreiheit. Ein tiefes Eindringen ist auf sehr sanfte und schonende Weise möglich. Außerdem ist diese Stellung in höchstem

Maße emotional verbindend. Besonders intim ist es schließlich, beim Liebesspiel einander ins Gesicht zu sehen – und das kann man in dieser Stellung, die für Arthrose- und Bluthochdruckpatienten gleichermaßen geeignet ist, sehr gut. Eine ähnliche Variante dieser Stellung hat übrigens den schönen Namen »Budapester Beinschere«.

## LÖFFELCHEN

Körperlich wenig belastend und wohl auch daher sehr beliebt ist das »Löffelchen«. Wie der Name schon sagt, ist dies eine sehr intime und zärtliche Stellung, da sich beide Körper eng aneinanderschmiegen. Sehr empfehlenswert ist sie für Menschen mit körperlichen Einschränkungen sowie für Übergewichtige.

## DER LETZTE TANGO IN PARIS

Berühmt geworden ist diese Stellung durch den Film *Der letzte Tango in Paris* von 1972 mit Marlon Brando und Maria Schneider. Er und seine Filmpartnerin saßen sich dabei auf dem Boden gegenüber. Besonders schonend und angenehm ist die Stellung jedoch, wenn der Mann dabei auf einem Stuhl sitzt. Weder er noch seine Partnerin müssen sich abstützen, die Hände sind frei für allerlei Liebkosungen, die Gelenke werden geschont.

Und nicht zuletzt: Beide Partner können einander ins Gesicht sehen – auch, wenn sie zum Orgasmus kommen, was besonders erregend ist.

* * *

Die folgenden Konstellationen sind keine Stellungen im klassischen Sinn, sondern Varianten des Oralverkehrs. Aufgrund ihrer allgemeinen Beliebtheit und Verbreitung gehören sie jedoch untrennbar zum Kanon der sexuellen Gepflogenheiten. Sie erweisen sich zudem gerade dann als besonders geeignet und empfehlenswert, wenn körperliche Handicaps wie Bewegungseinschränkungen, Ausdauerprobleme oder erektile Dysfunktion die bisher beschriebenen Stellungen als nicht machbar erscheinen lassen.

## CUNNILINGUS

Der Cunnilingus verschafft der Frau besonderen Genuss. Er ist das Pendant zum *Blowjob*, das heißt, der Mann verwöhnt die Frau mit der Zunge. Dies ist in vielen verschiedenen Stellungen möglich. Der Klassiker: Sie liegt mit gespreizten Beinen auf dem Rücken, während er vor ihr kniet und beweist, was sein Mund so alles kann.

Hygiene ist hier besonders wichtig – auch, um sich voll und ganz fallen lassen zu können. Sie können das Vorspiel ja schon mal zusammen unter der Dusche starten. Aber vermeiden Sie duftende Parfums. Sie schmecken meist bitter, und wer hat schon gerne Lavendelgeschmack im Mund? Am attraktivsten ist eine saubere Vulva, die nur nach dem riecht, was sie ist.

Legen Sie sich ein Kissen unter den Po, während Ihr Partner zugange ist – so kommt er noch besser an die hochempfindlichen Stellen heran. Ganz wichtig aber (dies ist an Ihren Partner gerichtet): Beschränken Sie sich nicht auf die Klitorisperle, die ist nämlich schnell überreizt. Wenn Sie dort ohne Unterlass und mit hoher Geschwindigkeit »züngeln«, erreichen Sie womöglich gar nichts. So schnell, wie die Lust kommt, so schnell ist sie bei vielen Frauen auch wieder weg.

Setzen Sie nicht nur die Zunge, sondern den ganzen Mund ein. Saugen Sie. Entdecken Sie die Vulva Ihrer Partnerin in allen Verästelungen. Nehmen Sie ruhig eine »Mundvoll Muschi«, Ihre Partnerin wird es Ihnen danken. Wie sehr, das können Sie unmittelbar am Grad ihrer Erregung feststellen. Nur danach sollten Sie sich richten. Wenn Ihre Partnerin stöhnt, dann stimmt's.

Vor allem aber: Lassen Sie sich Zeit! Hetze ist der Feind jeder Lust (ein

Quickie, der stets schnell und heftig ist, aber nie gehetzt, ist etwas völlig anderes).

Wenn der Mann rasiert ist, macht der Cunnilingus noch mal so viel Spaß. Ein Dreitagebart hat für eine Frau ungefähr die gleiche Anmutung wie Schmirgelpapier. Umgekehrt gilt dies natürlich genauso: Wenn die Haare bei einer im Schambereich rasierten Frau wieder sprießen, schabt ein Mann sich leicht wund. Die Heilung kann mitunter Tage dauern. Oder aber, das ist die Alternative, die Frau rasiert sich gar nicht, dann sind die Haare weich und zart.

Der Cunnilingus ist bequem für beide Partner, außerdem ist er nur wenig belastend für Gelenke und Kreislauf. Bei erektiler Dysfunktion und Scheidentrockenheit ist Oralverkehr, kombiniert mit manueller Stimulation, eine gute Alternative. Außerdem ist er eine beliebte Praxis beim Vorspiel, bevor es »richtig« losgeht.

## FELLATIO

Mit einem Satz: *Sie* verwöhnt *ihn* mit dem Mund. Umgangssprachlich heißt das *Blowjob*. Diese Praxis mögen fast alle Männer (und viele Frauen). Wann und wo auch immer Sie Lust darauf haben: im Kino, beim Fernsehen, auf der Club- oder Flugzeug-Toilette – der Fantasie sind hier keine Grenzen gesetzt. Manche Frauen sollen sogar schon unter den bodenlangen Tischdecken in feinen Restaurants verschwunden sein, um dort ihren Begleitern Gutes zu tun. Je größer die Gefahr der Entdeckung übrigens, desto größer der Reiz (und die Erregung) auf beiden Seiten.

Wichtig ist, dass bei der Fellatio die Frau die Führungsrolle übernimmt. Sie hält den Schaft des Penis in der Hand, sie bestimmt, wie weit sie mit dem Mund nach vorne geht. Stößt der Mann, wie er es so gerne macht, mit dem Penis zu, kann leicht ein Würgereiz mit allen üblen Folgen entstehen.

Mit dem Mund ließen sich im alten Indien adlige Männer (und solche, die es sich leisten konnten) meist nicht von einer Frau, sondern von einem Eunuchen befriedigen. Das *Kamasutra* zählt eine Fülle von Möglichkeiten auf, den Penis zu liebkosen. Klar, dass dies auch für Frauen gilt, Eunuchen sind mittlerweile ja doch aus der Mode gekommen.

Hier einige der im *Kamasutra* beschriebenen Varianten: Sie kann den Penis mit der Hand an ihre Lippen und dann sanft in den Mund einführen (*Vereinigung*), ihn seitlich mit den Zähnen beknabbern und küssen (*Seitenbiss*), ihn mit der Zunge lecken und die Zunge über die Spitze gleiten lassen (*Reiben*), oder ihn ganz in den Mund nehmen und daran saugen (*An der Mangofrucht saugen*). Damit ist schon fast die ganze Palette beschrieben. Ich kann nur raten: Probieren Sie einfach aus, was Ihnen beiden gefällt. Und noch etwas: Männer mögen es, wenn man ihre Hoden umfasst, nicht jedoch, wenn man sie zu fest drückt.

Fellatio ist für beide Partner recht bequem zu vollziehen. Empfindet man eine Stellung als zu anstrengend, dann sucht man einfach eine andere. Irgendwie wird es schon passen. Wegen dieser Vielseitigkeit ist Fellatio auch keine Gefahr für Gelenke und Kreislauf.

Auch bei der Fellatio ist Hygiene das oberste Gebot. Bestehen Sie darauf, dass Ihr Liebhaber seinen Penis gründlich wäscht, bevor Sie mit dem Mund auch nur in seine Nähe kommen.

Eine Anmerkung noch: »Schlucken oder nicht schlucken?«, lautet die Frage aller Fragen. Immer wieder stellen Frauen sie mir in meinen Seminaren. Ich muss gestehen: Ich habe keine Antwort darauf, jede Frau muss das für sich selbst entscheiden. Sie sollte sich dazu auch nicht drängen lassen. Aber wenn sie's mag: nur zu!

## 69

Bei der legendären Stellung »69« ist Konzentration angesagt. Wie wollen Sie sonst Ihren Liebhaber befriedigen, wenn er gleichzeitig Dinge zwischen Ihren Beinen tut, die Ihre Sinne benebeln? »69« ist denn auch als Vorspiel sehr beliebt. Wie es geht, veranschaulicht die Zahl »69« schon zu Genüge: Beide Partner stecken ihren Kopf jeweils in die Körpermitte des anderen und beginnen das mit ihren Mündern zu tun, was sie am besten können. Und das bedeutet in diesem Fall nicht reden …

**∗TIPP:** Lutschen Sie doch vor dem Akt ein Pfefferminzbonbon. Der kühlende Effekt wird ihm – oder Ihnen, wenn er es nimmt – einige Schauer über den Rücken jagen!

»69« ist auch gut in Seitenlage möglich. Das ist entspannend und bequem für beide, außerdem wenig belastend für Gelenke und Kreislauf. Wie Cunnilingus und Fellatio ist orale Stimulation in der Variante »69« eine gute Alternative bei erektiler Dysfunktion und Scheidentrockenheit.

\* \* \*

Den Kreis möglicher Stellungen habe ich hiermit natürlich noch längst nicht abgeschritten. Auch Friedrich und Elfriede hatten etliche weitere

Ideen, mit denen sie ihrem Sexualleben neuen Schwung verliehen. Und sie setzten sie auch um.

Machen Sie es ebenso! Ich bin mir sicher, dass Sie diese Fantasie besitzen. Spätestens, wenn Sie im Bett miteinander beschäftigt sind, wird Ihnen gewiss so einiges einfallen, was Sie noch tun könnten. Lassen Sie sich dabei nicht von Schamgefühlen hindern, die sind hier fehl am Platz. Es zählt einzig und allein, dass Sie Spaß, Freude, Lust und Befriedigung verspüren.

## ZUM SCHLUSS:
## STARTEN SIE DURCH!

*W*enn Sie bis hierher gelesen haben, werden Sie mir hoffentlich zustimmen: Die Jahre ab fünfzig sind keine Lebensphase, vor der man sich fürchten muss. Dies mag früher so gewesen sein, doch haben sich im Lauf der letzten fünfzig, siebzig Jahre die Verhältnisse grundlegend gewandelt. Unabhängig und finanziell abgesichert, deutlich jünger aussehend, körperlich gesund, geistig beweglich und sexuell aktiv – so präsentieren sich die »Best Ager« um die fünfzig, sechzig und darüber. Sie stehen für ein Rollenbild des Alters, das es vorher in der Geschichte nie gegeben hat. Es ist eine neue Errungenschaft, auf die wir stolz sein können.

Eine andere Frage ist, inwieweit dieses Rollenbild der Realität entspricht. Da besteht sicher viel Nachholbedarf. Aber, und das ist das Entscheidende: Die Generation 50+ besitzt Einfluss, vielleicht mehr denn je, ihre Zahl wächst, und sie muss nicht schlechter leben als Jüngere. Das Alter ist für immer mehr Menschen ein guter, befriedigender Lebensabschnitt – wenn man planvoll darauf hinarbeitet und seine Möglichkeiten ausschöpft.

Redet man mit älteren Menschen, so findet sich kaum jemand, der noch einmal gerne zwanzig wäre. Die Erfahrung eines halben Lebens hat sie zu komplexen Persönlichkeiten reifen lassen, die einen differenzierten Blick auf die Welt besitzen und auf diesen Wissensschatz um keinen Preis verzichten wollen. Auch ich fühle mich mit meinem Alter wohl, ich möchte es gar nicht anders haben. Das Alter ist kein Abstellgleis mehr, sondern eine Startbahn zu neuen Zielen, die vielleicht erst jetzt, in den späteren Lebensjahren, als solche zu erkennen sind. Und immer mehr Ältere wissen ihre Chancen zu nutzen.

»Was im Alter zu wünschen übrigbleibt«, fragte sich der Philosoph Ernst Bloch in *Das Prinzip Hoffnung*, und gab selbst die Antwort, indem er feststellte, dass man »an zwei Enden« brennen müsse, nämlich »mit Mut und Erfahrung zugleich«, was nichts anderes bedeutet, als dass es weitergeht zu neuen Ufern, auch im Alter noch.

Doch das muss man wollen. Entscheiden sich Ältere für Muße und Beschaulichkeit, für – wie es Voltaire in einem schönen Bild ausdrückte – »Weinlese und Kelter«, dann ist das ebenfalls in Ordnung. Jacob Grimm (der mit seinem Bruder Wilhelm *Grimms Märchen* gesammelt hat) findet nichts dabei, dass man als alter Mann von siebzig oder achtzig Jahren auf der Bank vor seiner Haustür sitzt und sein verbrachtes Leben überschlägt. Und auch Ernst Bloch plädiert für Sinnlichkeit, Genuss und gutes Leben (»Wein und Beutel« nennt er es) – aber eben in Verbindung mit der Utopie, dass bis zuletzt noch vieles möglich ist.

Es liegt also im Ermessen jedes Einzelnen, wie er sein Alter verbringt. Dass ökonomische Faktoren dabei eine wesentliche Rolle spielen, ist natürlich unbestritten, aber allein die Tatsache, dass diese Wahlfreiheit prinzipiell besteht, ist ein bedeutsamer Fortschritt gegenüber früheren Epochen, als Ältere meist unbarmherzig in ein Korsett gesellschaftlicher Zwänge gesteckt wurden, aus dem sie nicht entkommen konnten.

Das Alter ist längst nicht mehr, was es einmal war. Schauen Sie in den Spiegel, wie alt Sie auch sein mögen: Das Bild, das Sie sehen, hat vermutlich kaum noch eine Ähnlichkeit mit dem Ihrer Vorfahren, als die im gleichen Alter waren. Schauen Sie ruhig die alten Fotos an – und dann noch einmal in den Spiegel. Fühlen Sie sich auch so wie ich – nämlich, dass Sie *im besten Alter* sind?

Ich kann Ihnen nur raten: Genießen Sie dieses tolle Gefühl!

Doch attraktiv ist man nur, wenn man sich auch selbst so sieht. Diese positive Empfindung zu entwickeln und sie zuzulassen stellt sich oft als das eigentliche Problem dar. Versuchen Sie doch einige der Wege zu gehen, die ich in diesem Buch aufgezeigt habe. Vielleicht werden Sie überrascht sein, wie gut das funktioniert. Und möglicherweise werden Sie danach sagen: »Ich bin sinnlich und sexy, *weil* ich zur *Silver Generation* gehöre.«

Und das stimmt, egal was man Ihnen erzählt!

Immer mehr ältere Menschen besitzen dieses Selbstbewusstsein. Es ist vielleicht nicht ganz einfach, dahin zu kommen, doch es ist fast jedem möglich. Wenn Sie dieses Selbstbewusstsein erst einmal erlangt haben, werden Sie sich fragen, wie Sie ohne dieses tolle Gefühl je leben konnten. Ihr Alltag, Ihr Leben wird einen neuen Schwung gewinnen. Sie werden erkennen, dass die zweite Lebenshälfte ein großer Gewinn ist, für Sie selbst und auch für andere. Ihr Erfahrungsschatz ist unbezahlbar. Viele Menschen meinen rückblickend, dass ihre zweite Lebenshälfte sogar besser sei als die erste.

Ihre Genussfähigkeit – und das meine ich nicht nur im sexuellen Sinn – wird in keiner Weise eingeschränkt, bloß weil Sie ein bestimmtes Alter erreicht haben, im Gegenteil: Sie werden vermutlich einen ausgeprägten Sinn für Feinheiten, ja, für Raffinesse entwickeln. Nicht plötzlich, sondern nach und nach. Es ist ein subtiler Prozess, der sich über Jahre oder Jahrzehnte erstreckt, und den zu durchleben ungemein anregend ist.

All dies kommt natürlich nicht von allein, Sie müssen etwas dafür tun. Seien Sie aktiv und offen, nehmen Sie am Leben teil. Seien Sie produktiv, wenn möglich sogar kreativ. Teilen Sie so viel wie möglich mit anderen: Ihre Empfindungen, Ihre Wünsche, Ihre Erfahrungen. Was Sie geben, kommt zurück, mehrfach zumeist. Bleiben Sie empfänglich für die Schönheit dieser Welt (ein weiser Rat des spanischen Cellisten Pablo Casals, der immerhin sechsundneunzig Jahre alt wurde). Dann werden Sie feststellen, dass, wie Casals es ausdrückte, »Alter nicht notwendigerweise Altern bedeutet«.

Ich finde dies eine sehr beglückende Perspektive. Dass ich mich aufs Alter freue, wäre zu viel gesagt, aber ich habe auch keine Angst davor.

Auf Sex, um dies noch einmal klar und deutlich zu sagen, brauchen Sie in keiner Weise zu verzichten. Sicher, mit dem Alter verändert sich der

Körper, einiges von dem, was früher selbstverständlich war, ist nur noch mit Einschränkungen möglich.

Aber, und nur darauf kommt es an: Es *ist* möglich.

Fantasie ist gefragt, doch gehört nicht gerade sie ganz wesentlich zu einer erfüllten, befriedigenden Sexualität? Lassen Sie sich gehen, streifen Sie Ihre Hemmungen ab, probieren Sie neue Dinge aus – und Sie werden reich belohnt. Viele Menschen werden erst im fortgeschrittenen Alter richtig frei, in meinen Seminaren und Workshops habe ich das oft erlebt. Gewiss, es erfordert zunächst Überwindung, doch ich garantiere Ihnen: Sie werden es genießen!

Dass Sex im Alter ein Tabu ist, gilt schon längst nicht mehr. Die Widerstände bröckeln, immer häufiger wird akzeptiert, dass nicht nur ältere, sondern auch alte Menschen sexuelle Bedürfnisse haben. Dies ist zwar noch nicht vollständig ins gesellschaftliche Bewusstsein gedrungen, doch steter Tropfen höhlt auch hier den Stein.

»Mit sechsundsechzig Jahren, da fängt das Leben an, mit sechsundsechzig Jahren, da hat man Spaß daran«, heißt der Refrain eines bekannten, sehr aufmunternden Schlagers von Udo Jürgens. Ja, *spätestens* mit sechsundsechzig. Gerne auch schon zehn, fünfzehn Jahre früher. Die silberne Generation von 50+ – sie ist sinnlich, sie ist sexy. Auch ich gehöre inzwischen zu ihr.

Und wissen Sie was?

Es geht mir besser denn je.

# BÜCHER UND FILME ZUM THEMA

Mit dem Alter und dem Älterwerden haben sich auch Kunst, Literatur und Film schon immer beschäftigt. Es gibt eine kaum überschaubare Flut von Sachbüchern zum Thema. Die Sexualität spielt darin jedoch nur selten eine herausgehobene Rolle, sie wird allenfalls gestreift.

Ich habe einige Bücher und Filme ausgesucht, von denen ich meine, dass man sie mit Gewinn lesen oder sehen kann. Sie sind ganz unterschiedlich – leicht und witzig, tiefgründig oder spannend, manchmal auch tragikomisch oder nachdenklich, mitunter provokativ. Einige Klassiker sind darunter, es überwiegen jedoch relativ aktuelle Titel. Nicht alle haben direkt mit Sexualität zu tun, aber es geht in ihnen ausnahmslos ums Alter und ums Altwerden. Sie decken damit im Wesentlichen jene Themenpalette ab, die ich auch im vorliegenden Buch behandelt habe. Besonders unter den Filmen (sie sind ausnahmslos auf DVD oder als Download erhältlich) gibt es einige interessante Entdeckungen.

Es handelt sich hier um eine höchst subjektive kleine Auswahl in lockerer, bunter Reihenfolge, die eine Anregung sein will, sich intensiver mit dem Thema zu beschäftigen.

## BÜCHER

*Thomas Rentsch, Morris Vollmann (Hrsg.)*
*Gutes Leben im Alter – Die philosophischen Grundlagen*
*Reclam Verlag, 2012*

Ein klug zusammengestelltes Kompendium klassischer Texte zum Alter, zum Beispiel von Platon, Aristoteles, Cicero, Seneca, Montaigne und Schopenhauer. Ist nicht immer leicht zu lesen, eignet sich aber gut als

Einstieg für philosophisch Interessierte. Wer mehr wissen will, sollte auf die vollständigen Originaltexte (die natürlich alle in deutscher Übersetzung erhältlich sind) zurückgreifen.

*Hartwin Brandt*
*Wird auch silbern mein Haar*
*Verlag C. H. Beck, 2002*

Souverän erzählte Kulturgeschichte des Alters in der Antike, mit vielen Abbildungen und klug kommentierten Textauszügen. Stellt umfassend dar, wie sich Griechen und Römer, aber auch die frühen Christen in Philosophie, Kunst und Literatur mit dem Alter auseinandersetzten, welche Fragen sie stellten und welche Antworten sie fanden. Sehr dicht und anspruchsvoll. Ein Buch, auf man sich wirklich einlassen muss, doch das den Leser reich belohnt.

*Noberto Bobbio*
*Vom Alter – De senectute*
*Klaus Wagenbach Verlag, 1997*

Melancholische Reflexionen des bedeutenden italienischen Rechtsphilosophen (er starb 2004 mit vierundneunzig Jahren) über das Alter, das er als eine »Welt der Erinnerung« begreift. Bobbio war selbst schon über achtzig, als er diese Texte schrieb. Resignativ und fast schon jenseitsgewandt, fragt er beharrlich nach dem Sinn des Lebens und dem, was möglicherweise danach kommt (er vermutet: nichts). Die Sexualität blendet er – durchaus begreiflich bei dieser Gemütslage – vollkommen aus.

*Simone de Beauvoir*
*Das Alter*
*Rowohlt Taschenbuch Verlag, 2000*

Ungemein materialreicher, fast 800 Seiten starker Essay über das Alter, das Simone de Beauvoir hier in all seinen Facetten und anhand vieler berühmter Betagter und Hochbetagter quer durch die Geschichte und fast alle Kulturen darstellt. Sie schöpft aus einem immensen Wissensfundus. Auch die Sexualität wird ausführlich behandelt. Immer noch ein, nein *das* Standardwerk. Über manche Passagen hinweg sehr zeitgebunden (das Buch erschien erstmals 1970). Dennoch: Wenn man nur ein einziges Buch übers Alter lesen will, dann dieses.

*Hannelore Schlaffer*
*Das Alter – Ein Traum von Jugend*
*Suhrkamp Verlag, 2003 (nur noch antiquarisch erhältlich)*

Gut lesbare, knappe Zusammenfassung, wie sich das Bild des Alters seit der Antike gewandelt hat, und wie wir es heute sehen. Eine elegante und gelehrte *Tour de Force* durch die Literaturgeschichte, aber auch eine pointierte Darstellung dessen, was Alter ausmacht. Ein schön ausgestattetes, edles Bändchen, das man gerne zur Hand nimmt und in einem Rutsch durchliest.

*Sven Kuntze*
*Altern wie ein Gentleman – Zwischen Müßiggang und Engagement*
*C. Bertelsmann, 2011*

Subjektiver Erfahrungsbericht des ehemaligen ARD-Fernsehjournalisten (Jahrgang 1942) darüber, wie er seine ersten Jahre nach der Pensionierung erlebt und gestaltet hat. Genaue Beobachtung alltäglicher Phänomene verbindet sich mit scharfsinnigem Nachdenken über die Frage, was alt sein in unserer Gesellschaft bedeutet. Kuntze kommt, alles in allem, zu keinem angenehmen Ergebnis.

*Frank Schirrmacher*
*Das Methusalem-Komplott*
*Karl Blessing Verlag, 2004*

Klar formulierte, zugespitzte und bisweilen polemische Darstellung der Konsequenzen, die mit der Überalterung der Gesellschaft auf uns zukommen, ein Pamphlet gegen den allgegenwärtigen Jugendlichkeitswahn sowie ein starkes Plädoyer für ein neues Selbstbewusstsein der älteren Generation. Nichts weniger als eine radikale Kulturwende fordert der im Juni 2014 früh verstorbene, intellektuell stets ungemein anregende Mitherausgeber der *Frankfurter Allgemeinen Zeitung*. Zu Recht.

*Wolfgang Prosinger*
*In Rente*
*Rowohlt Verlag, 2014*

Fiktive, aber lebensnahe Schilderung, wie ein Journalist mit fünfundsechzig »in Rente« geht und zunächst in ein tiefes Loch fällt, bevor er sich mühsam wieder aufrappelt. Wolfgang Prosinger (Jahrgang 1948), Redakteur des Berliner *Tagesspiegel*, behandelt anschaulich die ganze Bandbreite dessen, was den meisten Menschen widerfährt, wenn sie ihren letzten Arbeitstag hinter sich haben. Trotz des verhaltenen Happy Ends allerdings kein Buch, das Mut macht für ein Leben als Rentner.

*Henning Scherf*
*Grau ist bunt – Was im Alter möglich ist*
*Verlag Herder 2008*

Im Gegensatz zu den meisten Publikationen zum Thema »Alter« besitzt dieses auf eigenem Erleben basierende Buch eine durchweg positive, heiter-gelassene Grundstimmung. Es kreist um die Frage, wie eine alternde Gesellschaft lebenswert bleiben kann. Der erfrischend unkonventionelle ehemalige Bremer Bürgermeister, der selbst in einer Alten-WG wohnt, schreibt aus einer privilegierten Position heraus, aber ganz und gar nicht abgehoben.

*Corinna Langwieser, Peter Wippermann*
*Länger leben – länger lieben: Das Lebensgefühl der Generation Silver Sex*
*Piper Verlag, 2007*

Zwei Trendforscher beschreiben, wohin die Reise geht bei der »neuen« Generation über fünfzig. Zahlengespickter, etwas spröder Überblick, bei dem man sich am Ende fragt, was man nun damit anfangen soll. Immerhin: Eines der wenigen Bücher, die das Thema »Sex im Alter« nicht verschämt auf zwei hinteren Seiten verstecken, sondern sich über mehrere Kapitel damit beschäftigen, ohne allerdings je wirklich konkret zu werden.

*Gail Sheehy*
*Sex und Frauen über 50*
*Pendo Verlag, 2007 (nur noch antiquarisch erhältlich)*

Ein Ziegelstein von einem Buch, die Hälfte hätte es auch getan. Einer jener weitgehend sinnfreien Ratgeber, wie sie in den USA so beliebt und erfolgreich sind. Nähert sich seinem Thema über viele Fallbeispiele, die sehr ausführlich und zum Teil auch unterhaltsam geschildert werden. Manche Frau wird sich darin gut wiedererkennen. Es geht allerdings weniger um Sex als darum, zu Beginn der zweiten Lebenshälfte als Frau (wieder) emotionale Stabilität zu gewinnen.

*Dr. Ruth K. Westheimer*
*Silver Sex – Wie Sie Ihre Liebe lustvoll genießen*
*Campus Verlag, 2008*

Die als »Dr. Ruth« weltweit bekannte deutsch-amerikanische Sexualtherapeutin (geb. 1928 und immer noch aktiv), die fast drei Dutzend Bücher über Sexualität verfasst hat, nimmt im Gegensatz zu anderen Autoren kein Blatt vor den Mund, bleibt aber seltsam unsinnlich. Ihr Thema ist tatsächlich der Sex, sie gibt auch viele alltagstaugliche Tipps. Allerdings ist ihr Ratgeber für meinen Geschmack etwas zu mechanistisch gestrickt: Tue das, dann passiert Folgendes. Aber so einfach ist die Liebe nicht.

*Esther Haase*
*Rock'n'Old*
*Kehrer Verlag, 2009*

Ein prachtvoller Bildband, der alte Menschen einmal ganz anders zeigt: lachend, sinnlich, lebensfroh, mitunter deutlich dekadent und auch erotisch aufgeladen. Esther Haase, die Fotografin, hat ihre Protagonisten geradezu filmisch in opulenten, teils surrealen Szenen arrangiert, in aufwendigen Kostümen und reich mit Accessoires versehen, sodass sich im Kopf des Betrachters sofort die wundersamen Geschichten abspielen, die diese Bilder erzählen.

## FILME

*Wolke 9*
*Deutschland 2008, 99 Minuten, Regie: Andreas Dresen,*
*Buch: Andreas Dresen, Cooky Ziesche, Laila Stieler, Jörg Hauschild*
*Darsteller: Ursula Werner, Horst Rehberg, Horst Westphal*

Tragisch endende Eifersuchtsgeschichte unter drei Siebzigjährigen. War der erste deutsche Kinofilm, der explizite Sexdarstellungen mit alten Menschen zeigte. Sorgte dadurch für gehöriges Aufsehen und löste in Deutschland eine öffentliche Diskussion darüber aus, dass auch Menschen jenseits der siebzig sexuelle Bedürfnisse haben. Erhielt zahlreiche Nominierungen und Preise.

*Was das Herz begehrt (Something's Gotta Give)*
*USA 2003, 123 Minuten, Regie und Buch: Nancy Myers*
*Darsteller: Jack Nicholson, Diane Keaton, Keanu Reeves*

Locker-leichte Komödie mit Tiefgang, komödiantisch und unterhaltsam. Jack Nicholson und Diane Keaton spielen anrührend die Irrungen und Wirrungen eines älteren Liebespaares, das nicht zueinanderfinden will und dem sich erst ganz zum Schluss, nach vielen überraschenden Wendungen, eine gemeinsame Zukunft eröffnet. Auch Viagra spielt eine Rolle in dem Film.

### Harold und Maude (Harold and Maude)
*USA 1971, 91 Minuten, Regie: Hal Ashby, Buch: Colin Higgins*
*Darsteller: Ruth Gordon, Bud Cort, Vivian Pickles*

Noch heute ein Kultfilm, der mit schwarzem Humor gesellschaftliche Tabus aufs Korn nimmt. Ein todessüchtiger Achtzehnjähriger verliebt sich durchaus ernsthaft in eine exzentrische Neunundsiebzigjährige und stellt mit ihr die verrücktesten Sachen an. Erst durch sie lernt er, das Leben zu lieben, und findet zu sich selbst. War damals eine Provokation und ist es auch heute noch. Die unsterbliche Musik stammt von Cat Stevens.

### Und wenn wir alle zusammenziehen? (Et si on vivait tous ensemble?)
*Frankreich / Deutschland 2011, 100 Minuten, Regie und Buch: Stéphane Robelin*
*Darsteller: Pierre Richard, Jane Fonda, Geraldine Chaplin*

Fünf langjährige Freunde und Freundinnen gründen, um dem Altersheim zu entgehen und weiterhin ein selbstbestimmtes Leben führen zu können, eine Wohngemeinschaft in einem schönen großen Haus mit Garten. Der Film besitzt durchweg einen sanften, melancholischen Humor und thematisiert mit angenehmer Leichtigkeit so gut wie alle Freuden und Probleme des Alters. In dieser fidelen französischen WG würde wohl jeder gerne alt werden. War ein großer Erfolg im Kino.

### Best Exotic Marigold Hotel (The Best Exotic Marigold Hotel)
*Großbritannien / Indien 2011, 124 Minuten, Regie: John Madden, Buch: Ol Parker*
*Darsteller: Judi Dench, Bill Nighy, Maggie Smith*

Eine bunte Truppe exzentrischer britischer Senioren landet in einem altkolonialen, nahezu bankrotten Hotel im indischen Jaipur, um dort ihren dritten Frühling zu genießen. Doch das stellt sich als gar nicht so einfach heraus. Indien bildet die exotische Kulisse dieses humorvollen, warmherzigen Gute-Laune-Films, der gleichwohl viele nachdenkliche und wahrhaftige Momente besitzt. Exzellente Besetzung, starke Charaktere, witzige Dialoge. Very british!

## Die Reifeprüfung (The Graduate)

*USA 1967, 102 Minuten, Regie: Mike Nichols, Buch: Calder Willingham, Buck Henry*
*Darsteller: Dustin Hoffman, Anne Bancroft, Katharine Ross*

Der Film, durch den Dustin Hoffman zum Star wurde. Er spielt einen plan- und ziellosen College-Absolventen, der von einer älteren verheirateten Frau verführt wird – zur damaligen Zeit ein ungeheurer Skandal. Ungemein präzise bringt der Film auf den Punkt, was es bedeutet, in einer konservativen, verknöcherten Umgebung jung zu sein – und wie man sich daraus befreit. Zum grandiosen Erfolg des Films trug auch die Musik von Simon & Garfunkel bei.

## Die Brücken am Fluss (The Bridges of Madison County)

*USA 1995, 135 Minuten, Regie: Clint Eastwood, Buch: Richard LaGravenese*
*Darsteller: Clint Eastwood, Meryl Streep, Annie Corley*

Herzerweichender Tränendrücker über die späte, letztlich unerfüllte Liebe zwischen einem alternden Fotografen und einer verheirateten Farmersfrau im Mittleren Westen um 1965, die aus Rücksicht auf ihre Familie in ihrem Elend verbleibt. Ein Film über intensive Gefühle, Pflichtbewusstsein und gesellschaftliche Zwänge. Romantisch und sentimental. Kann man immer wieder sehen, wenn man in entsprechender Stimmung ist.

## Archie und Harry – Sie können's nicht lassen (Tough Guys)

*USA 1986, 100 Minuten, Regie: Jeff Kanew, Buch: Jim Cruickshank, James Orr*
*Darsteller: Burt Lancaster, Kirk Douglas, Charles Durning*

Zwei Eisenbahnräuber kommen nach dreißig Jahren aus dem Gefängnis frei und finden sich, als nunmehr alte Männer, in der Gesellschaft nicht mehr zurecht. Also machen sie da weiter, wo sie damals aufgehört haben, und planen ihren letzten großen Coup. Kurzweiliges, angenehm lässiges Old-School-Movie, das sich selber ein bisschen auf die Schippe nimmt und vor allem von seinen prominenten Hauptdarstellern lebt.

*Lina Braake oder Die Interessen der Bank können*
*nicht die Interessen sein, die Lina Braake hat*
*Deutschland 1975, 88 Minuten, Regie und Buch: Bernhard Sinkel*
*Darsteller: Lina Carstens, Fritz Rasp, Herbert Bötticher*

Einer der wenigen deutschen Filme aus den vergangenen Jahrzehnten, die man auch heute noch mit Vergnügen anschauen kann. Lina Braake, einundachtzig, wird von einer raffgierigen, betrügerischen Bank über den Tisch gezogen und kommt ins Altersheim. Sie tut sich mit einem ebenfalls über achtzigjährigen entmündigten Gauner zusammen, der einen raffinierten Racheplan ausheckt. Skurrile, witzige Komödie mit Happy End, die angesichts der entfesselten Finanzmärkte nach wie vor hochaktuell ist.

*The Straight Story – Eine wahre Geschichte (The Straight Story)*
*USA 1999, 108 Minuten, Regie: David Lynch, Buch: John Roach, Mary Sweeney*
*Darsteller: Richard Farnsworth, Sissy Spacek, Harry Dean Stanton*

Eine kleine, feine Filmperle: Weil er keinen Führerschein besitzt, fährt der dreiundsiebzigjährige Rentner Alvin Straight (daher der doppelsinnige Filmtitel) auf seinem Rasenmäher viele hundert Meilen durch die endlose Prärie zu seinem kranken Bruder, um sich mit ihm zu versöhnen. Stimmungsvolles, skurriles Roadmovie, das einen unwiderstehlichen Sog entwickelt, wenn man sich erst einmal auf den langsamen Erzählrhythmus eingelassen hat. Tolle Landschaftsaufnahmen, geniale Musik, großes Kino.

*Angst essen Seele auf*
*Deutschland 1974, 89 Minuten, Regie und Buch: Rainer Werner Fassbinder*
*Darsteller: Brigitte Mira, El Hedi ben Salem, Barbara Valentin*

Melodram um eine einsame, verwitwete Putzfrau jenseits der sechzig, die sich in einen jungen Marokkaner verliebt und ihn schließlich heiratet, was in ihrem latent rassistischen, kleinbürgerlichen Umfeld gar nicht gut ankommt. Die Sache endet ziemlich traurig. Minimalistisch, karg und depressiv, absolutes Anti-Hollywood. Gilt als einer der besseren Fassbinder-Filme. Muss man mögen.

*Wie beim ersten Mal (Hope Springs)*
*USA 2012, 100 Minuten, Regie: David Frankel, Buch: Vanessa Taylor*
*Darsteller: Meryl Streep, Tommy Lee Jones, Steve Carell*

Romantische Komödie um Kay und Arnold, beide sechzig, deren Ehe in Langeweile und Routine versandet ist. Um wieder Schwung in die Beziehung zu bringen, schleppt Kay ihren widerstrebenden Mann zu einem Eheberater, doch erst, als die Ehe wirklich auf der Kippe steht, entwickelt sich wieder so etwas wie gegenseitige sexuelle Anziehung. Viele Paare dürften sich darin wiedererkennen.

*An ihrer Seite (Away From Her)*
*Kanada 2006, 110 Minuten, Regie und Buch: Sarah Polley*
*Darsteller: Julie Christie, Gordon Pinsent, Michael Murphy*

Bewegender Film um Fiona und Grant, ein altes Paar, das seit fünfundvierzig Jahren zusammen ist. Fiona erkrankt an Alzheimer, sie kommt in ein Pflegeheim und entfernt sich immer weiter von ihrem Mann, den sie bald nicht mehr erkennt. Trotz aller Tragik mit einem zarten Happy End. Selten ist der Prozess, den diese heimtückische Krankheit mit sich bringt, derart einfühlsam, mit solch sensibler Zurückhaltung und dennoch präzise dargestellt worden.

## Robin und Marian (Robin and Marian)

*USA 1976, 107 Minuten, Regie: Richard Lester, Buch: James Goldman*

*Darsteller: Sean Connery, Audrey Hepburn, Robert Shaw*

*Alte Liebe rostet nicht* in historischem Gewand. Nachdem Robin Hood viele Jahre mit König Richard Löwenherz auf dem Dritten Kreuzzug im Heiligen Land verbracht hat, kehrt er nach England zurück und trifft seine Jugendliebe Lady Marian wieder, die inzwischen Nonne geworden ist – doch die Gefühle der beiden füreinander sind genauso heftig wie früher. Ungewöhnliche, intelligente Interpretation des Robin-Hood-Stoffes, in die man sich gut einfinden kann. Ein zu Unrecht vergessener Film.

## Die Spätzünder

*Österreich / Deutschland 2010, 90 Minuten, Regie: Wolfgang Murnberger*

*Buch: Uli Brée, Gabriel Castaneda*

*Darsteller: Jan Josef Liefers, Ursula Strauss, Joachim Fuchsberger*

Passable deutsch-österreichische Komödie, in der ein erfolgloser klein-krimineller Rockmusiker Sozialdienst in einem autoritär geführten Altenheim ableisten muss und sich mit den Pflegekräften anlegt. Er gründet mit einigen Heimbewohnern eine Rockband, die bei einem Wettbewerb für Nachwuchsbands ganz groß rauskommt. Zeigt mit ansteckender Begeisterung, dass in vielen älteren Menschen ungeahnte, großartige Talente schlummern, die nur ans Licht gebracht werden wollen.

## Liebe (Amour)

*Frankreich / Deutschland / Österreich 2012, 127 Minuten*

*Regie und Buch: Michael Haneke*

*Darsteller: Jean-Louis Trintignant, Emmanuelle Riva, Isabelle Huppert*

Strenges, kompromissloses Kammerspiel, das ebenso nüchtern wie realistisch und bedrückend zeigt, was ein Schlaganfall mit einem Menschen machen kann. Ein Paar jenseits der achtzig durchlebt diese Krise bis zum bitteren Ende. *Liebe* wurde weltweit mit Preisen überhäuft (Oscar, Goldene Palme in Cannes u. v. a.). Ein Film, der mich als ehemalige Pflegedienstleiterin wegen seines ungeschönten Realismus besonders betroffen gemacht hat und mir sehr nahe ging.

*Le Weekend*
*Großbritannien 2013, 93 Minuten, Regie: Roger Michell, Buch: Hanif Kureishi*
*Darsteller: Jim Broadbent, Lindsay Duncan, Jeff Goldblum*

Ein älteres englisches Ehepaar reist zum dreißigsten Hochzeitstag zur Neuauflage seiner Flitterwochen nach Paris und erlebt ein turbulentes Wochenende, denn natürlich hat sich in drei Jahrzehnten allerlei verändert – nicht zuletzt die Beziehung der beiden. Sie gilt es neu zu erfinden. Eine Herausforderung, vor der viele Paare dieses Alters stehen. Hier gelingt das Unterfangen auf eine herzerwärmende, stets ironisch-schmunzelnde Weise.

*Sein letztes Rennen*
*Deutschland 2013, 115 Minuten, Regie: Killian Riedhoff*
*Buch: Killian Riedhoff, Marc Blöbaum*
*Darsteller: Dieter Hallervorden, Tatja Seibt, Heike Makatsch*

Ein ehemaliger Olympiasieger im Marathonlauf kommt ins Altersheim, langweilt sich fast zu Tode und beginnt wieder zu laufen. Er will sich selbst und seiner Familie beweisen, dass er noch nicht zum alten Eisen gehört, und am Berlin-Marathon teilnehmen. Ein Film, der Mut macht, der mit Situationskomik besticht, und der zeigt, dass man niemals aufgeben darf. Mit dem schwer unterschätzten Komiker »Didi« Hallervorden in einer großartigen Altersrolle, für die er 2014 den Deutschen Filmpreis als Bester Hauptdarsteller erhielt.

*Wir sind die Neuen*

*Deutschland 2014, 91 Minuten, Regie und Buch: Ralf Westhoff*
*Darsteller: Gisela Schneeberger, Heiner Lauterbach, Michael Wittenborn*

Drei immer noch wilde Alt-Achtundsechziger legen ihre ehemalige WG neu auf und kabbeln sich bald mit drei spießigen, humorlosen Studenten vom Stockwerk obendrüber. Klischeehafte, aber dennoch recht lustige deutsche Komödie, die geschickt mit dem Motiv der „verkehrten Welt" spielt und sich die Versöhnung der Generationen auf die Fahne geschrieben hat. Als ich den Film im Kino sah, saßen fast nur Sechzig-, Siebzigjährige drin, die sich köstlich amüsierten.

*Nebraska*

*USA 2013, 115 Minuten, Regie: Alexander Payne, Buch: Bob Nelson*
*Darsteller: Bruce Dern, Will Forte, June Squibb*

Der alte Woody fällt auf einen Werbebrief herein und glaubt, er habe eine Million Dollar gewonnen. Er nervt seinen Sohn David so lange, bis der sich bereit erklärt, mit ihm tausend Meilen quer durch die USA zu fahren, um den vermeintlichen Gewinn abzuholen. Es wird eine melancholische Reise in Woodys Vergangenheit. Anrührendes Roadmovie in Schwarz-Weiß und auf Breitwand, mit einem grandiosen Bruce Dern, der mit siebenundsiebzig die Rolle seines Lebens spielt.

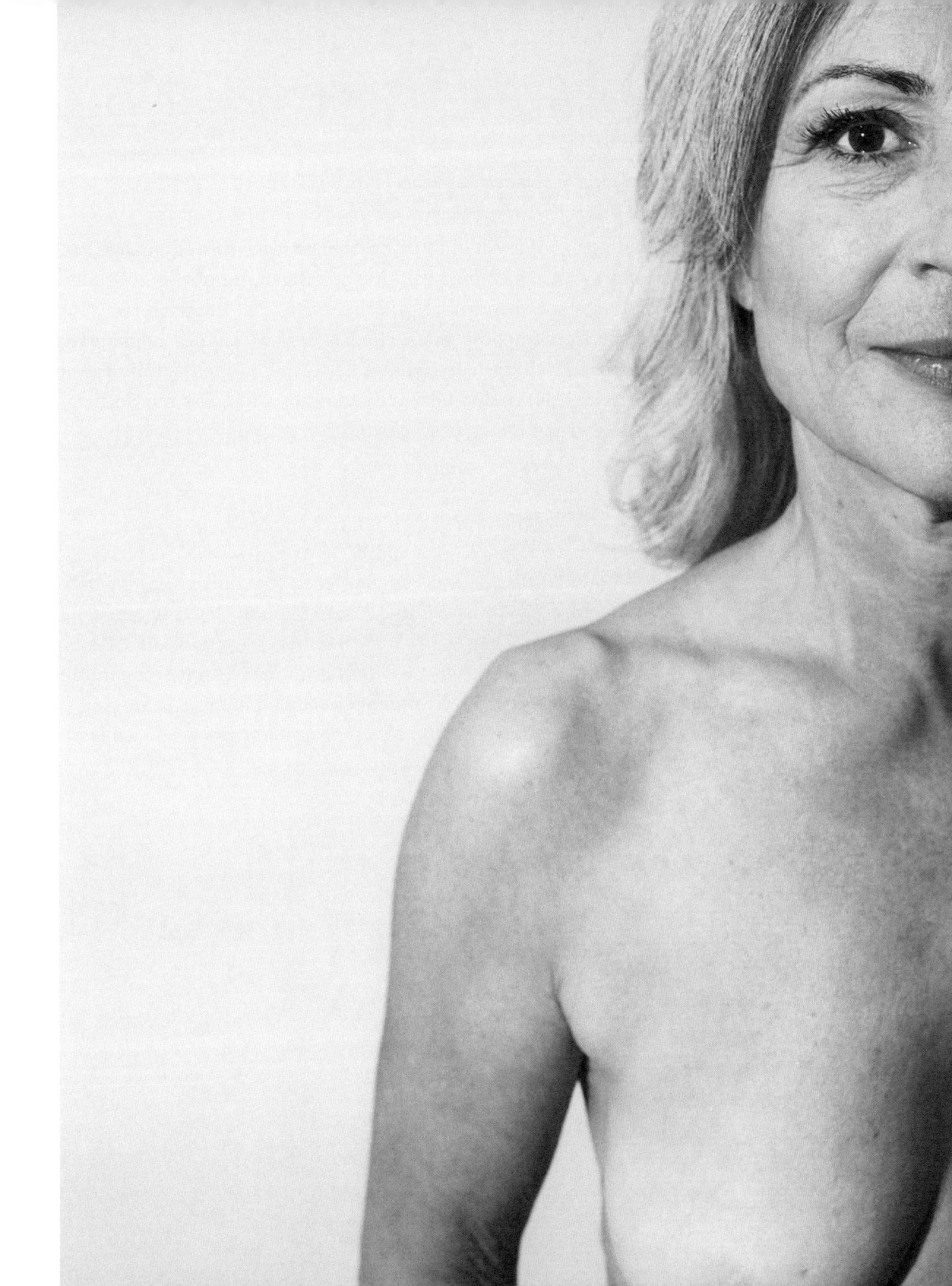

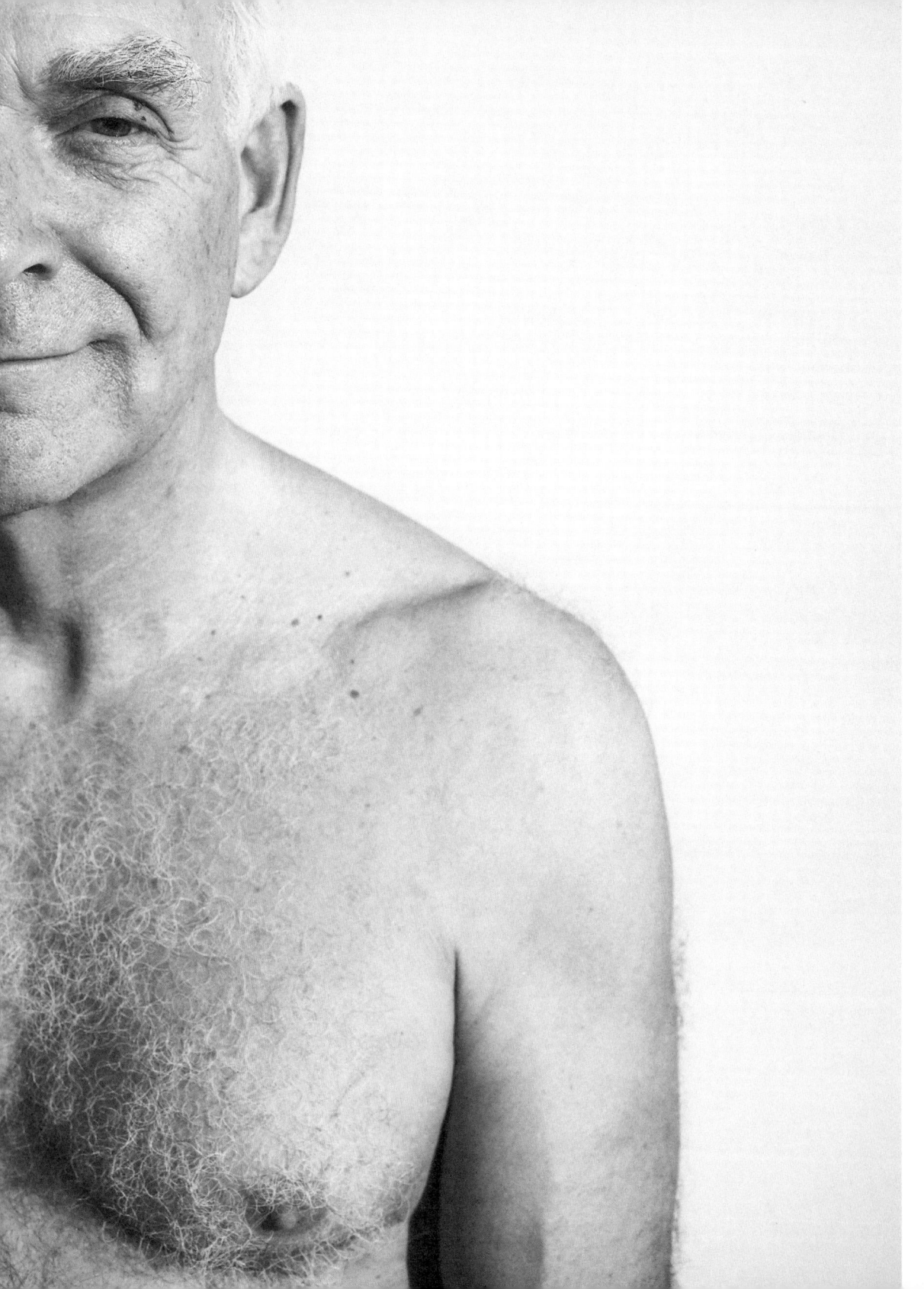

# SACHREGISTER

# PERSONENREGISTER

Um das Personenregister nicht zu ausufernd werden zu lassen, wurden bei den Filmtipps nur die Namen der Regisseure beziehungsweise Regisseurinnen berücksichtigt.

# DANK

Ohne die vielen Menschen, die mir ihr Herz geöffnet und ihre Geschichte erzählt haben, hätte dieses Buch nicht entstehen können. Die Vornamen habe ich verändert und die Nachnamen weggelassen, doch jeder der Genannten wird wissen, dass er gemeint ist. In der Reihenfolge ihres Auftretens danke ich: Karin, Sarah, Susanne, Camilla, Bruno, Elfriede, Werner, Friedrich, Horst, Karsten, Claudia, Roland, Sabine, Hermann, Beate, Stefan, Manfred, Helga, Johann, Doris, Clara, Jochen, Petra, Oliver, Bernie, Anton, Cosima, Manuela, Margot, Erich, Alfred, Monique und Frieda. Unbekannterweise auch ihren Partnern Robert, Hiltrud, Kevin und Murunga sowie ganz besonders meinen Eltern, die mir gestattet haben, von ihnen zu erzählen.

Unsere beiden liebenswürdigen »Models« Edward und Lina, die auch im »richtigen Leben« ein Paar sind und sich bei den Fotoaufnahmen sehr unkompliziert und freizügig gezeigt haben, haben diesem Buch eine wesentliche Komponente hinzugefügt.

Rainer Retzlik hat das Projekt erst auf den Weg gebracht, Ramona Jäger vom Lübbe-Verlag hat es stets mit großer Empathie und hoher Kompetenz begleitet, und meine Lektorin Sibylle Auer hat mit geradezu unglaublicher Sorgfalt und unermüdlichem Engagement Fehler getilgt und Verbesserungen angeregt.

Mein ganz herzlicher Dank gilt ihnen allen.

Dieser Titel ist auch als E-Book erschienen

Originalausgabe

Copyright © 2014 by Bastei Lübbe AG, Köln

Textredaktion: Sibylle Auer, München
Umschlaggestaltung: Guter Punkt, München
Umschlagmotive und Fotos im Innenteil: © Carolin Saage, Berlin
Satz: fuxbux, Berlin
Gesetzt aus der Documenta, der Brillant und der Lucifer
Druck und Einband: GGP Media GmbH, Pößneck

Printed in Germany
ISBN 978-3-7857-2495-8

5   4   3   2   1

Sie finden uns im Internet unter: www.luebbe.de
Bitte beachten Sie auch: www.lesejury.de